互联网背景下营销渠道演变中的行为研究

Research on the Behavior in the Evolution of Marketing Channel under the Background of Internet

牛全保 著

人 民 出 版 社

国家社科基金后期资助项目
出版说明

后期资助项目是国家社科基金设立的一类重要项目，旨在鼓励广大社科研究者潜心治学，支持基础研究多出优秀成果。它是经过严格评审，从接近完成的科研成果中遴选立项的。为扩大后期资助项目的影响，更好地推动学术发展，促进成果转化，全国哲学社会科学工作办公室按照“统一设计、统一标识、统一版式、形成系列”的总体要求，组织出版国家社科基金后期资助项目成果。

全国哲学社会科学工作办公室

目　　录

第一章　消费者网购意愿影响因素研究

本章以休闲零食为例，研究消费者网购意愿的影响因素。休闲零食对于大多数消费者而言是日常生活中重要的休闲、娱乐食品。对于消费休闲食品的人群而言，主要以年轻的大学生和办公室白领为主，而这一群体又对网络有着由衷的热爱，他们成为进行网上购买休闲零食的主要消费对象，从而开辟了一条全新的销售渠道。基于此，本章以计划行为理论为基础，结合技术接受模型，对影响消费者网购坚果类零食购买意愿的七个因素即网上购物态度、主观规范、感知网上购物有用、感知网上购物易用、感知行为控制、产品安全性、网站服务质量进行研究，前三个因素为计划行为理论的基本因素，第四和第五个因素是技术接受模型中的基本因素，这些因素已被同行业研究所证实，本章主要是结合产品安全性和网站服务质量对休闲零食的网购意愿影响提出问题并进行验证。

第一节　国内外文献综述

随着我国经济的不断发展，消费者对于食品的要求已经不仅仅只局限于饱腹这一层面，更多的是对新颖、特色、健康和新鲜度的关心，虽然我国食品业经过几十年的完善和发展已经取得了不小的成绩，但是在食品方面还存在许多问题。同时随着互联网技术的发展，休闲食品这一行业也有了一定程度的改善，这对于平衡食品供应链来说也是一种非常值得提倡的渠道。通过查阅大量文献发现，国内外学者关于消费者网购农产品意愿的研究很多，对于网上购买休闲零食意愿的研究还不是很成熟，但休闲零食大部分也是以农产品为原材料进行加工所得，因此结合我国的实际情况，对前人关于休闲食品及农产品的研究文献进行梳理。

从可检索到的文献资源来看，国外关于网上购物领域的研究于 1994 年就已经开始了，最初几年的研究主要是就网上购物现象及发展情况进行介绍，很少涉足其他领域，研究范围相对较窄。到 1998 年，在消费者网上购物方面的研究才逐渐步入高潮，而我国在这方面的研究起步较晚，现有的研究较少。总的来说，不管是国内还是国外，有关消费者网购休闲零食意愿的研究到目前为止都不是很多，因此针对休闲零食网购意愿这方面的文献综述还不是很充分,本章研究主要是以与其有相关性的农产品及有机食品等的网购意愿为参考对象,进而对休闲零食网购意愿进行研究。

一、国外相关研究综述

本章研究的主要目的是使用扩展的计划行为理论对消费者网上购买休闲零食意愿的影响因素进行研究,结合休闲零食的特征,本章主要确定了七个影响购买意愿的因素:主观规范、感知行为控制、网上购物态度、感知网上购物有用、感知网上购物易用、产品安全性和网站服务质量。

对购买意愿而言,不少外国学者做了一定意义上的阐述,具体如表 1-1 所示。

表 1-1　购买意愿的相关外文文献综述

作者及年份	相关文献综述
希夫曼和卡努克(Schiffman & Kanuk,2002)	提出购买意愿就是考量消费者是否会进行产品的购买行为
多兹和梦露(Dodds & Monroe,2003)	给出购买意愿的定义是消费者对产品或服务进行购买的主观倾向,因此购买意愿既反映出消费者对自身对待产品或服务的态度,也反映了消费者购买该产品或服务的概率大小
汤普森和基德威尔(Thompson & Kidwell,1998)	在对网上购买农产品进行研究时,以美国消费者网上购买农产品为对象进行购买意愿研究
布鲁斯(Bruce,1995)	提出购买行为与购买意愿相关,购买行为的最重要指标就是购买意愿

在理论模型的考虑方面,本章主要使用计划行为理论和技术接受模型理论来进行研究,计划行为理论主要有三个基本因素:主观规范、感知行为控制和态度;技术接受模型理论主要是感知网上购物有用和感知网上购物易用两个因素。关于这两个理论的外文文献综述有很多,具体如表 1-2 和表 1-3 所示。

表 1-2　计划行为理论的相关外文文献综述

作者及年份	相关文献综述
马蒂森(Mathieson,1991)	在计划行为理论的基础上提出主观规范、行为态度、感知行为控制都是行为意愿的影响因素
阿米蒂奇和康纳(Armitage & Cooner,2001)	研究证明了主观规范、感知行为控制和行为态度对行为的影响

续表

作者及年份	相关文献综述
托尔本(Torben,2002)	通过调查瑞典和丹麦的消费者网上杂货店的购买意愿,验证了个体所感知到的行为控制与行为意愿显著正相关
托本汉森(Torben Hansen,2004)	认为消费者进行网上购物并不只是和电商之间的简单互动,主观规范也会对消费者是否进行网上购物产生一定程度上的影响
斯德加德(Sondergaard,2005)	消费者的态度在一定程度上指导了消费者的购买意愿,积极的态度可以带来积极的购买意愿

表 1-3　技术接受模型理论的相关外文文献综述

作者及年份	相关文献综述
林和路(Lin & Lu,2000)	认为感知网上购物易用通过影响感知网上购物有用来进一步影响态度和购买意愿,态度对购买意愿有直接影响
苏普拉马尼安和罗伯逊(Soopramanien & Robertson,2007)	感知网上购物有用和易用或直接或间接地都会对消费者的互联网使用意愿产生影响
何德华,陆耀斌和周德易(Dehua He,Yaobin Lu&Deyi Zhou,2008)	有关 C2C 的研究表明,主观规范、卖方对消费者的态度以及卖方竞争力、感知网上购物有用、感知网上购物易用都会对消费者在 C2C 网站上的网购意愿产生影响,进而影响他们最终的购买决策
帕帕夫卢(Pavlou,2007)	认为可靠、感知网上购物有用、感知网上购物易用对消费者网上购物有意愿有正向影响
陈德铭和贾斯丁・谭(Leida Chen,Justin Tan,2004)	认为消费者网上购物态度受感知网上购物有用和感知网上购物易用、兼容性、可靠性、感知服务质量的明显影响
利奥(Leo R.,2004)	感知网上购物有用、感知网上购物易用、可靠性、兼容性等显著影响消费者网上购物态度

在进行实证研究之前,通过阅读关于产品安全性和网站服务质量方面的文献,从而总结出本章与其相关的部分文献综述。林(Lin)等人使用 CVM 检测出消费者愿意为采用安全办法所生产的牡蛎支付比市场平均每打 4 美元要多 0.72 美元—0.8 美元的价格。① 布兹比(Buzby)等研究发现,消费者愿意对喷洒农药较少的葡萄平均每磅多支付 0.19 美元—0.69 美元的价格。② 西辛(Shin)等人通过建立评估消费者购买意愿的研究办法,衣

① Lin,"Demographic and Socioeconomic Influence on the Importance of Food Safety in Food Shopping",*European Journal of Clinical Nutrition*,No. 2,1995.

② Jean C.Buzby,Paul D.Frenzen,"Food Safety and Product Liability",*Food Policy*,No. 6,1999.

阿华州立大学大部分学生愿意为安全食品支付更高的费用。因此,要想解决食品安全问题就应该为消费者提供真实、可靠、准确的信息。① 根据布鲁尔(Brewer)等人在密歇根州的调研发现,调查对象对于食品安全问题中新鲜程度的关注度最高,达30%。② 傅(Fu)等人通过研究不同媒介所提供的信息对食品和非食品购买行为的影响,认为从时间层面上考虑,对消费者购买决策的积极和消极的影响是不对称的。③ 布加纳尔(Bganaar)在研究消费者对于有安全标示的桃子的购买意愿时发现,消费者对无安全标示的桃子进行惩罚这一观点比较认可,以督促卖家销售安全标识的桃子,但是不愿意为购买安全标识的桃子多支付费用。④

贾文帕(Jarvenpaa)认为网店应该将自身网站的页面设计中加入图片和视频等方法来指导消费者,并通过与消费者的互动来使消费者产生网购购买意愿。⑤ 科利尔和边斯托克(Collier & Bienstock)指出,网站服务质量包括服务过程质量、服务结果质量和服务补救质量三种。其中,服务过程质量是消费者在了解产品或服务信息时,对网站设计美观度、操作方便性和咨询服务水平的总体评价;服务结果质量是指消费者对购物完成后消费者实际收到货物的满意度以及物流配送水平的整体评价;服务补救质量是消费者对网上购物不满意后店家采取补偿措施(如退、换货的速度)满意度的评价。⑥ 阿伦(Arun)在对消费者网上购买意愿影响因素进行研究时发现,除了产品质量和价格对购买意愿产生影响外,网店所提供的网站服务质量同样会对消费者购买意愿有影响。他认为优质的网站服务质量可以减少消费者取得自己喜爱商品所花费的时间和精力,同时还可以建立店家与消费者的亲密关系,从而提高消费者的网上购买意愿。⑦ 戴安娜(Diana)经研究发现,与传统购物模式相比进行网上购物的消费者希望可以得到更好的服务

---

① Seung Youll Shin, James Kliebenstein, Dermot J.Hayes, Jason F.Shogren, "Consumer Willingness to Pay for Safer Food Products", *Journal of Food Safety*, No. 13, 1992.

② Brewer, Marilynn B., Silve, Madelyn, "In Group Bias as a Function of Task Characteristics European", *Journal of Social Psychology*, No. 8, 1978.

③ Fu, "Quality on the Line", *Harvard Business Review*, 2009.

④ Bganaar, "Strategic Management and Marketing in the Service Sector, Research Reports", *Swedish School of Economics and Business Administration*, 1982.

⑤ Sirkka L.Jarvenpaa, Noam Tractinsky, Michael Vitale, "Customer Trust in an Internet Store", *Information Technology and Management*, No. 1, 2000.

⑥ Collier, Bien Stock, "Trust and TAM in Online Shopping: An Integrated Model", *MTS Quarterly*, No. 1, 2006.

⑦ Arun, "Trends in Internet-based Business-to-business Marketing", *Industrial Marketing Management*, No. 31, 2008.

（如美观的网站页面设计、及时回复消费者产生的疑问以及快速的物流和售后服务等），并验证了网站服务质量显著影响网上购买意愿。① 戴利（Dailey）指出消费者只有认可了购物网站的页面设计才会进行购买行为，即购物网站的页面设计影响网上购买意愿。结果表明，购物网站的页面设计美观度越高，同时给消费者购买产品所需要的信息，消费者就会对该网站产生购买意愿。② 帕拉苏拉曼和格雷沃（Parasuraman & Grewal）认为网站服务质量对消费者行为意愿起到直接的促进作用。③ 泽塔姆尔、帕拉苏拉曼和马尔霍特拉（Zeithaml，Parasuraman & Malhotra）认为网站服务质量是指网站所提供的服务能够提高消费者查询及购物效率、配送及服务及时、便利性的程度，与此同时，还认为网站服务质量还包含消费者对网站服务效果服务质量的感知。④

二、国内相关研究综述

同国外比起来，我国对于网上购物的研究起步比较晚，有基于理性行为理论进行研究的，基于计划行为理论研究网上购物的比较少，一般是以技术接受模型为基础来进行研究的，与本章研究相关的文献综述情况大致如表 1-4所示。

表 1-4 计划行为理论相关的国内文献综述

作者及年份	相关文献综述
黎志成、刘枚莲（2002）	在理性行为理论和计划行为理论的基础上，以对消费者的行为进行研究为目的，构建了一个研究消费者行为的模型，该研究认为产品类型、特点、消费者登入网站的便利性、网站界面设计形式、网店形象等因素都会影响消费者进行网上购物
青平、李崇光（2005）	阐释了计划行为理论在市场营销中的应用，为以后学者进行市场营销方向的研究提供了理论依据
周应恒（2004）	在研究消费者对食品安全的态度和购买意愿时发现，消费者对食品安全的态度影响其意愿，从而影响其购买行为

① Diana，"Applying the Technology Acceptance Model and Flow Theory to Online Consumer Behavior"，*Information Systems Research*，No. 2，2008.

② Dailey，"Consumer Patronage and Perceptions in Internet Shopping"，*Journal of Business Research*，2010.

③ Parasuraman，D.Grewal，"The Impact of Technology on the Quality-Value-Loyalty Chain：A Research Agenda"，*Journal of the Academy of Marketing Science*，No. 1，2000.

④ A.Parasuraman，Valarie A.Zeithaml，Arvind Malhotra，"E-S-QUAL：A Multiple-Item Scale for Assessing Electronic Service Quality"，*Journal of Service Research*，No. 3，2000.

程华和宝贡敏(2003)在技术接受模型的基础上研究网上购物意愿,发现感知网上购物有用、易用、安全是影响消费者网购意愿和态度的主要因素,其中感知网上购物有用对网上购物态度和意愿会产生一定程度上的影响。

周应恒、霍丽在经济学的方向上对食品安全问题进行了考虑。① 杨万江等在研究浙江省城镇消费者购买安全农产品的行为时发现,消费者对绿色食品、无公害食品、有机食品不能够进行很好的区分,而且对它们的认知和了解也比较少,认为消费者对农产品的安全关注程度是影响消费者购买安全农产品的主要因素。②

综合国内外学者的研究,可以看出学者们给出了很多影响消费者网购态度和意愿的因素,但对电子商务环境下消费者的网上购物意愿进行系统研究的却不多,而且对于不同的行业、不同的产品,其影响因素也是不一样的。本章在综合前人相关研究成果的同时以休闲零食中的坚果类零食为例,在计划行为理论的基础上结合技术接受模型对消费者网购意愿进行研究,为我国休闲零食网络营销策略提供了支持,从而推进我国电子商务环境下食品行业的可持续发展。

三、研究内容和研究方法

(一) 研究内容

本章主要基于计划行为理论,结合技术接受模型建立消费者网上购买休闲零食意愿的整合模型并对其进行分析,主要包括以下几个方面:

通过对国内外相关文献的大量阅读,了解国内外对网上购物这个领域的研究现状和进展,分析到底哪些因素对消费者网购休闲零食意愿产生了影响。大部分学者认为感知网上购物有用、主观规范和感知行为控制会影响网上购买意愿。当一个网站主要用于购买任务时,感知网上购物有用直接影响购物态度,而感知网上购物易用经由感知网上购物有用间接影响购物态度。本章在原有的计划行为理论包括消费者的感知行为控制、主观规范、行为态度三个因素的基础上加上产品安全性和网站服务质量这一因素形成扩展的计划行为理论,结合技术接受模型中的感知网上购物有用和网上购物易用,尝试构建一个购买意愿模型,试图对我国电子商务环境下消费

① 周应恒、霍丽:《食品质量安全问题的经济学思考》,《南京农业大学学报》2003 年第 26 卷。

② 李勇、任国元、杨万江:《无公害农产品交易特性及其规制》,《中国农村经济》2005 年第 2 期。

者网购休闲零食意愿进行分析。

根据文献研究和对消费者在感知行为控制、感知网上购物有用、感知网上购物易用、行为态度、主观规范、网站服务质量、产品安全性七种因素与消费者网购休闲零食意愿之间关系的分析，提出研究假设，确定研究变量测量项。

运用 SPSS 20.0 统计分析软件对调查问卷数据进行描述性统计分析、因子分析、信度和效度分析来确定影响因素的维度，最终进行回归分析验证假设并得出结论。

结合本章的实证分析结果和以往的研究成果，根据网购休闲零食的具体情况，就网购休闲零食的卖家如何提高消费者购买意愿给出一些建议，希望可以对企业有一定的实际指导意义。最后，给出本章研究的结论和存在的不足之处以及进一步进行研究的方向。

（二）研究方法

研究方法对于研究结果的有效性、科学性和合理性至关重要，因此本章在研究过程中结合了多种研究方法来获取科学的研究数据和研究结论。主要的研究方法有：

1. 文献研究法

通过对国内外有关消费者网购休闲零食意愿影响因素、计划行为理论、技术接受模型和网购休闲零食方面的研究进行总体的整理和分析，充分了解当前学者们对该领域的最新研究进展和不足寻找本章研究的切入点。

2. 访谈法

在本章的研究过程中，通过与部分网络专家学者和经常进行网上购物的消费者基于本章研究的相关问题进行深入沟通和交流，从而保证了本书的科学性、合理性和可操作性。

3. 问卷调查法

本书通过调查问卷的方式获取所需的数据，这是一般研究中经常使用的方法，因为进行问卷调查有利于进行定量分析。在设计问卷时，笔者和相关人员对于问卷的变量指标的确定和选取经过多次讨论同时听取各方意见形成初稿，在进行小规模的试调查之后，对问卷进行修改使其更加科学和实际，从而形成最终问卷。本章研究的是消费者网购休闲零食，因此笔者将调查对象主要针对热衷于网上购物的在校大学生和办公室白领。

4. 实验法

通过设立控制组和实验组进行实验验证，然后通过实验后问卷进行数据搜集分析，来进行研究。

5. 多案例研究法

多案例研究法能够对现象进行翔实的描述，有助于理解现有理论不能很好解释的新现象，还能够对动态的互动历程与所处的情境脉络加以掌握，可以用来建构理论和验证假设，能够获得一个较为全面与整体的观点。

第二节 相关概念界定

一、概 念 界 定

（一）网络购买意愿

购买意愿是消费者对产品或服务进行购买的主观倾向，既反映出消费者对自身对待产品或服务的态度，也反映了消费者购买该产品或服务的概率大小。购买意愿决定了最终的购买行为，有强烈购买意愿的消费者可能会发生购买和重复购买的行为，也可能会对网络购买起到推广的作用（冯建英，2006；陈东灵，2009；戴迎春、朱彬、应瑞瑶，2006）。① 因此，本书以购买意愿作为结果变量来研究可能会提升购买意愿的方法和可能性。

对于购买意愿的定义，不管是传统的线下购物模式还是当今风行的网络购物模式，购买意愿都可以定义为消费者对某种产品或服务最终作出购买决策的主观概率（薛海波，2008；李慧梅、王丽，2009）。② 消费者进行线上和线下购买的主要区别在于：消费者在网购时，主要通过浏览购物网站获取相应的产品或服务信息，同时通过对电商及其他消费者对于该商家的了解以及商家提供的相应咨询服务，最终形成是否购买该种产品或服务的决策；而传统的线下购物模式，则是消费者通过询问或取得实体店营业员给出的产品信息，对产品进行直观的了解（李远志，2008；王兆峰、俞红，2008；武星星，2007）。③

---

① 冯建英：《消费者的购买意愿研究综述》，《现代管理科学》2006 年第 11 期。陈东灵：《茶叶消费行为分析》，《茶叶通讯》2009 年第 3 期。戴迎春、朱彬、应瑞瑶：《消费者对食品安全的选择意愿——以南京市有机蔬菜消费行为为例》，《南京农业大学学报（社会科学版）》2006 年第 6 期。

② 薛海波：《80 后消费者购物决策风格与种群类别研究》，《软科学》2008 年第 3 期。李慧梅、王丽：《计划行为理论（TPB）在消费者行为意向研究中的应用》，《四川教育学院学报》2009 年第 9 期。

③ 李远志：《北京大学生网络消费决策影响因素的实证研究》，硕士学位论文，北京邮电大学企业管理系，2008 年。王兆峰、俞红：《消费者绿色食品消费行为影响因素分析》，《统计与决策》2008 年第 6 期。武星星：《基于结构方程模型的网上购买意愿影响因素实证研究》，《电子科技大学学报》2007 年第 9 期。

综上所述,本书认为消费者凭借互联网获取某种产品或服务的主观概率或可能性以及在以后继续与该购物网站建立良好购物关系的意愿和反应即为网上购买意愿。消费者的网络购买意愿越强,则越有可能发生网络购物;反之,消费者网络购买意愿越弱,则发生网络购物的概率就越小甚至不可能发生网络购物。

(二) 休闲零食

休闲零食是人们在娱乐、休闲及其他闲暇时间所吃的食品,主要的分类有以下几种:坚果类、枣类、蜜饯类、膨化食品、糕点类、果冻类、肉制食品、乳品类等(丁华,2011;马永刚,2010)。① 随着人们生活水平的不断提高,休闲零食逐渐成为人们深深喜爱的食品,消费者对于休闲零食的需求越来越多,对其新颖品种的渴望程度也越来越高(严亚、黄锐,2009;靳明,2008)。② 再加上网上购物这一市场模式的出现,休闲零食无论在线上还是线下都有很多的需求者,呈现给我们一种前所未有的繁荣景象。

(三) 坚果类零食

本章参照淘宝网的休闲零食分类,将坚果类零食分为核桃、松子、腰果、花生、杏仁、开心果、豆类制品、榛子、香榧、鲍鱼果、银杏果等炒货类食品。

坚果是零食中最典型的种类之一,坚果类零食的营养价值很高,其维生素、蛋白质、油类的含量都是食品中的佼佼者,而且坚果类零食对人体生长发育、增强体质、预防疾病都有特别好的功效,因此坚果类零食对身体是有好处的。

(四) 坚果类零食网购形式

坚果类零食不仅可以打发我们的闲暇时间,还可以提高我们的身体健康水平,这对当代非常重视健康的消费者而言,满足需求可以说是空前的。结合时下电子商务购物的快速发展,不少商家将坚果类零食的销售普及到了网络销售的形式,这也使消费者能够更加方便地购买不同品种的坚果类零食。

通过网络形式购买某种产品或服务有三个因素需要明确:产品自身、配送方式和交易形式。本章通过网络购买坚果类零食的具体形式来类比当前的网络购买休闲零食的形式,并根据休闲零食的特点进行完善。坚果类零食主要包括核桃、松子、腰果、花生、杏仁、瓜子、开心果、豆类制品、榛子、香

① 丁华:《先做强再做大是休闲食品企业更好的盈利模式》,《中国食品报》2011 年第 5 期。马永刚:《2010 网购休闲食品受到年轻人青睐》,《中国食品报》2010 年第 5 期。

② 严亚、黄锐:《休闲食品的消费市场调查》,《消费洞察》2009 年第 2 期。靳明:《绿色农产品消费意愿和消费行为分析》,《中国农村经济》2008 年第 5 期。

榧、鲍鱼果、银杏果等炒货类食品。配送方式为同城、异地配送均可，主要通过各快递公司进行具体的配送。交易形式以通过第三方交易和货到付款两种交易方式为主，消费者可以根据自身需要选择不同的交易方式。

二、理论基础

（一）理性行为理论（Theory of Reasoned Action，TRA）

非什宾和阿扎吉（Fishbein & Ajzen）提出的理性行为理论是研究人类行为最基础和最有影响力的理论之一。[①] 该理论认为：一个人将要执行的某种行为由其行为动机决定，而一个人的行为动机由其对某项行为的态度和主观规范共同决定。态度和主观规范越正向，行为意愿越高。它的两大假设为：(1)自我意志可以控制大部分行为，且合乎理性；(2)行为的发生与否由是否采取某种行为意向所决定。因此该理论认为（如图 1-1 所示），态度和主观规范共同影响行为意愿。行为意愿（Behavioral Intention）是个人主观判断自己采取某种特定行为的大小，对个人采取某种特定性行为的意愿程度作出了反映。态度（Attitude）是个体在执行行为过程中，对某行为所存在的一般或稳定的倾向或立场，即个体对某一特定行为喜欢或不喜欢的程度。主观规范（Subjective Norm）是指个体在决定是否执行某一特定行为时，所感受到的来自外界的压力，它反映的是具有影响力的他人或团体对个体决定是否执行某一特定行为的影响。

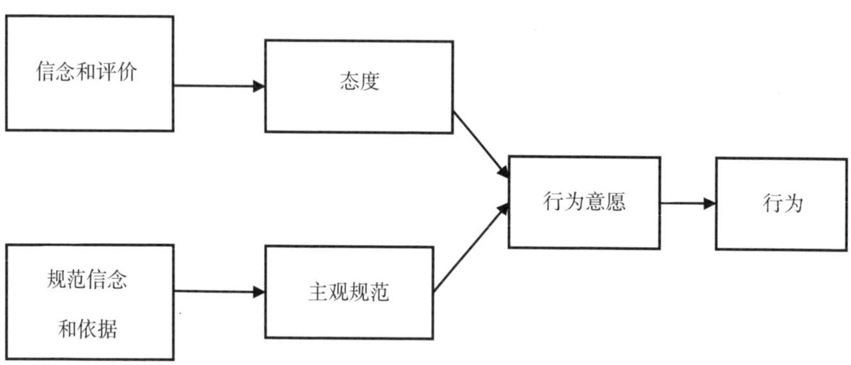

图 1-1 理性行为理论模型

对于理性行为理论的理解，站在电子商务的角度上来看，非常重要的地

① Martin Fishbein，Icek Ajzen，"Belief，Attitude，Intention and Behavior：An Introduction to Theory and Research"，*Philosophy & Rhetoric*，No. 2，1977.

方就是在于该理论认为其他因素，包括感知产品质量、感知交易安全和感知隐私保护、消费者特征、他人的评价、网上购物经验、售后服务、网站设计等都是影响消费者行为的间接因素，他们都是通过主观规范和态度间接影响消费者行为的。这样，该理论就综合考虑了消费者行为的各种影响因素。

（二）计划行为理论（Theory of Planed Behavior，TPB）

计划行为理论这一概念是阿杰森（Ajzen）于 1991 年在《计划行为理论》一书中提出并成熟的，该理论最初是社会心理学中的一种态度行为关系理论，后被引用到各种研究领域，而在营销界的使用也已被很多学者所接受，比如用计划行为理论来研究影响消费者网络购物态度的各种因素，进一步讨论提升网络购买意愿的策略。

计划行为理论是在理性行为理论的基础上得出的，理性行为理论的基本假设是人自身的意志可以控制其行为的发生，人们的行为意愿是决定其行为是否发生的关键因素。但是实际上，时间、能力等诸多因素也会影响个人本身的意志控制，理性行为理论并不能合理地解释由个人意志所控制的行为。因此，计划行为理论在理性行为理论的基础上，又加入了感知行为控制（Perceived Behavioral Control）作为影响行为意愿的第三个因素来度量个人感知的行为控制能力，如图 1-2 所示。

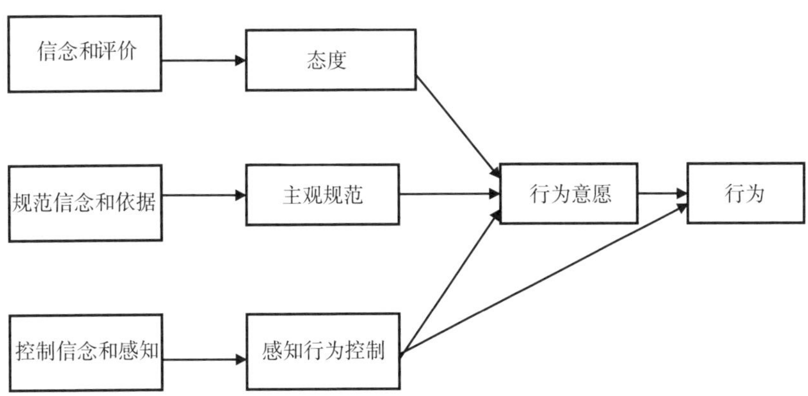

图 1-2　计划行为理论模型

计划行为理论认为感知行为控制（Perceived Behavioral Control）和行为意愿对行为有直接的影响，而影响行为意愿的因素有三个：主观规范、态度和感知行为控制。相比较于理性行为理论而言，计划行为理论加入了“感知行为控制”这个新因素。感知行为控制是个体感知到的执行某特定行为的难易程度，即个体所感知到的自己有多少能力可以执行某特定行为，感知行为常反映个体过去的经验、二手信息或预期的阻碍。

（三）计划行为理论的应用

很多研究表明，态度、主观规范和感知行为控制对行为意愿具有预测力，感知行为控制和意愿能够解释行为变量的大部分。有学者使用计划行为理论研究个体对电子信息技术的决策，验证了该理论在很多情况下对行为意愿和行为具有预测力。① 感知行为控制对行为意愿有明显的影响，是决定系统采用该理论的一个非常有影响力的因素。② 在对丹麦和瑞典消费者网上杂货店的购买意愿的调研发现，计划行为理论比理性行为理论更加能够解释购买意愿，从而验证了个体所感知到的行为控制与行为意愿显著正相关。③

计划行为理论有很好的解释力和预测力，为研究比较复杂的个体行为提供了有用的理论框架，是许多研究的良好理论基础，从 20 世纪 90 年代开始，计划行为理论开始在营销实证研究中得到广泛的应用，该理论在消费者态度转变、品牌建立和新产品进入市场等方面都得到了卓越的成果。在营销学界中，计划行为理论则可以理解为：消费者对产品态度越正向、他人越推荐购买该产品、消费者自己越能控制自身的消费行为，则消费者对该产品就有越强的购买意向。

（四）技术接受理论（Technology Acceptance Model，TAM）

戴维斯（Davis）在探讨认知对情感因素与技术使用之间关系的过程中，研究出了技术接受理论如图 1-3 所示。这种理论主要为了解释和预测系统使用者在使用系统一段时间之后对于信息的接受或拒绝情况，主要是为了通过感知网上购物有用、易用两个因素进一步解释与使用者的态度、意愿和行为之间的关系。④

感知网上购物有用是说技术使用者在使用某项技术的过程中，会提高自身执行行为的整体绩效，增加其行为的效果和效率，针对网上购物而言，

① Hans van der Heijden，Tibert Verhagen，Marcel Creemers，"Understanding Online Purchase Intentions：Contributions from Technology and Trust Perspectives"，*European Journal of Information Systems*，No. 1，2003.

② Anthony D，Miyazaki，Ana Fernandez，"Consumer Perceptions of Privacy and Security Risks for Online Shopping"，*The Journal of Consumer Affairs*，No. 1，2001.

③ Torben Hansen，Jan Moller Jensen，Hans Stubbe Solgaard，"Predicting Online Grocery Buying Intentions：A Comparison of the Theory of Reasoned Action and the Theory of Planned Behavior International"，*International Journal of Information Management*，No. 1，2004.

④ Fred D.Davis，Jr，"A Techology Acceptance Model for empirically Testing New End-user Information Systems：Theory and Results"，*Massachusetts Institute of Technology*，No. 3，1985.

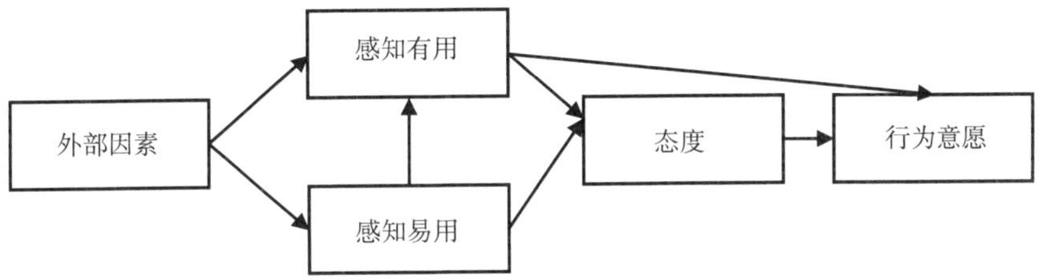

图 1-3　技术接受理论

就是可以增加网购过程中的购物效果和效率；感知网上购物易用则是指技术使用者使用某种技术是比较容易的，针对网上购物来说，是说使用计算机在网络中完成购物过程是比较容易的。

在最基本的技术接受模型框架下，相关学者通过研究网民对电子商务网站的使用意愿，研究发现当某个网站主要的作用是进行查询任务时，不仅感知网上购物有用会对使用意愿产生影响，感知网上购物易用也是如此；但是进入某个网站是为了购买时，只有感知网上购物有用影响意愿，感知网上购物易用则不会影响意愿；另外，他还发现感知网上购物易用会对感知网上购物有用产生影响。① 在研究美、韩两国的消费者网上购物行为时发现，美国的消费者网上购物行为中，感知易用是通过感知网上购物有用来间接影响网上购物行为的；但是韩国的样本研究则发现，只有感知网上购物易用影响网上购物。因此他们推断技术接受模型在网络技术比较成熟的环境中对网络消费行为的预测效度更好，而且大多数实证研究结果表明，技术接受模型只能证明消费者意图的 40%—60%，还有将近一半的相关影响因素得不到很好的阐释，它对外部变量的解释力度还是比较弱的。②

综上所述，本章使用计划行为理论和技术接受模型对网上购买意愿进行研究是可行的，在计划行为理论中的态度、主观规范和感知行为控制三个因素的基础上结合技术接受模型中的感知网上购物有用和感知网上购物易用两个因素，同时针对坚果类零食网上购买过程中的具体特征加以适当的扩展，最终目的是提高模型的预测力和解释力。

① David Gefen, Detmar Straub, "The Relative Importance of Perceived Ease-of-use in IS Adoption: A Study of E-commerce Adoption", *Journal of the Association for Information Systems*, No. 8, 2000.

② Chung-Hoon Park, Young-Gui Kim, "Identifying Key Factors Affecting Consumer Purchase Behavior in an Online Shopping Context", *International Journal of Retail & Distribution Management*, No. 1, 2003.

第三节 消费者网购意愿的影响因素研究

一、网购意愿影响因素分析

（一）网上购物态度

态度是个体在执行行为过程中，对某行为所存在的一般或稳定的倾向或立场，个体对某一特定行为喜欢或不喜欢的程度。人们自古以来对所有事物似乎都有自身的态度，但这种态度并不是本身就存在的，而是个人通过观察、接触和了解某一事物或行为逐渐形成的。态度一旦形成，在一定时期内拥有持久性和稳定性，并会影响消费者对产品或服务的判断和评价。购买意愿是指消费者主观上对某种产品或服务最终作出购买决策的可能性的大小。消费者对某一对象的态度加上其他外部因素最终构成影响消费者购买意愿的主要因素。这种购买意愿既反映出消费者自身对待产品或服务的态度，也反映了消费者购买该产品或服务的概率大小。在网络购物的环境下，网上购买意愿与传统购买意愿的含义基本相似，也是消费者主观上获取某种产品或服务的可能性的大小。

（二）主观规范

主观规范（Subjective Norm）是指个体在决定是否执行某一特定行为时所感受到的来自外界的压力，它反映的是具有影响力的他人或团体对个体决定是否执行某一特定行为的影响。由于受到主观规范的影响，人们会不由自主地以某种人的意见或评价为准则，从而形成或改变自己对某事物的态度和看法。人是社会人，人的最终决策通常会受到其周围环境的影响。消费者群体的内部沟通行为表明，消费者会将自己取得的产品信息、使用后的评价和自己的心理感觉对周围的其他消费者进行传达、转告和倾诉，以寻求其他消费者对自己的理解、认同和了解。

对于网上购物这一虚拟空间，往往需要更多的知识和经历，因此那些网络购物经验尚且不足的消费者就会寻找一些虽不尽如人意但是比较容易获取的渠道（如亲戚、朋友、同事等）来获得所需要的相关信息，从而对网上购物给出一些主观评价。此外，由于青年是使用网络的主力军，而这类人群更敢于追求时尚，勇于冒险去尝试新事物，当他们周围的朋友、同学在使用网上购物并取得成功后，主观规范的驱使使他们也会产生进行网上购物的想法。主观规范是说：当周围的人都愿意并乐于进行网上购物并取得成功的时候，就会促使消费者产生网上购物的意愿；反之，若周围的人对网上购物比较反感或有消极的评价时，消费者就会对网上购物有抵触心理。

（三）感知行为控制

感知行为控制是个体感知到的执行某种特定行为的难易程度，即个体所感知到的自己有多少能力可以执行某种特定行为，感知行为常反映个体过去的经验、二手信息或预期的阻碍。阿杰森引用大量的研究，结果表明感知行为控制和行为意向之间是相关的，提出感知行为控制越高，其行为意向就会越强。众多研究成果显示，感知行为控制可以预测行为意向，并且感知行为控制和态度可以在很大比例上解释行为变量。① 马德代尔以计划行为理论为基础研究个体使用信息技术决策，发现在很多情况下计划行为理论对行为意向及行为都具有很好的预测作用，比如预测使用者使用新软件的意向、②感知行为控制显著影响行为意向。③

（四）感知网上购物有用

感知网上购物有用是说技术使用者在使用某项技术的过程中，会提高自身执行行为的整体绩效，增加其行为的效果和效率，针对网上购物而言，就是可以增加网购过程中的购物效果和效率。

与传统购物相比，网上购物有许多吸引消费者进行网上购物的优势。第一，网上购物可以提供及时、丰富的商品或服务信息，这一优势对消费者进行网上购物有很大的诱惑力；第二，网上购物灵活、便捷，消费者可以24小时足不出户完成购物行为，这在生活节奏日益快速的当今社会，可以很大程度上节省消费者的时间和精力，提高其购物的效率；第三，网上零售商往往比实体店经营商的经营成本低，这种成本的节约可以转嫁给消费者一部分，使得网上购物有一定程度上的价格优势，从而可以吸引更多的消费者进行网上购物，提高消费者的有用感知。根据中国互联网信息中心的调查，中国消费者选择网上购物的重要动机是节省费用。以上几点都可以使消费者感知网上购物的有用，进而对网上购物拥有一种积极的态度来产生网上购买意愿。众多研究也表明，感知网上购物有用会直接影响消费者网上购买意愿。

---

① Icek Ajzen, "The Theory of Planned Behavior: Some Unresolved Issues", *Organizational Behavior and Human Decision Processes*, No. 2, 1991.

② Hans van der Heijden, Tibert Verhagen, Marcel Creemers, "Understanding Online Purchase Intentions: Contributions from Technology and Trust Perspectives", *European Journal of Information Systems*, No. 1, 2003.

③ Anthony D.Miyazaki, Ana Fernandez, "Consumer Perceptions of Privacy and Security Risks for Online Shopping", *The Journal of Consumer Affairs*, No. 1, 2001.

（五）感知网上购物易用

感知网上购物易用是指技术使用者使用某种技术是比较容易的，针对网上购物来说，是说使用计算机在网络中完成购物过程是比较容易的。感知网上购物易用可以看作是使用者使用新渠道不用太费力，代表一种容易使用的程度，是技术接受模型中紧接着感知购物有用的第二位的因素。技术接受模型认为，感知网上易用对感知购物有用具有直接或间接的影响，其通过影响感知购物有用进而影响网上购物意愿和态度，感知网上购物有用呈现出来的更多的是网上购物的结果，而感知网上购物易用则给我们展示出网上购物过程的方便性。

在技术接受模型理论的基础上，戴维斯等人提出了改进的技术接受模型，并提出，消费者在首次使用信息系统时，感知网上购物有用和感知网上购物易用共同影响行为意向，但是在二次及以后使用该信息系统时，消费者则只受感知网上购物有用的影响，而感知网上购物易用则通过感知网上购物有用间接影响行为意向。也就是说随着消费者对信息系统越来越熟悉，感知网上购物易用这一因素的效用会越来越低，而当该信息系统的使用技术降低到一定程度时，感知网上易用将不会影响消费者对于信息系统的使用。由于在本书第一章的研究中，有一部分人可能没有网上购物的经历或者很少，对于网上购物系统并不是很熟悉，这就使得对于感知网上购物易用的考虑显得非常有必要。本书第一章认为，感知网上购物易用不会直接影响网上购买意愿，而需要通过感知网上购物有用和网上购物态度间接影响网上购买意愿。

（六）产品安全性

产品安全性所涉及的范围比较广泛，不仅包括产品质量、产品卫生、产品营养等相关方面的安全信息，与此同时也包含对种植或养殖以及加工、收藏、包装、运输、销售、消费等相关内容方面的安全。对于产品安全性的概念界定，是一种综合性的概念。本书所探讨的产品安全性主要是指那些符合国家标准和要求、未发生变质并在保质期内的产品。

食品安全对消费者而言，在其消费前后都无法进行辨认，这就使不法电商有了漏洞可钻，也使消费者因为假冒伪劣商品对网购食品缺乏了信任，想要改善这种现象，就需要商家提供真实、充分、准确的信息，提高食品安全的效率。本书第一章的研究对象是休闲零食中的坚果类零食的网上购买意愿，作为坚果类零食，其本身的安全性也是消费者进行网上购物时必然考虑的一个因素。目前，我国食品市场的现状是消费者对于食品安全性有着非常强烈的潜在需求，尤其是针对虚拟交易的网上购物，在这个过程中，消费者并未接触到实物,因此,网上购物的消费者对于产品安全性的认知和了解只能在购物完成之后才能够获得,这就增加了产品安全性对于消费者网上购买意愿的影响程度,即产品安全程度越高,消费者就越愿意选择进行网上购物。站在市场需求的角度上而言,消费者才是最终的决策者。只有站在消费者的角度去了解产品安全性的需求程度,才不会造成对安全性的过度供给。

针对网上购物坚果类零食而言,生产日期和保质期所带来的食品变质问题是消费者在购买过程中最关心的安全信息,究其原因,一方面,是由于食品变质是所有食品都会面临的一个问题;另一方面,在网上购物过程中,只有生产日期和保质期是消费者最容易获取的食品安全性信息,针对食品而言,消费者对于这些信息的关注也是自然而然的。消费者对于可以认知到的安全食品表现出比较强烈的购买意愿,食品的安全性信息通过消费者的态度间接影响消费者的购买意愿。①

(七) 网站服务质量

格鲁诺斯(Gronroos)最先提出感知服务质量。他认为感知服务质量是消费者将实际所得到的服务与自己的预期作比较之后得出的,如果消费者实际得到的服务超过自身期望的服务,则消费者的感知服务质量就比较好,反之,就比较差。② 服务质量是衡量消费者对于自己所接受服务的一个满意度的因素,这种满意度主要是取决于实际得到的服务与期望的服务之差。因此,服务质量本质上是一种主观感知质量,而并不是我们所谓的实际可以看到的客观质量。服务质量定义为消费者预期的服务与实际服务的差距,即服务质量等于预期服务减去感知服务。③ 经研究发现,由于食品市场相关信息混乱不堪,以至于消费者对于选择接受哪些信息感到迷茫,这就会影响消费者接受正确信息的态度。④ 虽然不同学者对服务质量的解释有所不同,但其本质都是相同的,即服务质量都是由消费者自己评价其获取的相关服务,并且每位消费者的需求也是不一样的。

到目前为止,学者们对于网站服务质量的定义并没有一个统一的认识。

---

① 周应恒、霍丽:《食品质量安全问题的经济学思考》,《南京农业大学学报》2003 年第 3 期。

② Christian Gronroos, "Applied Service Marketing Theory", *European Journal of Marketing*, No. 16, 1982.

③ A.Parasuraman, Valarie A.Zeithaml, Leonard L.Berry, "Conceptual Model of Service Quality and Its Implications for Future Research", *Journal of Marketing*, No. 4, 1985.

④ Boonghee Yoo, Naveen Donthu, "Developing a Scale to Measure the Perceived Service Quality of Internet Shopping Sites", *Quarterly Journal of Electronic Commerce*, No. 1, 2001.

有的学者着眼于网站提供给消费者的服务质量，有些更加关注网站功能质量，而有的则只关注消费者同网站的互动质量。迄今为止，最为众人所接受的定义是2000年泽萨姆、帕拉休拉曼和马尔霍特拉给出的解释，他们认为网站服务质量是指网站给消费者提供的服务能够提高消费者配送与服务及时、便利性、查询及购物效率的程度。

综上所述，各学者对于电子服务质量构成维度的定义，考虑到研究的限制性，本章所研究的网站服务质量主要包括网站界面设计的美观度和专业性、网店陈列产品的信息质量和丰富度、交易便利性以及消费者与店家的互动性（如网上咨询服务的完善性和及时性、交易安全性以及发货和退换货的速度）这些内容。采取网上购物的消费者通过浏览网站、查询所陈列的相关产品来获取相关信息，其实就是检验网店服务质量的一种体现，这个过程会引导消费者产生购买意愿，最终选择执行或放弃购买行为。消费者和店家的有效互动，一方面，能使消费者更加了解商品信息，进而提高其购买意愿；另一方面，交易时和交易完成后的互动可以提升消费者的满意度和忠诚度，使得消费者产生重复购买意愿，由于考虑坚果类零食的质量问题，在坚果类零食的购买过程中，消费者如果首次购买比较满意，就会产生积极的重复购买意愿，且容易出现连锁反应（一次性购买多种坚果类零食），因此消费者与店家的互动越强，消费者对店家的评价越高，消费者就越有意愿在该网店多次、多品种去进行消费。

二、相关假设的提出

综合以上分析，本章提出如下假设：

假设1-1：网上购物态度与网上购买意愿显著正相关。

假设1-2：主观规范与网上购物态度显著正相关。

假设1-3：主观规范与网上购买意愿显著正相关。

假设1-4：感知行为控制与网上购物态度显著正相关。

假设1-5：感知行为控制与网上购买意愿显著正相关。

假设1-6：消费者感知网上购物有用与网上购物态度显著正相关。

假设1-7：消费者感知网上购物有用与网上购买意愿显著正相关。

假设1-8：消费者感知网上购物易用与感知网上购物有用显著正相关。

假设1-9：消费者感知网上购物易用与网上购物态度显著正相关。

假设1-10：消费者网上购物易用与网上购买意愿显著正相关。

假设1-11：产品安全性与网上购物态度显著正相关。

假设1-12：产品安全性与网上购买意愿显著正相关。

假设 1-13:网站服务质量与网上购物态度显著正相关。

假设 1-14:网站服务质量与网上购买意愿显著正相关。

三、模型的构建

根据以上假设,笔者构建了图 1-4 的理论模型。

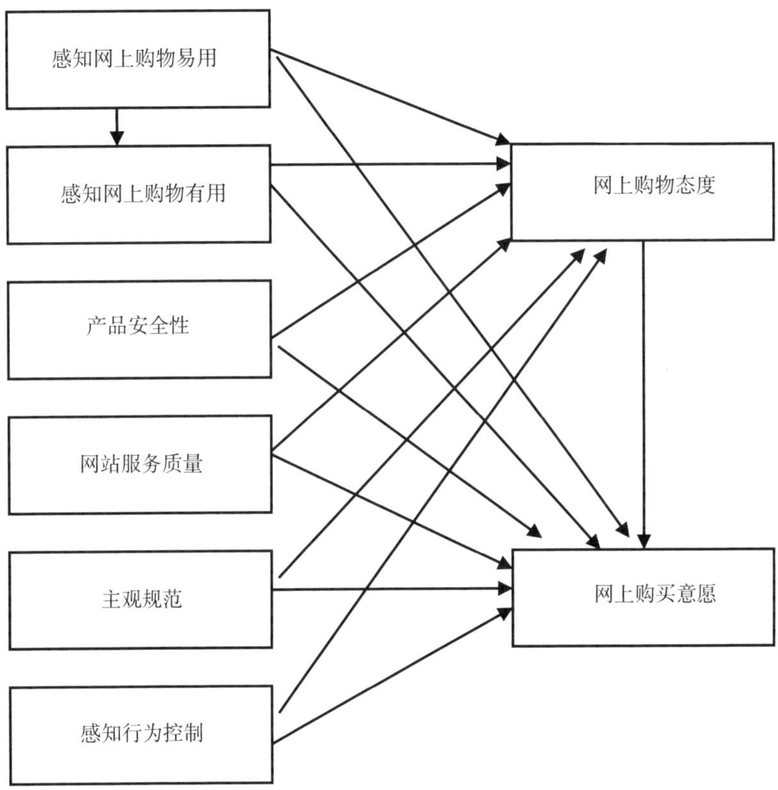

图 1-4　理论模型构架

四、问卷与测量

(一) 问卷的设计

在设计问卷时,笔者和相关人员反复讨论了问卷的变量指标,在问题设置上广泛听取各方意见,然后形成初稿,对初步形成的问卷进行小范围的试查,真诚地寻求被访者对于问卷理解性、便利性等方面的宝贵意见,并向相关专家请教,修改了某些表达不合适的指标,使其更加科学和实际,从而形成最终的调查问卷。本章研究的是消费者网购休闲零食,因此笔者将调查对象主要针对热衷于网上购物的在校大学生和办公室白领以及有小孩的消费者。

（二）变量的衡量

本章研究的主要测量变量共有 8 个：网上购物态度、网上购买意愿、主观规范、感知行为控制、感知网上购物有用、感知网上购物易用、产品安全性和网站服务质量。具体的变量定义如表 1-5 所示。

表 1-5　变量的定义

网上购物态度	是指消费者在网上购买过程中表现出来的持久性评价，反映个体对某一特定行为喜欢的程度
网上购买意愿	是指消费者通过互联网获取某种产品或服务的主观概率或可能性以及在以后继续与该购物网站建立良好购物关系的意愿和反应
主观规范	是指个体在决定是否执行某一特定行为时，所感受到的来自外界的压力，它反映的是具有影响力的他人或团体对个体决定是否执行某一特定行为的影响
感知行为控制	是指个体感知到的执行某特定行为的难易程度，即个体所感知到的自己有多少能力可以执行某特定行为，感知行为常反映个体过去的经验、二手信息或预期的阻碍
感知网上购物有用	是指技术使用者在使用某项技术的过程中，会提高自身执行行为的整体绩效，增加其行为的效果和效率，针对网上购物而言，可以增加网购过程中的购物效果和效率
感知网上购物易用	是指技术使用者使用某种技术是比较容易的，针对网上购物来说，是说使用计算机在网络中完成购物过程是比较容易的
产品安全性	是指那些符合国家标准和要求、未发生变质并在保质期内的产品
网站服务质量	是指网站服务能够提高消费者服务及配送及时便利、购物及查询效率的程度

本章各变量的测量项目主要来自各学者的研究，少部分为笔者编写，具体如表 1-6 所示。

表 1-6　变量的衡量

变量	变量的衡量	来源
网上购物态度	使用网上购物可以买到比实体店种类更多的产品 我很喜欢使用网上购物 网上购物通常能让我买到更便宜的商品	泰勒和托德（Taylor & Todd，1995）

续表

变量	变量的衡量	来源
主观规范	对我重要的人认为我应该使用网上购物 对我有影响的人认为我应该使用网上购物 我生活中的很多人认为我应该使用网上购物	文卡特什和戴维斯(Venkatesh & Davis,1999);徐和路(Hsu & Lu,2003)
感知行为控制	我可以控制自己进行网上购物的行为 我有知识和能力去使用网上购物 我能技巧熟练地使用网上购物	泰勒和托德(Taylor & Todd,1995)
感知网上购物有用	相比于传统商店,网上购物整体的购物绩效更高 网购能提高购物或搜寻信息的效益 网上购物能提高购物或搜寻信息的效率 网上购物能改善购物或搜寻信息的效果	文卡特什和戴维斯(Venkatesh & Davis,1996);格芬(Gefen,2000);库法里斯(Koufaris,2002)
感知网上购物易用	学会使用这个网站对我而言非常简单 网店提供买东西的程序很清晰 网店查询、订货、付款等流程很容易操作	文卡特什和戴维斯(Venkatesh & Davis,1996);格芬和斯特劳布(Gefen & Straub,2000)
产品安全性	网上购物时,应该提供真实、可靠的信息 网上购物时,我会考虑产品的质量问题 网上购物时,我会担心存在假冒伪劣产品 网上购物时,我会担心外包装的问题 网上购物时,我会关注食品的生产日期和保质期	韦德和康利(Wade & Conley,2011)
网站服务质量	网店提供了专业、详细的相关产品信息 网上商店发送货物后会及时通知 网上商店能够满足我个人的特殊需要 网上商店容易退货	陈雷达与史鸿斌(Lei-da Chen & Hung-pin Shi,2004)
网上购买意愿	最近打算网上购物 会优先考虑网购所需商品 能在网上购买的物品我会尽量从网上买	奥卡斯和费内齐(O'Cass & Fenech,2003);霍夫曼和诺瓦克(Hoffman & Novak,1996)

(三) 研究对象的选取

本章将已有过网购经历、经常关注网上产品信息以及浏览购物网站的网络消费者为研究对象。在众多的网民中,本书主要是以在校大学生作为重点研究对象,同时结合部分上班族进行调查。选择以在校大学生为重点研究对象,一方面,是因为除了儿童和少年,在校大学生作为年轻人的代表,是进行网上购买零食的主要队伍,极具代表意义;另一方面,以在校大学生作为主要研究对象,比较容易获取数据,而且数据的质量较高,从某种程度上保证了研究结果的可信性和可靠性。国外也有很多以学生作为研究对象进行的网上购物的实证研究,所以,以在校大学生作为研究对象来对网购休闲零食进行实证研究具有很高的可行性和参考价值。

本章采用问卷调查的方法获取数据,问卷调查是一般研究中经常使用的方法,它有利于进行定量分析。采用问卷调查法进行实证研究的文章中,一般都是通过先发放调查问卷获取数据,然后筛选整理数据,最后使用有效数据验证模型。本章也是如此,同样是先对调查问卷进行发放和收回的前期工作,然后对收回的有效问卷进行相关数据的整理统计,最后验证所建立的模型。

由于时间有限,为了提高问卷回收率,本章采取的是简单随机抽样法,研究的是消费者网购休闲零食,因此笔者将调查对象主要针对热衷于网上购物的本科生、硕士研究生和部分办公室白领。

本次问卷发放共 265 份,最后收回的共有 252 份,其中有 232 份为有效问卷,问卷的回收率为 95%,有效率为 92%,符合样本要求的有效性目标。从回收结果来看,学生样本 160 份占总样本的 69%,非学生样本占 31%;调查样本中年龄在 20 到 28 岁(包括 28 岁)的样本占总样本的 54%;学位为本科的样本占总样本的 42%,硕士及以上学历占总样本的 29%。

五、数据分析

(一) 样本描述性统计情况

经过对调查问卷收回数据的整理和分析,对调查对象的基本情况进行描述性统计,得出结果如表 1-7 所示。

表 1-7　网上购买意愿调查样本描述性统计表

基本情况	变量	频数	百分比(%)
性别	女	126	54
	男	106	46
学历	高中/中专/技校	14	7
	大专	52	22
	本科	98	42
	硕士及以上	68	29

续表

基本情况	变量	频数	百分比(%)
年龄	16—20岁(包括20岁)	26	11
	20—28岁(包括28岁)	125	54
	28—43岁(包括43岁)	55	24
	43—53岁(包括53岁)	26	11
职业	学生	160	69
	公务员	9	4
	专业技术人员(如医生、律师等)	15	6
	教师	9	4
	企业职员	29	13
	其他	10	4
工作年限	3年以下(包括3年)	99	43
	3—5年(包括5年)	52	22
	5—10年(包括10年)	32	14
	10年以上	28	12
	10—20年(包括20年)	21	9
月收入	1000元以下(包括1000元)	71	31
	1000元—3000元(包括3000元)	55	23
	3000元—5000元(包括5000元)	54	23
	5000元—10000元(包括10000元)	25	11
	10000元—50000元(包括50000元)	27	12
网购意愿	愿意	195	84
	不愿意	37	16

从表1-7我们可以发现,本章的研究样本有以下特征:

1. 性别

女性消费者占54%,男性消费者占46%,两者比例相差不是很大。

2. 学历

本科学历占42%,硕士及以上学历占29%,大专学历占22%,此项比例与之前考虑样本对象主要为在校大学生相符合。

3. 年龄

20—28 岁(包括 28 岁)之间的占 54%,比例为调查样本的一大半,调研对象没有超过 53 岁的,表示此项调查以青年人为主要研究样本。

4. 职业

学生占 69%,企业职员占 13%,符合前面所统计的学历和年龄范围的数据,也表明本书第一章的研究对象主要为在校学生。

5. 工作年限

3 年以下(包括 3 年)的占 43%,工作年限集中在 3 年以下的主要原因是,调查样本主要集中在大学生这一校园领域。

6. 月收入

1000 元以下(包括 1000 元)的占 31%,1000 元—3000 元(包括 3000 元)和 3000 元—5000 元(包括 5000 元)的各占 23%,主要是由于调查样本一般为在校生但有的为应届毕业生,可能已经进入工作阶段,因此出现有月收入的差距。

7. 网购意愿

其中有高达 84%的调查对象表示愿意进行网上购物,表明本章对网上购买意愿的研究是具有现实意义的。

(二) 量表信度与效度检验

1. 信度检验

信度是为了检测被测特征的真实性的指标,反映的是经过检测所得到的结果的一致性和稳定性问题。信度指标是对信度的一种定量方向的解释,该量化值被称为信度系数。信度系数越高,表明所进行的测量的可信度就越高。目前最常用的检测信度的方法是克朗巴哈系数法。不同的学者对于信度系数界限值的划分不同,但一般来说,0.6—0.65 为不可信;0.65—0.7 为最小接受值;0.7—0.8 为相当好;0.8—0.9 就是非常好。也就是说克朗巴哈系数最低为 0.7 才是可以接受的。因此,本章运用可靠性统计分析对本研究的各个变量及整体信度进行检测。

具体情况如表 1-8、表 1-9 所示。

表 1-8 可靠性统计量

克朗巴哈系数	基于标准化项的克朗巴哈系数	项数
0.886	0.886	28

表 1-9　各变量的信度分析

变量	题项	题项已删除的克朗巴哈系数值	参考克朗巴哈系数值
感知网上购物有用	T1	0. 737	0. 758
	T2	0. 731	
	T3	0. 654	
	T4	0. 662	
感知网上购物易用	T5	0. 716	0. 725
	T6	0. 655	
	T7	0. 692	
感知行为控制	T8	0. 792	0. 824
	T9	0. 606	
	T10	0. 770	
主观规范	T11	0. 760	0. 868
	T12	0. 842	
	T13	0. 837	
产品安全性	T14	0. 767	0. 812
	T15	0. 769	
	T16	0. 776	
	T17	0. 781	
	T18	0. 787	
网站服务质量	T19	0. 749	0. 778
	T20	0. 711	
	T21	0. 724	
	T22	0. 713	
网上购物态度	T23	0. 754	0. 804
	T24	0. 759	
	T25	0. 705	
网上购买意愿	T26	0. 807	0. 846
	T27	0. 784	
	T28	0. 821	

表 1-10 中,总量表的克朗巴哈系数值高达 0. 886,具有非常高的信度。表 1-11 中显示,感知网上购物有用(T1—T4)和感知网上购物易用(T5—T7)的克朗巴哈系数值分别为 0. 758 和 0. 725;主观规范(T11—T13)和感知行为控制(T8—T10)的克朗巴哈系数值分别为 0. 868 和 0. 824;产品安全性(T14—T18)和网站服务质量(T19—T22)的克朗巴哈系数值分别为 0. 812 和 0. 778;网上购物态度(T23—T25)和网上购买意愿(T26—T28)的克朗巴哈系数值分别为 0. 804 和 0. 846。由于各项测量变量的克朗巴哈系数均在 0. 7 以上,因此看出本章各测量变量的内部一致性是很高的,符合本章的研究需要。

2. 效度检验

效度是对所测定的对象的有效性和准确度测量到何种程度的一种估计,也就是测量某种行为的准确度和有效性。当研究给出的量表能够准确测量出所需测量的内容时,该测量就是有效的;反之,当量表不能测量所需测量的内容时,测量则是无效的。对于效度的研究,本章从内容效度和结构效度两个方面进行研究。

内容效度表示的是内容的代表性问题,本章的量表是参考以前学者的类似量表进行设计的,各量表经过众多学者的不断研究,已经相当成熟,本章结合自身研究的特征给予适当的调整从而形成最终的量表,因此本章量表的内容效度是比较好的。结构效度是说各指标间要有一定的相关度,但各测量指标间也要有一定性的区别。

本章运用 SPSS 20. 0 统计软件来检验结构效度。在进行因子分析前需要进行 KMO 测度和巴特利球体检验。KMO 值用于检验各因子是否适合做因子分析,该值介于 0—1 之间。KMO 值大于 0. 9 时表示非常适合因子分析;0. 8—0. 9 之间很适合做因子分析;0. 7—0. 8 之间适合做因子分析;0. 6—0. 7 之间不太适合做因子分析;0. 5—0. 6 之间勉强适合做因子分析;小于 0. 5 时表示不适合做因子分析。

表 1-10 KMO 和 Bartlett 检验结果

取样足够度的 KMO 度量		**0. 782**
巴特利球形度检验	近似卡方	1513. 440
	Df	378
	Sig.	0. 000

由表 1-10 可知,KMO 值为 0.782,大于 0.7 说明可以做因子分析。巴特利球体检验统计值 1513.440,自由度为 378,显著性概率是 0.000,小于 0.001,也符合研究要求,可以进行因子分析。

（三）因子分析

表 1-11 显示的是因子分析中总的方差解释表。从表 1-11 中我们可以看出,特征值大于 1 的有 8 个主成分因子,这 8 个主成分因子解释的方差占总方差的 71.727%,解释了大部分信息。

表 1-11　总方差解释表

成分	初始特征值			提取平方和载入			旋转平方和载入		
	合计	方差的百分比(%)	累积百分比(%)	合计	方差的百分比(%)	累积百分比(%)	合计	方差的百分比(%)	累积百分比(%)
1	6.597	23.559	23.559	6.597	23.559	23.559	3.798	13.565	13.565
2	3.161	11.289	34.848	3.161	11.289	34.848	3.009	10.745	24.310
3	2.088	7.458	42.306	2.088	7.458	42.306	2.954	10.549	34.859
4	1.732	7.185	49.490	1.732	7.185	49.490	2.165	8.733	43.592
5	1.506	6.380	55.870	1.506	6.380	55.870	1.997	8.131	51.723
6	1.310	5.677	61.547	1.310	5.677	61.547	1.844	7.587	59.310
7	1.222	5.366	66.913	1.222	5.366	66.913	1.473	6.262	65.572
8	1.068	4.814	71.727	1.068	4.814	71.727	1.444	6.156	71.727
9	0.991	3.040	74.767						
10	0.862	2.079	76.846						
11	0.799	1.354	78.200						
12	0.691	1.466	79.666						
13	0.643	1.295	80.961						
14	0.560	1.499	82.460						
15	0.545	1.447	83.907						
16	0.525	1.376	85.283						
17	0.488	1.243	86.526						
18	0.413	1.477	88.003						
19	0.406	1.450	89.453						
20	0.371	1.326	90.779						
21	0.340	1.715	92.494						
22	0.330	1.677	94.171						

续表

成分	初始特征值			提取平方和载入			旋转平方和载入		
	合计	方差的百分比（%）	累积百分比（%）	合计	方差的百分比（%）	累积百分比（%）	合计	方差的百分比（%）	累积百分比（%）
23	0.297	1.560	95.731						
24	0.281	1.504	97.235						
25	0.229	0.816	98.051						
26	0.209	0.745	98.796						
27	0.172	0.616	99.412						
28	0.165	0.588	100.000						

注:提取方法:主成分分析。

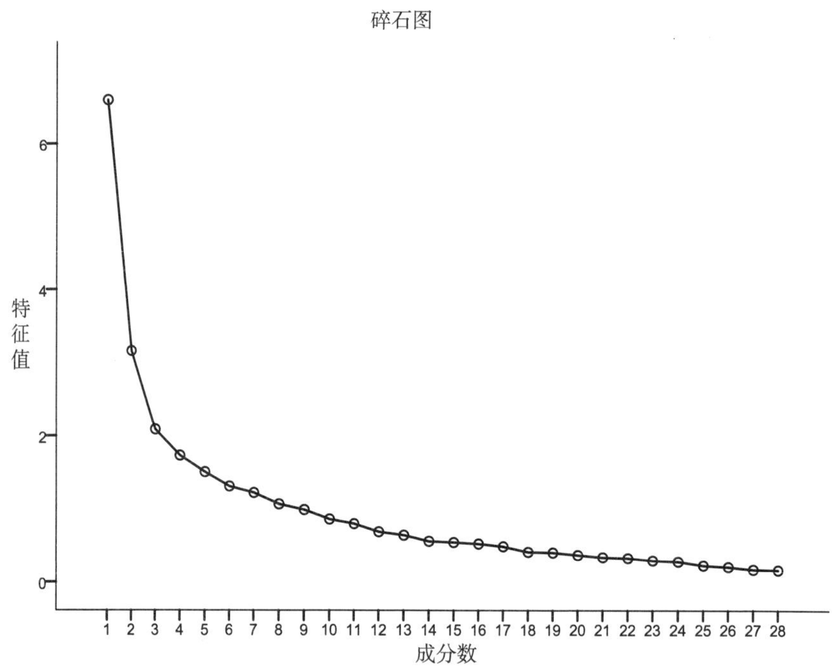

图 1-5　碎石图

图 1-5 为因子分析的碎石图。碎石图的横坐标表示的是主成分因子的数量,纵坐标代表的是特征值,前 8 个的特征值都比较大,从第 9 个开始特征值逐渐变小,按照特征值大于 1 的原则,提取出 8 个因子,这与原来的假定是相吻合的。

本章采用方差最大旋转进行研究，目的是使每个因子保持最小的最高载荷变量数，本章的研究经过 7 次迭代后收敛，结果如表 1-12 所示。

表 1-12　旋转成分矩阵

	成分							
	1	2	3	4	5	6	7	8
T13	0. 837	0. 057	-0. 003	0. 168	0. 189	0. 009	0. 041	-0. 126
T11	0. 807	0. 057	-0. 055	0. 143	0. 139	0. 172	-0. 136	-0. 183
T12	0. 792	0. 072	0. 042	0. 141	0. 135	-0. 062	0. 143	-0. 082
T19	0. 150	0. 792	0. 065	0. 015	0. 068	0. 014	0. 014	-0. 049
T21	0. 004	0. 762	-0. 058	0. 203	0. 230	-0. 028	0. 128	0. 080
T20	0. 204	0. 601	0. 168	-0. 069	0. 007	0. 168	0. 400	0. 203
T22	0. 299	0. 538	0. 243	0. 186	0. 046	0. 292	-0. 039	0. 207
T15	0. 052	-0. 028	0. 807	-0. 077	0. 081	-0. 012	-0. 036	0. 158
T16	0. 200	0. 141	0. 767	-0. 101	-0. 045	-0. 003	0. 063	0. 181
T18	0. 002	-0. 040	0. 717	0. 076	0. 093	-0. 125	0. 146	-0. 405
T14	0. 145	0. 066	0. 695	0. 033	0. 102	-0. 097	0. 015	-0. 451
T17	0. 077	0. 143	0. 695	0. 040	0. 029	0. 278	-0. 188	-0. 111
T2	0. 088	0. 101	-0. 074	0. 794	0. 115	0. 009	0. 036	0. 055
T1	0. 160	-0. 058	0. 079	0. 675	-0. 020	0. 104	0. 383	0. 165
T3	0. 212	0. 381	0. 044	0. 644	0. 050	-0. 031	-0. 058	-0. 181
T4	0. 313	0. 316	-0. 129	0. 591	0. 025	0. 170	-0. 124	0. 071
T8	0. 026	0. 109	0. 054	0. 032	0. 854	0. 059	0. 006	-0. 009
T9	0. 334	0. 116	0. 094	0. 018	0. 744	0. 163	0. 064	0. 101
T10	0. 054	0. 072	0. 094	0. 228	0. 524	0. 096	0. 428	0. 134
T5	0. 093	0. 125	-0. 047	0. 017	0. 095	0. 770	0. 023	-0. 241
T6	0. 095	0. 031	0. 068	0. 111	0. 141	0. 750	0. 203	0. 178
T7	0. 413	0. 048	0. 082	0. 402	0. 179	0. 533	0. 156	0. 059
T23	0. 168	0. 239	-0. 072	0. 089	0. 135	0. 245	0. 692	-0. 249
T24	0. 486	0. 387	-0. 119	-0. 009	0. 133	-0. 049	0. 527	0. 129
T25	0. 030	0. 116	-0. 060	0. 088	0. 135	-0. 086	0. 691	-0. 025

续表

	成分							
	1	2	3	4	5	6	7	8
T28	0.258	0.155	-0.012	0.181	-0.132	0.124	0.260	0.705
T27	0.083	0.422	-0.101	0.035	-0.021	0.156	0.176	0.696
T26	0.014	0.004	0.061	0.188	0.002	0.062	0.081	0.628
特征值	6.597	3.161	2.088	1.732	1.506	1.310	1.222	1.068
解释总方差百分比（%）	23.559	11.289	7.458	7.185	6.380	5.677	5.366	4.814
累计解释总方差百分比（%）	23.559	34.848	42.306	49.490	55.870	61.547	66.913	71.727

以往研究中，很多学者在保留或删除量表项目时，都是以因子负荷量的大小作为标准，本章在进行因子分析时，以0.5作为因子分析过程中删除项的标准。通过表1-12我们可以发现，各测量项目的因子载荷均大于0.5。按照特征值大于1的标准共提取出8个因子，与原假定因子数相吻合。第一个因子的特征值为6.597，能够解释总变量的23.559%，所反映的项目主要是主观规范；第二个因子的特征值为3.161，能够解释总变量的11.289%，所反映的项目主要是网站服务质量；第三个因子的特征值为2.088，能够解释总变量的7.458%，所反映的项目主要是产品安全性；第四个因子的特征值为1.732，能够解释总变量7.185%，所反映的项目主要是感知网上购物有用；第五个因子的特征值为1.506，能够解释总变量的6.380%，所反映的项目主要是感知行为控制；第六个因子的特征值为1.310，能够解释总变量的5.677%，所反映的项目主要是感知网上购物易用；第七个因子的特征值为1.222，能够解释总变量的5.366%，所反映的项目主要是网上购物态度；第八个因子的特征值为1.068，能够解释总变量的4.814%，所反映的项目主要是网上购买意愿。这八个因子解释了总方差的71.727%，解释了大部分信息，所以可以给出结论：本章的测评体系是比较合理的，其效度也是比较高的。

（四）相关与回归分析

1. 相关分析

为了对描述各变量之间的相关关系提供依据，还需要通过相关分析来统计各变量之间的关系。进行相关性分析的主要原因是为了确定各个研究变量之间的紧密程度，反映这种紧密程度的指标是相关系数 r，r 的取值在-1 到+1 之间，当 r 的绝对值越接近 1，说明关系就越紧密，当 r 接近于 0 时，说明关系是很不紧密。正负号代表的是变量是正相关还是负相关的一个符号。r 的绝对值小于 0.3 说明微弱相关；r 的绝对值大于 0.3 小于 0.5 时为低度相关；r 的绝对值大于 0.5 小于 0.8 时为显著相关；r 的绝对值大于 0.8 时为明显显著相关。在进行回归分析之前需要先进行相关分析，只有当相关分析表明各变量之间具有相关关系后，才能进行回归分析。本章采用皮尔逊（Pearson）相关分析法对感知网上购物有用、感知网上购物易用、主观规范、感知行为控制、产品安全性、网站服务质量、网上购物态度和网上购买意愿八个变量进行相关分析。通过 SPSS 20.0 统计软件的相关分析得出表 1-13。

表 1-13　变量相关分析

		感知网上购物有用	感知网上购物易用	感知行为控制	主观规范	产品安全性	网站服务质量	网上购物态度	网上购买意愿
感知网上购物有用	皮尔逊相关性	1	0.603*	0.587*	0.512**	0.786**	0.693**	0.732**	0.887*
	显著性（双侧）		0.020	0.032	0.000	0.000	0.000	0.000	0.032
	样本量	232	232	232	232	232	232	232	232
感知网上购物易用	皮尔逊相关性	0.603*	1	0.662**	0.597*	0.651**	0.545**	0.778*	0.660**
	显著性（双侧）	0.020		0.000	0.017	0.002	0.000	0.041	0.000
	样本量	232	232	232	232	232	232	232	232
感知行为控制	皮尔逊相关性	0.587*	0.662**	1	0.678**	0.786**	0.796**	0.686**	0.791*
	显著性（双侧）	0.032	0.000		0.000	0.000	0.000	0.000	0.028
	样本量	232	232	232	232	232	232	232	232
主观规范	皮尔逊相关性	0.512**	0.597*	0.678**	1	0.788**	0.792*	0.529**	0.700**
	显著性（双侧）	0.000	0.017	0.000		0.000	0.028	0.000	0.000
	样本量	232	232	232	232	232	232	232	232
产品安全性	皮尔逊相关性	0.786**	0.651**	0.786**	0.788**	1	0.790**	0.649**	0.797*
	显著性（双侧）	0.000	0.002	0.000	0.000		0.000	0.000	0.024
	样本量	232	232	232	232	232	232	232	232

续表

		感知网上购物有用	感知网上购物易用	感知行为控制	主观规范	产品安全性	网站服务质量	网上购物态度	网上购买意愿
网站服务质量	皮尔逊相关性	0.693**	0.545**	0.796**	0.792*	0.790**	1	0.627**	0.791*
	显著性(双侧)	0.000	0.000	0.000	0.028	0.000		0.009	0.028
	样本量	232	232	232	232	232	232	232	232
网上购物态度	皮尔逊相关性	0.732**	0.778*	0.686**	0.529**	0.649**	0.627**	1	0.686*
	显著性(双侧)	0.000	0.041	0.000	0.000	0.000	0.009		0.033
	样本量	232	232	232	232	232	232	232	232
网上购买意愿	皮尔逊相关性	0.787*	0.660**	0.791*	0.700**	0.797*	0.791*	0.686*	1
	显著性(双侧)	0.032	0.000	0.028	0.000	0.024	0.028	0.033	
	样本量	232	232	232	232	232	232	232	232

注：* 表示在 0.05 水平(双侧)上显著相关；** 表示在 0.01 水平(双侧)上显著相关；N=232。

从表 1-13 中可以看出，感知网上购物有用、感知网上购物易用、主观规范、感知行为控制、产品安全性、网站服务质量与中间变量网上购物态度的相关系数均大于 0.5，存在显著的正相关关系且显著性水平均在 0.05 以下。中间变量网上购物态度和因变量网上购买意愿之间的相关系数也大于 0.5，也存在显著的正相关关系且显著水平在 0.05 以下。

2. 回归模型检验

相关分析只能验证各变量之间是否是相关的，并不能反映各自在多大程度上相关。为了更准确地了解各变量的相关程度，下面将通过回归分析来研究各变量之间的准确相关程度，进而验证各变量的具体关系和本章提出的假设。本章对于回归方程的拟合度检验(相关系数检验)采用 R^2 和调整 R^2 统计量，R^2 的取值在 0—1 之间，越接近 1 表示有越好的拟合度；对于回归方程的显著性检验(F 检验)采用 F 统计量，SPSS 软件会自动计算检验统计量的值以及对应的概率 p 值，如果 p 值比显著性水平 α 还小，就应该拒绝零假设且自变量与因变量之间的关系显著；对于回归系数的显著性检验(t 检验)，SPSS 软件会自动计算检验统计量的值以及对应的概率 p 值，如果 p 值比显著性水平 α 还小，就应该拒绝零假设且自变量与因变量之间的关系显著；选择根据 Sig. 值来判定回归结果，若 Sig.<0.001，则显著程度最高，用 *** 表示；若 0.001≤Sig.<0.01，则显著程度次之，用 ** 表示；若 0.01≤

Sig.<0.05,则显著性较弱,用*表示。

(1)自变量与因变量回归模型检验。为验证感知网上购物有用、感知网上购物易用、主观规范、感知行为控制、产品安全性、网站服务质量与网上购买意愿的关系假设,自变量选取感知网上购物有用(*Use*)、感知网上购物易用(*Easy*)、主观规范(*Z*)、感知行为控制(*G*)、产品安全性(*C*)、网站服务质量(*W*),因变量选取网上购买意愿(*Will*),进行回归分析,建立的回归模型如下:

$$Will = \beta_0 + \beta_1 Use + \beta_2 Easy + \beta_3 Z + \beta_4 G + \beta_5 C + \beta_6 W + \varepsilon \qquad (1-1)$$

表 1-14　各自变量对网上购买意愿影响回归结果

系数[a]								
模型		非标准化系数		标准系数	t	Sig.	共线性统计量	
		B	标准误差	Beta			容差	VIF
1	(常量)	1.460	0.593		3.998	0.002		
	感知网上购物有用	0.476	0.032	0.297**	9.114	0.000	0.976	1.025
	感知网上购物易用	0.235	0.010	0.335*	6.414	0.056	0.965	1.036
	感知行为控制	0.441	0.017	0.321**	7.222	0.002	0.842	1.187
	主观规范	0.419	0.037	0.232**	5.360	0.004	0.934	1.071
	产品安全性	0.390	0.019	0.303**	5.033	0.002	0.961	1.041
	网站服务质量	0.384	0.020	0.210**	8.343	0.001	0.910	1.099
R	R^2	调整 R^2		平方和	df	均方	F	Sig.
0.905	0.819	0.808	回归	27.602	6	1.267	41.892**	0.000
			残差	45.276	125	0.522		
			总计	62.879	131			

注:a 为因变量:网上购买意愿;** 表示在 0.01 水平下显著;* 表示在 0.05 水平下显著。

如表 1-14 所示,先分析变量之间的多重共线性。由表 1-14 可以看出,在关于本章研究的感知网上购物有用、感知网上购物易用、主观规范、感知行为控制、产品安全性、网站服务质量对网上购买意愿的回归分析结果中,容差值均超过 0.8,VIF 的值均远低于 10,处于可接受的范围,因此可以认为自变量之间不具有严重的多重共线性问题。回归模型的调整 R^2 为 0.808,F 值为 41.892 且在概率 0.01 水平下回归效果显著,因此,回归模型的设定是可以接受的。由于感知网上购物易用对应的 P 值大于 0.05,该项

无法进入回归方程,因此最终的回归方程为:

$$Will = 1.460 + 0.476Use + 0.441G + 0.419Z + 0.390C + 0.384W \quad (1-2)$$

(2)中间变量与因变量模型检验。为验证中间变量网上购物态度与因变量网上购买意愿的假设,以网上购物态度(*Attitude*)作为自变量,选取网上购买意愿(*Will*)作为因变量进行回归分析,建立回归模型如下:

$$Will = \beta_0 + \beta_1 Attitude + \varepsilon \quad (1-3)$$

表 1-15 网上购物态度对网上购买意愿影响回归结果

<table>
<tr><th colspan="9">系数[a]</th></tr>
<tr><th colspan="2" rowspan="2">模型</th><th colspan="2">非标准化系数</th><th>标准系数</th><th rowspan="2">t</th><th rowspan="2">Sig.</th><th colspan="2">共线性统计量</th></tr>
<tr><th>B</th><th>标准误差</th><th>Beta</th><th>容差</th><th>VIF</th></tr>
<tr><td rowspan="2">1</td><td>(常量)</td><td>0.359</td><td>0.347</td><td></td><td>1.524</td><td>0.001</td><td></td><td></td></tr>
<tr><td>网上购物态度</td><td>0.427</td><td>0.017</td><td>0.403</td><td>5.359</td><td>0.000</td><td>0.561</td><td>1.781</td></tr>
<tr><td>R</td><td>R^2</td><td>调整 R^2</td><td></td><td>平方和</td><td>df</td><td>均方</td><td>F</td><td>Sig.</td></tr>
<tr><td rowspan="3">0.913</td><td rowspan="3">0.834</td><td rowspan="3">0.826</td><td>回归</td><td>36.284</td><td>2</td><td>16.284</td><td>44.579</td><td>0.000[a]</td></tr>
<tr><td>残差</td><td>47.898</td><td>130</td><td>0.522</td><td></td><td></td></tr>
<tr><td>总计</td><td>84.182</td><td>131</td><td></td><td></td><td></td></tr>
</table>

注:a 为因变量:网上购买意愿。

根据表 1-15 所给出的回归结果,先分析变量之间的共线性。如表 1-15 所示,在关于本章研究的网上购物态度对网上购买意愿的回归结果中,容差值超过 0.5,VIF 的值均远低于 10,处于可接受的范围,故判定自变量之间不存在严重的多重共线性问题。回归模型的调整 R^2 为 0.826,F 值为 44.579,在概率 0.01 水平下回归效果显著,因此,回归模型的设定是可以接受的。最终的回归方程为:

$$Will = 0.359 + 0.427Attitude \quad (1-4)$$

(3)感知网上购物易用与感知网上购物有用回归模型检验。为验证感知网上购物易用与感知网上购物有用的假设,选取感知网上购物易用(*Easy*)作为自变量,选取感知网上购物有用(*Use*)作为因变量,进行回归分析,建立回归模型如下:

$$Use = \beta_0 + \beta_1 Easy + \varepsilon \quad (1-5)$$

表 1-16　感知网上购物易用与感知网上购物有用影响回归结果

<table>
<tr><th colspan="9">系数[a]</th></tr>
<tr><th colspan="2" rowspan="2">模型</th><th colspan="2">非标准化系数</th><th>标准系数</th><th rowspan="2">t</th><th rowspan="2">Sig.</th><th colspan="2">共线性统计量</th></tr>
<tr><th>B</th><th>标准误差</th><th>Beta</th><th>容差</th><th>VIF</th></tr>
<tr><td rowspan="2">1</td><td>(常量)</td><td>0.379</td><td>0.328</td><td></td><td>5.459</td><td>0.022</td><td></td><td></td></tr>
<tr><td>感知网上购物易用</td><td>0.481</td><td>0.035</td><td>0.424</td><td>5.425</td><td>0.000</td><td>0.679</td><td>1.472</td></tr>
<tr><td>R</td><td>R^2</td><td>调整 R^2</td><td></td><td>平方和</td><td>df</td><td>均方</td><td>F</td><td>Sig.</td></tr>
<tr><td rowspan="3">0.920</td><td rowspan="3">0.846</td><td rowspan="3">0.836</td><td>回归</td><td>44.324</td><td>2</td><td>14.324</td><td>52.031</td><td>0.020</td></tr>
<tr><td>残差</td><td>36.555</td><td>130</td><td>0.274</td><td></td><td></td></tr>
<tr><td>总计</td><td>80.879</td><td>131</td><td></td><td></td><td></td></tr>
</table>

注：a 为因变量：感知网上购物有用。

根据表 1-16 所给出的回归结果，先对变量之间的共线性进行分析。由表 1-16 可以看出，在关于本章研究的感知网上购物易用与感知网上购物有用的回归结果中，容差值超过 0.6，VIF 的值均远低于 10，接受原假设，故可以判定自变量之间不存在严重的多重共线性问题。回归模型的调整 R^2 为 0.836，F 值为 52.031，在概率 0.05 水平下回归效果显著，因此，回归模型的设定是可以接受的。最终的回归方程为：

$$Use = 0.379 + 0.481 Easy \tag{1-6}$$

(4) 自变量与中间变量回归模型检验。为验证感知网上购物有用、易用、主观规范、感知行为控制、产品安全性、网站服务质量与网上购物态度的关系假设，自变量选取感知网上购物有用 (*Use*)、感知网上购物易用 (*Easy*)、主观规范 (*Z*)、感知行为控制 (*G*)、产品安全性 (*C*)、网站服务质量 (*W*)，因变量选取网上购物态度 (*Attitude*)，进行回归分析，建立的回归模型如下：

$$Attitude = \beta_0 + \beta_1 Use + \beta_2 Easy + \beta_3 Z + \beta_4 G + \beta_5 C + \beta_6 W + \varepsilon \tag{1-7}$$

表 1-17 各自变量对网上购物态度影响回归结果

<table>
<tr><th colspan="9">系数[a]</th></tr>
<tr><th colspan="2" rowspan="2">模型</th><th colspan="2">非标准化系数</th><th>标准系数</th><th rowspan="2">t</th><th rowspan="2">Sig.</th><th colspan="2">共线性统计量</th></tr>
<tr><th>B</th><th>标准误差</th><th>Beta</th><th>容差</th><th>VIF</th></tr>
<tr><td rowspan="7">1</td><td>(常量)</td><td>1.660</td><td>0.463</td><td></td><td>5.724</td><td>0.012</td><td></td><td></td></tr>
<tr><td>感知网上购物有用</td><td>0.491</td><td>0.104</td><td>0.393</td><td>6.062</td><td>0.000</td><td>0.983</td><td>1.017</td></tr>
<tr><td>感知网上购物易用</td><td>0.471</td><td>0.043</td><td>0.387</td><td>6.122</td><td>0.006</td><td>0.970</td><td>1.031</td></tr>
<tr><td>主观规范</td><td>0.235</td><td>0.032</td><td>0.335</td><td>5.426</td><td>0.066</td><td>0.846</td><td>1.182</td></tr>
<tr><td>感知行为控制</td><td>0.346</td><td>0.029</td><td>0.402</td><td>5.447</td><td>0.063</td><td>0.902</td><td>1.109</td></tr>
<tr><td>产品安全性</td><td>0.425</td><td>0.079</td><td>0.289</td><td>6.320</td><td>0.003</td><td>0.984</td><td>1.016</td></tr>
<tr><td>网站服务质量</td><td>0.276</td><td>0.328</td><td>0.354</td><td>6.032</td><td>0.054</td><td>0.933</td><td>1.072</td></tr>
<tr><td>R</td><td>R^2</td><td>调整 R^2</td><td></td><td>平方和</td><td>df</td><td>均方</td><td>F</td><td>Sig.</td></tr>
<tr><td rowspan="3">0.908</td><td rowspan="3">0.824</td><td rowspan="3">0.819</td><td>回归</td><td>22.817</td><td>3</td><td>1.439</td><td>31.833</td><td>0.000</td></tr>
<tr><td>残差</td><td>36.062</td><td>128</td><td>0.375</td><td></td><td></td></tr>
<tr><td>总计</td><td>52.879</td><td>131</td><td></td><td></td><td></td></tr>
</table>

注:a 为因变量:网上购物态度。

根据表 1-17 所给出的回归结果,先对变量之间的多重共线性进行分析。由表 1-17 可以看出,在关于感知网上购物有用、感知网上购物易用、产品安全性对网上购物态度的回归结果中,容差值均超过 0.8,VIF 统计量的值均低于 10,处于可接受的范围,故可以判定自变量之间不存在严重的多重共线性问题。回归模型的调整 R^2 为 0.819,F 值为 31.833,在概率 0.01 水平下回归效果显著,因此,回归模型的设定是可以接受的。由于主观规范、感知行为控制和网站服务质量对应的 P 值均大于 0.05,它们不能进入回归方程,因此最终的回归方程为:

$$Attitude = 1.660 + 0.491 Use + 0.471 Easy + 0.425 C \quad (1-8)$$

六、假设检验与讨论

由以上的回归模型检验的结果可得,本章所设定的模型拟合度较好,此处将利用上述模型检验结果验证本章的研究假设,并且进一步阐释和讨论各变量间的关系。

由表 1-14 可知,感知网上购物有用、感知行为控制、主观规范、产品安全性、网站服务质量与网上购买意愿的回归系数分别为 0.476、0.419、0.441、0.390、0.384,且在 0.01 水平下表现显著,说明感知网上购物有用、感知行为控制、主观规范、产品安全性、网站服务质量与网上购买意愿均具有显著正向影响,从而证明本章假设 1-3、1-5、1-7、1-12、1-14 五项通过验证,但感知网上购物易用的 P 值大于显著水平 0.05,因此 H10 未通过检验。由表 1-15 可知,网上购物态度与网上购买意愿的回归系数为 0.427,且在 0.01 水平下表现显著,说明网上购物态度与网上购买意愿具有显著正向影响。从而本章假设 1-1 通过验证。由表 1-16 可知,感知网上购物易用与感知网上购物有用的回归系数为 0.481 且在 0.01 水平下表现显著,说明感知网上购物易用对感知网上购物有用显著正向影响。从而本章假设 1-8 通过验证。由表 1-17 可知,感知网上购物有用、感知网上购物易用、产品安全性与网上购物态度的回归系数为 0.491、0.471、0.425,且在 0.01 水平下表现显著,说明感知网上购物有用、感知网上购物易用、产品安全性与网上购物态度具有显著正向影响,从而本章假设 1-6、1-9、1-11 通过验证,但主观规范、感知行为控制和网站服务质量的 P 值大于显著水平 0.05,说明假设 1-2、1-4、1-13 未通过检验。

本章对理论模型和研究假设进行实证检验,假设检验结果如表 1-18 所示。

表 1-18　研究假设检验结果

假设	假设内容	是否成立
假设 1-1	网上购物态度与网上购买意愿显著正相关	成立
假设 1-2	主观规范与网上购物态度显著正相关	不成立
假设 1-3	主观规范与网上购买意愿显著正相关	成立
假设 1-4	感知行为控制与网上购物态度显著正相关	不成立
假设 1-5	感知行为控制与网上购买意愿显著正相关	成立
假设 1-6	消费者感知网上购物有用与网上购物态度显著正相关	成立
假设 1-7	消费者感知网上购物有用与网上购买意愿显著正相关	成立
假设 1-8	消费者网上购物易用与感知网上购物有用显著正相关	成立
假设 1-9	消费者网上购物易用与网上购物态度显著正相关	成立
假设 1-10	消费者网上购物易用与网上购买意愿显著正相关	不成立

续表

假设	假设内容	是否成立
假设 1-11	产品安全性与网上购物态度显著正相关	成立
假设 1-12	产品安全性与网上购买意愿显著正相关	成立
假设 1-13	网站服务质量与网上购物态度显著正相关	不成立
假设 1-14	网站服务质量与网上购买意愿显著正相关	成立

通过以上研究,可以得出以下几点:

第一,主观规范、感知行为控制和网上购物态度与网上购买意愿显著正相关。再次证明了计划行为理论对于网上购买意愿的解释力和预测力。说明当消费者拥有网上购物的知识和能力并能够熟练操作的情况下会更愿意进行网上购物,而且网上购物意愿并不仅仅只由网上购物态度决定,还有很多其他因素的影响,比如周围同学、朋友和同事的选择行为,当消费者发现自己身边的人们在进行网上购物时,受外界压力的影响,他们更愿意选择进行网上购物。

第二,感知网上购物易用与感知网上购物有用和网上购物态度显著正相关。感知网上购物有用与网上购物态度和网上购买意愿显著正相关,但感知网上购物易用与网上购买意愿没有直接相关性,这些结论与以前学者的很多研究是相吻合的。感知网上购物易用是说消费者对于信息技术系统可以很容易地使用,戴维斯(Davis)曾提出,消费者在首次使用信息系统时,行为意向受感知网上购物易用和感知网上购物易用的共同影响,但是在二次及以后使用该信息系统时,消费者则只受感知网上购物有用的影响,这个时候感知网上购物易用是通过感知网上购物有用间接影响行为意向的。也就是说随着消费者对信息系统越来越熟悉,感知网上购物易用这一因素的效用会越来越低,而当该信息系统的使用技术降低到一定程度时,感知网上易用将不会影响消费者对于信息系统的使用。但是由于在本章的研究中,有一部分人可能网上购物的经历很少,对于网上购物系统并不是很熟悉,这就使得对于感知网上购物易用的考虑显得非常有必要。因此本章认为,感知网上购物易用不会直接影响网上购买意愿,而需要通过感知网上购物有用和网上购物态度间接影响网上购买意愿。

第三,产品安全性对网上购物态度和网上购买意愿呈显著正相关。网站服务质量与网上购买意愿呈显著正相关。对于产品安全性的验证,说明消费者更倾向于购买放心产品,这与周应恒所提出的:消费者对于可以认知到的安全食品表现出比较强烈的购买意愿，食品的安全性信息通过消费者的态度间接影响消费者的购买意愿，且消费者在受到一定数量的信息刺激后其行为会发生非常明显的变化，这一结论是相符合的。[①] 除此之外，消费者对于网站设计比较美观，产品陈列清晰，便于查询以及商品介绍详细的网店有更高的购买意愿。

第四，主观规范、感知行为控制和网站服务质量与网上购物态度间不存在正相关关系。这说明主观规范、感知行为控制和网站服务质量是直接对网上购买意愿产生影响的，网上购物态度并不会起到间接作用，这与以前学者的研究也是相吻合的。感知网上购物易用与网上购买意愿之间也不存在直接正相关关系，主要原因是本章选取的主要调查对象是年轻群体，它们对于计算机的操作普遍比较娴熟，因此感知网上购物易用对其网上购买意愿并没有明显的影响，但是感知网上购物易用可以通过网上购物态度间接影响消费者的网上购买意愿。

第四节　提升网购效用和服务质量

由于网上购物的便捷和成本效应，网上购物这种形式正日益成为时下比较潮流的购物方式，各个电商在这个大的环境下一直在挖掘商业机会，但是仍然有不少网店经营者在运营的过程中会出现这样或那样的失误，而网络营销的成败主要在于电商自身经营方式和经营策略的选择是否满足了当下消费者的需要。为此，本章根据以上相关的分析结果，对网络营销者尤其是休闲零食网络营销者提出以下几点建议：

一、提升网上购物效用

消费者选择网上购物这一方式主要是为了利用网络这一快速、便捷的购物方式，尽可能地节省自己的时间和金钱，在这样的前提下就需要网络营销者在自家网店中提供有效、丰富和便于理解的网购信息以及合理的甚至低于市场价格的销售价格，促使消费者快速、便捷地查询和满意地购买自身需要的商品，网店经营者做到这一点也是在为网络销售这一模式达到双赢的目的而努力的基本方向。

---

① 周应恒：《食品安全：消费者态度、购买意愿及信息的影响》，《中国农村经济》2004 年第 11 期。

二、提升网店的线上和线下口碑

在庞大的市场环境下,消费者周围的人们对产品的看法对于消费者自身的购买意愿有很大的影响,为此,网络营销者应该在提升自身产品好评度的基础上,使消费者通过在线评论得到很多关于产品真实、积极的信息,从而影响潜在消费者以及已经购买的消费者的周围群体(在线评论对于消费者购买的具体影响,第二章将深入讨论)。在已经产生购买经历的消费者中,使其获得积极的、满意的购物经历,从而在购买完成后向其周围朋友、同事和亲戚等推荐该产品,这就是消费者强大的口碑效应,它可以为网络营销者带来可观的潜在消费效应。

三、尽可能提供关于产品安全问题的详细信息

对于食品行业而言,所售食品的安全性是影响消费者产生购买态度和购买意愿的重要因素,因此对于销售休闲零食的网络营销者而言,最有效的办法就是为消费者提供更多关于产品安全性的信息以及发生安全问题的充分补救措施,这对于在网上购买休闲零食的消费者而言是一个很好的保障。

四、提升网店相关服务质量

经研究证明,网站的设计美观度、提供信息的有效性对于消费者的购买意愿有积极的影响,因此网络营销者对于网店的设计应该尽可能满足消费者需要,同时也要展现出网店设计风格的独特性和美观度,在信息查询的过程中提供简便、快捷的查询窗口,以使消费者在最短的时间内获取相关产品最有效的信息,使消费者能够更加满意、快速地产生购买意愿。

第二章 在线评论对消费者网络渠道购买的影响

随着计算机的普及和移动互联网技术的飞速发展,网络购物已经广泛地融入人们生活之中,成为人们生活中不可缺少的一部分。与此同时,网络购物的领域也在进一步拓宽,网络购买有机食品正在悄然兴起,并逐渐走入消费者的视野中。由于网络购物是在虚拟环境中进行的,而在线评论作为网络口碑的一种形式,是消费者进行购买决策时的重要参考来源,同时也是企业重点关注的营销手段。在学术界,国内外已有不少学者对营销口碑的机制进行了探讨研究,目前已形成了比较完善的口碑营销机制,但是具体关于在线评论对消费者购买意愿影响的研究还有待完善。本书将以有机食品为研究对象,研究在线评论对购买意愿的影响因素和作用机制。

第一节 在线评论和网络购物的发展背景

根据中国互联网络信息中心(CNNIC)2021 年 9 月发布的《第 48 次中国互联网络发展状况统计报告》显示,截至 2021 年 6 月,我国手机网民规模为 10.07 亿,较 2020 年 12 月新增手机网民 2092 万,网民中使用手机上网的比例为 99.6%,与 2020 年 12 月基本持平。总体来看,随着计算机的不断普及和互联网技术的迅猛发展,互联网是信息的载体,信息借助互联网广泛传播,人们通过搜索引擎查询所需的信息,其重要性不言而喻。根据中国互联网络信息中心发布的第 48 次中国互联网络发展状况统计报告显示,2021 年上半年我国个人互联网应用呈持续稳定增长态势。其中,网上外卖、在线医疗和在线办公的用户规模增长最为显著,增长率均在 10%以上。基础应用类应用中,搜索引擎、网络新闻的用户规模较 2020 年 12 月分别增长 3.3%、2.3%;商务交易类应用中,在线旅行预订、网络购物的用户规模较 2020 年 12 月分别增长 7.0%、3.8%;网络娱乐类应用中,网络直播、网络音乐的用户规模较 2020 年 12 月均增长 3%以上。①

① 中国互联网络信息中心(CNNIC):《第 48 次中国互联网络发展状况统计报告》,2021 年 9 月。

在线评论是网络口碑传播的一种重要形式,也是网络消费者获得产品或服务相关信息的重要途径。在线评论指的是消费者根据自身的购买和消费体验,在购物或其他网站上发表的各种评价和看法。随着电子商务与人民生活联系越来越紧密,越来越多的购买者在作出购买决策之前会仔细查看并参考在线评论信息,同样,发表在线评论信息也越来越成为他们的购后消费习惯,许多消费者变成了信息的主动传播者。消费者从之前的在网站上浏览搜寻产品相关信息,逐渐转变为在网站上搜索用户购后评价的信息从而进行自己的购买决策。近年来,在线评论已经遍及于各类产品之中,如:书籍、游戏、电子产品、服装等。根据从亚马逊网站取得的研究数据表明,在线书籍评论对书籍销售有显著的影响。① 就目前而言,越来越多的数据显示,在线评论对消费者进行产品购买或服务购买的作用不可忽视。然而,从研究对象来看,当前研究主要集中在消费者对书籍、电子产品、服装等相关产品的购买决策和购买行为上,而对于网购食品领域的研究还有待于进一步的探索和发展。

随着人们生活水平的逐渐改善和消费水平的不断提高,消费者对于物质生活的要求日益提升,食品作为生活必需品,人们对食品种类的要求更加苛刻,对品质的要求越来越严格,食品消费市场正在不断地扩大和增长。然而,在中国的消费市场中,食品安全问题常常被曝光在媒体之下,可谓是事故频发,由此,食品安全问题已经成了不容忽视的重要课题。有机食品是指在种植过程中不使用农药、复合肥、转基因生物、抗生素和生长激素等物质的农产品,有机食品由于其自身的健康理念和优良品质越来越受到人们的关注。根据中国社科院的调查结果,国内 52.2%的消费者表示,在观念上能够接受有机食品,并且其中的部分消费者表示目前已经对有机食品进行食用和品尝体验。由此可见,不管是因为有机食品满足了消费者对于天然、健康、安全的生活方式的要求,还是出于对食品安全问题的考虑,有机食品已经进入了消费者的视野,有机食品的消费市场也正在快速地发展。我国电子商务获得良好发展的同时,商品交易种类呈丰富化和多样化的趋势,有机食品的网络营销渠道悄然兴起,企业借助网络营销的优势,以更低的经济成本,更快的决策反应机制,将自身的状况与社会资源有机地协调整合。但是照目前看来,有机食品网络销售占同比销售的比例较低,有机食品网络营销远没有达到人们所预期的发展

---

① Judith A. Chevalier, Dina Mayzlin, "The Effect of Word of Mouth on Sales: Online Book Reviews", *Journal of Marketing Research*, No. 3, 2006.

势头。

目前有机食品的网上销售在电子商务领域还有很大的发展空间，发展速度呈上升趋势，而在线评论是口碑营销依托互联网发展而形成的一种新的沟通形式，扩展了产品信息传递的传统途径，甚至影响和决定了消费者对产品或服务的最终购买，在线评论对消费者行为有着举足轻重的作用。因此，本书以在线评论为立足点，研究在线评论与消费者有机食品购买意愿之间的关系，以及在线评论对消费者购买意愿的作用机制。所以本书在丰富消费者行为理论的同时，也可以为有机食品网络营销中的关于在线评论机制，在线评论管理对策提供有针对性的指导建议。

第二节　现有研究成果

一、口碑、在线口碑、在线评论的相关研究

（一）口碑的相关研究

口碑（Word-of-Mouth，简称 WOM），即人与人之间或群体间关于某产品或服务的，非商业目的的口头交流与沟通，是一种作用于非正式群体间的影响。① 从定义中可以看出，口碑是非商业性的，其传播的形式是人与人之间的口头沟通。韦斯特布鲁克（Westbrook）进一步拓展了口碑的概念，将口碑定义为人与人之间关于某产品的特点、购买使用的体验抑或是与产品或服务销售人员的交流，属于非正式的交流沟通。② 阿恩特（Arndt）把口碑定义为口头上的交流，而韦斯特布鲁克对口碑的概念进行了扩展，他认为除了口头语言交流外，口碑还可以包括其他的交流方式，只要是“非正式的交流”便属于口碑的范畴，罗森（Rosen）认为口碑是对某个品牌的全部描述和评论，是某一时段里针对某指定产品、服务或企业的，人与人之间全部信息沟通和交流的总和。③ 他重点强调了口碑是全部交流信息的集合，所有的口碑信息会以一个整体去影响消费者的行为。

口碑是指人们对于某产品的相关信息和使用体验进行的沟通和交流，

① Johan Arndt，“Word of Mouth Advertising：A Review of theLiterature”，*New York：Advertising Research Federation*，No. 71，1967.

② Robert A. Westbrook，“Product/Consumption-Based Affective Responses and Postpurchase Processes”，*Journal of Marketing Research*，No. 4，1987.

③ Dennis L. Rosen，Richard W. Olshavsky，“A Protocol Analysis of Brand Choice Strategies Involving Recommendations”，*Journal of Consumer Research*，No. 3，1987.

而参与的主体本身都不是该产品的营销人员。① 博恩(Bone)对口碑的界定重点强调了参与主体的身份和口碑的非商业性特点。比尔斯(Beales)对传统口碑的在线传播形式和交流方式进行了拓展,另外他还指出,由于企业更趋向于利用病毒营销的方式,故以非正式交流定义口碑不够全面,为此,口碑与商业信息之间的界限越来越模糊。② 比尔斯意识到在线口碑是存在的,口碑传播的渠道方式呈逐渐增加的趋势,并且其方式不再局限于传统的人与人之间的交流方式。

口碑指的是人与人之间将产品或相关的信息进行正面描述的传播。③ 有学者认为这种观点并不全面,口碑不只是正面的信息,也包括负面的信息。于是口碑效价的概念便应运而生,正面和负面的口碑信息共同形成了口碑的整体效价,体现了口碑信息的综合性。④

赫尔姆和施雷(Helm & Schlei)扩展了口碑传播的主体,他们从群体的角度出发,认为口碑信息传播的主体不仅包括亲人、朋友,还有供应商之间甚至实际的和潜在的消费者都可以是口碑传播的参与主体。⑤ 而且他们认同斯万和奥利弗(Swan & Olive)提出的口碑效价的概念,即口碑是正面和负面信息的集合体。

综上所述,总结已有的定义,本书对口碑定义为:在一段时间内,非商业化的人与人之间,或者群体之间,通过线下和线上的沟通交流方式,对于某产品或服务的,正面和负面信息的传播交流的总和。

(二) 在线口碑的相关研究

随着互联网技术的迅速发展,信息传播的方式以网络为载体,口碑信息的传播已超脱了时间、空间和地点的限制,不仅可以在很短的时间内传播扩散到世界范围领域,还可以在互不相识的人之间进行传播,于是口碑传播的新形式形成了,即在线口碑(Online Word-of-Mouth)。

克里斯蒂安森和塔克斯(Christiansen & Tax)指出,在线口碑是运用互

---

① Paula Fitzgerald Bone, "Word-of-mouth Effects on Short-term and Long-term Product Judgments", *Journal of Business Research*, No. 3, 1995.

② Howard Beales et al., "Consumer Search and Public Policy", *Journal of Consumer Research*, No. 1, 1981.

③ J.E.Swan, R. L. Oliver, "Postpurchase Communications by Consumers", *Journal of Retailing*, No. 4, 1989.

④ Tim Christiansen, Stephen S. Tax, "Measuring Word of Mouth: The Questions of Who and When?", *Journal of Marketing Communications*, No. 3, 2000.

⑤ S.Helm, J.Schlei, "Referral Potential-potential Referrals: An Investigation into Customers' Communication in Service Markets", *Marketing Research and Practice*, No. 3, 1998.

联网传递和交换口碑信息，所以，在线口碑可以看作是口碑传播的一种形式。最初的在线口碑，是公司网站的留言版面上和新闻群里客户表达的意见。内容以询问产品信息、表达对公司或产品的态度和看法为主。后来，在线口碑逐渐发展成为，在线网民通过网络发表评论、表达看法和观点的行为，其实质仍然是人与人之间的口碑交流，不同的是信息传播的形式由之前的口头传播，转变成了书面形式的传播。经研究发现，人们可以从在线评论、一对一电子邮件、即时信息和网络聊天室等七种在线口碑的渠道传播途径，以便于人们收集到相关信息。①

在线口碑的内容可以是消费者自身对产品的使用经历的描述，也可以是对产品的质量、性能特点和价格的评论，这使得查阅在线评论的人们从网络平台得知有过购买体验的消费者的真实感受，然后对他人的评论作出回应。② 人们通过网络平台沟通交流，这体现了在线口碑的互动性和交互性。

综上所述，本书将在线口碑定义为：消费者通过在线论坛、电子邮件、网络聊天室等网络提供的信息交流平台，以音乐、图片、文字、录像、声音等多种数字化的多媒体的信息传递形式，将某产品或服务的性能、特点、质量和使用经验等信息在线进行的沟通交流。

（三）在线评论的相关研究

在线评论（Online Review）又被称为消费者评论，是指消费者根据自己对某种产品的购买和使用体验，而在网站上分享发表的，以文本形式为主的各种感受、评价和意见等。在线评论凭借其便利性等特点，成了在线口碑传播最主要的一种表现形式。③

由于在线评论对营销活动的影响日益明显，目前已有多位学者对在线评论的相关内容进行了研究分析：

帕夫卢（Pavlou）等人对在线评论能否真实反映产品的质量进行了调研，作为电子版的口碑，在线评论已成为消费者一个主要的信息来源，具有十分重要影响的广泛的管理活动。④ 文章通过实证方法，分析了从亚马逊

① Barbara Bickart Robert, M.Schindler, "Internet Forums as Influential Source ConsumerInformation", *Journal of Interactive Marketing*, No. 3, 2001.

② Thorsten Hennig-Thurau, Gianfranco Walsh, "Electronic Word-of-mouth: Motives for a Consequence of Reading Customer Articulations on the Internet International", *Journal of Electronic Commerce*, No. 2, 2003.

③ P.Chatterjee, "Online Reviews: Do Consumers Use Them?", *Advance of Consumer Research*, 2001.

④ Paul A.Pavlou, "Consumer Acceptance of Electronic Commerce: Integrating Trust and Risk with the Technology Acceptance Model", *International Journal of Electronic Commerce*, No. 3, 2003.

网站上获取的在线评论数据的潜在分布，旨在揭示在线产品的评论能否真实反映产品的质量问题，结果显示，对于产品而言，在线评论的平均得分不一定能体现产品的真实质量，反而会可能提供误导性的建议。文章通过分析模型阐释了平均分何时能够反映产品的真实质量，以及它在营销实践中的影响。

塞内卡尔和西尔万（Senecal and Sylvain）调查了消费者对在线推荐来源的使用和在线评论对产品选择的影响。① 经过多组实验，结果表明咨询过在线产品推荐的购买者是未参考咨询的被测者的两倍。在线推荐源被封为“推荐系统，”是典型的网上零售提供的个性化的推荐，比传统的“专家推荐”和“其他顾客推荐”更具有影响力。

林明义（Tom M.Y.Lin）采用焦点小组访谈了解互联网书评对消费者购买意向影响。评论的数目、长度、积极或消极的内容和评论顺序出现了显著的效果。② 这些结果可以为网络书店管理他们的书评提供参考。他们也可以给图书馆员在馆藏发展上给予帮助，提升图书销量。

二、有机食品的相关研究

（一）有机食品概念

有机食品这个名词是从英语“Organic Food”直接翻译过来的，在其他语言中也有将其称为生态食品或者自然食品。根据目前广泛认可的国际有机农业运动联合会（International Federation of Organic Agriculture Movements，IFOAM）有机食品提出了以下标准：(1)有机食品的原料需是通过有机农业培育出的产品，或者是野生的、没有污染的天然食品通过有机方式采摘的食品；(2)产品在生产加工、包装、储藏和运输过程中符合有机农业生产和有机食品生产标准，并在整个流通环节中建立完备的质量跟踪审查体系和档案；(3)有机食品必须经过严格的专业认证机构的质检并授予证书的食品。

根据国际有机农业运动联合会对有机食品的要求，本书将有机食品定义为：来自有机农业生产体系的食品和农产品，根据有机标准生产、加工和销售，并通过合法有机认证机构认证的产品。与一般食品不同的是，有机食品的特点是运用有机农业生产方式，在生产和加工的环节中，不使用任何污

① Senecal Sylvain, Jamel-Edine Gharbi, Jacques Nantel, “The Influence of Flow on Hedonic and Utilitarian Shopping Values”, *Advances in Consumer Behavior*, No. 29, 2002.

② Tom M. Y. Lin, Yun Kuei Huang, Wen I. Yang, “An Experimental Design Approach to Investigating the Relationship between Internet Book Reviews and Purchase Intention”, *Library & Information Science Research*, No. 3, 2007.

染生态环境和对人体有害的化肥、化学农药等化学制剂、未经辐射处理和基因工程获得的生物及其产品而生产的纯天然食品。因此,通常有机食品较一般的食品会含有更高的营养成分。

(二) 有机食品的营销渠道研究

学者对有机食品生产者的渠道选择偏好进行了研究,结果发现,规模较小的生产者更倾向于直销的经营方式,而规模较大的生产者依赖于中间商来销售有机食品。①

马丁·辛格利(Martin Hingley)对比了英国和德国的有机食品的市场渠道的状况,尤其对有机食品分销渠道进行了比较研究,结果显示英国的有机市场较德国相比呈现出滞后性,其原因是两国产品销售渠道之间的结构差异。② 而现实中面临的具体问题是,有机食品零售业展开了激烈的价格战争,其结果导致生产商的利益损失,且在渠道权利和交易谈判中处于不利的地位。

从中绿华夏有机食品认证中心对四十家厂商的调查结果,发现我国有机食品的销售渠道呈现出多元化的趋势,而直销模式是最普遍的营销方式。③在有机食品销售市场发展的初期,有机食品专卖店是一种主要的销售渠道。近年来随着网络渠道的不断扩展,一些有机谷物、有机加工食品等便于储存运输、保质期较长的有机食品越来越多地采用网上零售的销售模式。

三、购 买 意 愿

(一) 购买意愿的概念

购买意愿指的是消费者基于对某种产品或服务的相关信息的了解,进而对其产生购买行为的可能性或者概率。购买意愿从消费者对产品的选择以及消费者决定了最终购买决策的概率两方面反映了消费者的主观倾向。最直接的预测消费者行为的方法,就是要根据消费者对某产品的购买意愿而进行。④ 基于网络购物背景下,消费者通过浏览网页和购物网站对商品相关信息进行搜集了解,而后进行购买决策,购买决策同样遵

① Greene, R.Catherine, Dimitri, "Emerging Issues in the U.S.Organic Industry", *Economic Information Bulletin*, 2009.

② Martin Hingley, Adam Lindgreen, et al., "Using Fourth-party Logistics Management to Improve Horizontal Collaboration among Grocery Retailers", *Supply Chain Management*, No. 5, 2011.

③ 尹世久:《基于消费者行为视角的中国有机食品市场实证研究》,博士学位论文,江南大学食品贸易与文化专业,2010 年。

④ Martin Fishbein, Icek Ajzen, "Belief, Attitude, Intention, and Behavior: An Introduction to Theory and Research", *Philosophy & Rhetoric*, No. 2, 1977.

循消费者的购买意愿。所以，与传统渠道的购买意愿相比，网络购买意愿内涵同样指的是消费者对某种产品或服务购买的可能性或者概率的大小。

（二）在线评论对消费者购买决策影响研究

塞内卡尔和南特尔（Senecal and Nantel）主要探讨了在线推荐来源被消费者的使用情况，以及对消费者在线产品选择的影响。结果显示接受过产品推荐的消费者人数是未接受推荐的两倍。而这种在线推荐系统比传统的专家推荐或其他客户推荐更有影响力。①

谢瓦利埃和梅兹林（Chevalier and Mayzlin）分析了在线评论和图书销售之间的关系，结果显示，消费者的口碑营销与消费者购买行为有因果关系。一颗星的评论要比五颗星的评论更有影响力，结果表明这种消费者交流的新形式对消费者行为有重要影响。②

帕克和汉（Park & Han）认为在线评论既是信息传递者又是推荐者，在产品销售中对消费者购买决策有重要的意义。在线评论说服性的影响取决于它本身的质量和数量。③ 本书运用了可能性理论模型阐释了产品的涉入水平如何缓和它们之间的关系。研究过程中主要的三个方面：（1）在线评论的质量对消费者购买意愿有正面影响；（2）购买意愿随着在线评论数量的增长而增长；（3）低涉入度的消费者会受到在线评论数量的影响而不是受到质量的影响，但是如果在线评论的质量高，在线评论质量会对高涉入度的消费者产生影响。这些结果对在线商家就管理在线评论而言，就会存在一定的影响。

段文静等研究了零售店中网络口碑的产生和它如何影响消费者购买决策，以及口碑营销和零售额之间存在正面反馈的作用。并在电影产业中运用研究，结果表明电影的票房和口碑的效价显著地影响口碑营销的销量，口碑营销量又导致了更高的票房业绩。正面反馈作用突出了口碑营销的重要性，零售收入的产生和持续增长。④

---

① Sylvain Senecal, Jacques Nantel, "The Influence of Online Product Recommendations on Consumers' Online Choices", *Journal of Retailing*, No. 2, 2004.

② Judith A. Chevalier, Dina Mayzlin, "The Effect of Word of Mouth on Sales: Online Book Reviews", *Journal of Marketing Research*, No. 3, 2006.

③ Do-Hyung Park, Jumin Lee, Ingoo Han, "The Effect of On-Line Consumer Reviews on Consumer Purchasing Intention: The Moderating Role of Involvement", *International Journal of Electronic Commerce*, No. 4, 2007.

④ Wenjing Duan, Bin Gu, Andrew B. Whinston, "The Dynamics of Online Ward-of-Mouth and Product Sales-an Empirical Investigation of the Movie Industry", *Journal of Retailing*, No. 2, 2008.

笔者通过回顾和整理现有的国内外文献发现，现有研究中在线评论对消费者的购买行为的影响主要是围绕几个方面展开的：第一，运用技术接受模型，计划行为理论，创新扩散理论等探讨了在以信任、风险、感知有用性等作为中间变量的情况下在线评论对消费者购买意愿的作用路径。第二，从在线评论本身的特点对消费者购买意愿的影响，将在线评论作为网络中的口碑传播进行分析，主要是从信息本身的特点、信息的来源、接受者对于信息的理解程度等几个方面进行研究。第三，从宏观层面上，通过分析企业销售额的有关数据，研究了在线评论是怎样影响消费者整体购买行为的，以期对未来的发展提供参考。

对国内外文献进行进一步整理发现，先前的研究是围绕作用路径的探讨和因素分析的两个方面进行展开的：关于作用路径，综合国内外对于路径的探讨，重点是针对感知价值、感知风险、感知有用性和易用性等因素、以TAM技术接受模型、计划行为理论、创新扩散理论等理论模型为基础作为路径线索；关于因素分析，主要是运用消费者行为的相关理论，归因理论、前景理论、口碑传播等理论，从评论的数量、质量、时效性和情感倾向、在线评价者的资信度、网络平台的声誉等因素展开。

通过对国内外文献进行整理，主要介绍了在线评论、有机食品以及购买意愿等相关理论基础。通过对文献的梳理发现，近年来国内外对于在线评论对消费者购买意愿影响的研究，已经初步形成了比较完善的理论体系。但是之前的研究对象多集中在对数码产品、电影、餐饮等较为成熟的行业，而对于有机食品的网络购买意愿的相关研究还并不多见，是有待研究探索的领域。本书将综合前人的结论和不足，针对有机食品的特点，建立理论模型对在线评论对购买意愿的影响进行具体的分析。

第三节　在线评论对消费者购买意愿的影响分析

一、理论基础及模型假设

（一）理论基础

1. 信息加工理论（Information Process Theory）

从心理学的角度分析信息加工理论，笔者认为人们可以将大脑接收到的信息进行加工，当人们接触到大量的信息时，经过人体大脑的思考对其进行加工，进而影响人们的行为。基于信息加工理论的视角，本书将在线评论视为信息来源，并将其分解为四个维度，作为自变量，信任为中介变量，探讨在线评论对消费者心中的购买意愿的影响。

2. 前景理论(Prospect Theory)

前景理论是基于最大主观期望效用理论的心理学和行为学的著名理论。其理论实质内涵之一是,失去与获得对于人们心理感受的影响程度是不同的,通常情况下,失去比获得的敏感性更强。也就是说,人们失去一定数量的财富带来的痛苦程度比得到相同数量带来的快乐程度要大,两种程度的影响作用是不相等的。根据上述理论,消费者在查阅在线评论时,负面评论和正面评论会带给人们不同的心理影响,人们对于负面的评论会更敏感,对于购买决策会更加慎重。本书将主要探讨当同时存在负面评论和正面评论时,评论整体的一致性如何影响消费者的购买意愿,影响程度机制是怎样的。

3. 从众理论(Conformity Effect)

从众理论的内涵,即在群体中制定一种规范,群体中的个体成员遵守这个规范的倾向程度。① 从营销学关于消费者行为领域来看,从众是其他消费者的言行对某一消费者的购买意愿和行为的影响情况。群体的特征比如群体规模影响,以及已经产生行为的个体数量都会影响从众行为。从众现象出现的主要原因,是追随其他大多数个体成员的购买决策可以减少购买风险和购买过后的遗憾感。由从众理论可知,其他消费者的决策会对消费者本人的购买决策产生影响,同时,越多的消费者所作出的决策对消费者本人的影响作用可能就越大,也就是说在线评论的数量越多可能对消费者购买意愿的影响程度越大。按照从众理论的思路,本书认为在线评论的数量会影响消费者的购买意愿。

4. 归因理论(Attribution Theory)

归因理论认为,人们有预测和控制环境的需要,同时人们也可以理解他人所作所为的缘由,通过理解他人的行为而影响自己的行为。根据归因理论可以推测,在消费者进行购买决策时,一般会考虑到其他消费者对该产品的评论,并把这些评论作为可参考的产品信息来源。依据他人的评论信息,消费者亦可推断分析他人购买行为的原因。

归因理论进一步解释了,当人们尝试分析他人行为原因的时候,通常根据认可程度,将他人的行为归于内部原因或者外部原因。根据以往的研究成果来看,当对某个品牌的评论信息呈现出高度的一致性时,人们便倾向于

① Robert E. Burnkrant, Alain Cousineau, "Informational and Normative Social Influence in Buyer Behavior", *Journal of Consumer Research*, No. 3, 1975.

将一致性的原因归因于这个品牌的本身，而不是其口碑信息的传播者。当评论信息的一致性较低时，即正面评论和负面评论均存在且数量大小相当时，人们通常把原因归于外部的信息发布者对产品不满意，而不是归于产品本身。网络口碑有别于传统口碑的是，评价的一致性比较明显。并且网络口碑以大量的，更直接的方式传递给消费者，值得进一步的研究分析。

（二）模型构建

刺激—机体—反应（Stimulus-Organism-Response）模型，简称 S-O-R 模型。其理论的实质是，当个体受到环境等外部刺激，会对中介作用的个体情绪状态产生影响，进而使个体产生趋近或者规避产出结果。① 起初该模型是用来分析环境因素对人类行为的影响程度，而后逐渐被用作环境心理学的理论被引入到营销环境当中，但随着网络营销规模的不断扩大，该模型被国内外学者应用于网络消费者行为的领域。

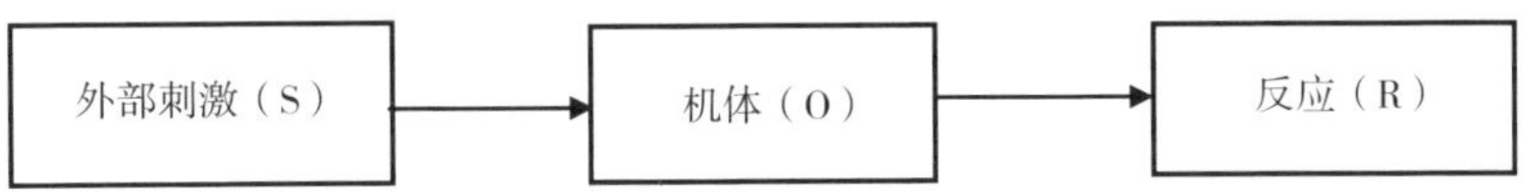

图 2-1　S-O-R 模型

在消费者购买行为的情境中，刺激主要指环境中与消费者购买行为相关的，可能对消费者情绪状态和购买认知产生影响的外部因素。当外部环境的刺激发生时，消费者自身的心理活动就会发生变化，比如态度、信任感等，进而决定了消费者的反应行为即购买意愿。

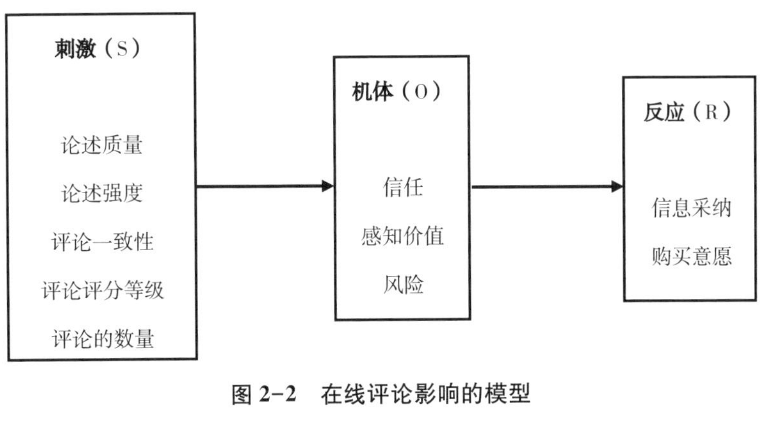

图 2-2　在线评论影响的模型

① Mehrabian Albert，Russell James A.，*An Approach to Environmental Psychology*，The MIT Press，1974.

通过分析国内外关于在线评论作为外部刺激因素的文献研究，可以发现，随着有关在线评论研究的不断深入发展，人们对于在线评论相关信息的研究可以通过电子信息技术来进行，使得关于在线评论研究不仅限于对评论者和评论接受者特征的研究，同时还有评价信息内容结构和信息传播载体等。其中关于评论者的研究主要集中在评论者的资质、可信度，在线评论内容包括评论的情感倾向、评论的质量等因素，评论接受者的个体特征等。国内现有的关于机体感知的研究主要关注信任、感知有用性和易用性、感知风险和价值等方面。其中感知价值影响消费者购买意愿的重要性得到了广泛证实，故本书取之作为研究消费者购买意愿的中介变量。本书通过对先前学者的研究进行综合概括，总结前人的研究成果，以消费者行为的 S-O-R 模型作为理论基础，构建出本章的概念性框架，如图 2-3 所示：

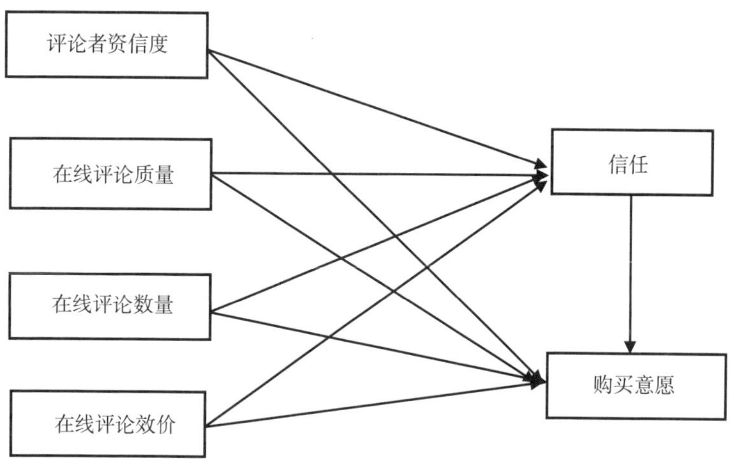

图 2-3　本章的概念模型

（三）研究假设

1. 评论者资信度与研究假设

从实证角度研究在线评论对网络消费者购买决策的影响，研究显示在线评论的数量和质量、评论者的资信度均显著影响网络消费者的购买决策。评论者的资信度越高，对消费者的购买意愿的影响作用越大。评论者的资信度分为评论者的专业程度和可靠程度两个维度。评论者的专业程度指由于受教育水平或是职业经历、购买经验的影响，评论信息发出者能够提供确切产品或者购买信息所表现出的专业能力的大小，是信息接收者对信息发出者的感知认识。通常情况下，评论发出者的专业程度越高其提供给消费者的产品信息就越充分越全面，评论信息对消费者购买决策的参考价值就越大。评论者的可靠程度指的是在沟通过程中,信息发布者或其发布的信息内容被信息接受者信任和接受的程度。消费者对等级高的论坛社区和知名度高的评论者给予更高的信任度,进行决策时容易受到它们的影响。①由于消费者需要在进行购买决策前搜集更加真实全面的信息为最终决策提供参考,所以人们倾向于选择信赖可靠程度高的信息来源。综上所述,本章预期认为信任和消费者购买意愿都会受到在线评论的资信度的影响,并提出了如下具体假设:

假设 2-1:在线评论的评论者资信度与消费者的信任存在正相关关系。

假设 2-2:在线评论的评论者资信度与消费者的购买意愿存在正相关关系。

2. 在线评论质量的研究假设

在线评论的质量主要是指在线评论内容的质量,评论内容主要涵盖了以下几个方面的内容:产品的相关情况、卖家的服务态度和信用、发货速度、物流递送和售后服务等。在线评论的质量定义主要指在线评论信息和产品的相关性,评论内容的客观性、真实性、准确性、有效性等方面。② 有关在线评论和消费者购买意愿之间的作用关系,研究发现在线评论的质量和在线评论的数量正向影响消费者购买意愿,其中消费者的信息涉入程度作为调节变量也会对购买意愿产生影响。通过研究在线评论消费者态度的影响,发现涉及商品质量、偏好的评论内容会显著影响消费者的购买意愿。具体地说,在线评论的相关度、评论的客观度、语言的准确度、内容的详细程度对消费者购买意愿的影响程度都是不同的。③ 在其他要素保持不变的情况下,在线评论的质量越高,消费者购买意愿受在线评论的影响越大。

因此,提出以下假设:

假设 2-3:在线评论的评论质量和消费者的购买意愿有正相关关系。

假设 2-4:在线评论的评论质量和消费者的信任有正相关关系。

3. 在线评论数量的研究假设

网络购物情景是不同于通常的线下购买情景,由于人们是通过浏览网

---

① Ohanian, Roobina, "The Impact of Celebrity Spokespersons' Perceived Image on Consumers' Intention to Purchase", *Journal of Advertising Research*, No. 1, 1991.

② Do-Hyung Park, Jumin Lee, Ingoo Han, "The Effect of Online Consumer Reviews on Consumer-Purchasing Intention: The Moderating Role of Involvement", *International Journal of Electronic Commerce*, No.4, 2007.

③ J. Lee, J-N Lee, "Understanding the Product Information Recommendations and Consumer Reviews on Evaluations of Websites", *Information & Management*, No. 46, 2009.

页,关注商品详情等方式了解商品信息,所以对商品的了解不是很全面或者消费者实际上缺乏相关知识,那么就需要从其他的方式来获得引导。在网络购物背景下,尤其是情景不太确定的环境中,他人的言行就会显得具有参考价值。通过研究关于电影的在线评论对影院销售业绩的影响,结果发现在线评论数量的多少对电影的销售额存在影响作用。① 但是在线评论的内容和销售额之间并没有显著的影响和被影响的关系,而在线评论的数量会对销售额产生影响。② 通过研究发现少量的在线评论不会提高销售额水平,但如果在线评论的数量非常多,则可以提高产品的销售量。在线评论的数量越多,给消费者提供的信息越全面,就越有利于消费者了解产品的真实情况,从而对消费者购买意愿和决策产生积极的影响。③

因此,本书提出了以下假设:

假设 2-5:在线评论的数量和消费者购买意愿存在正相关关系。

假设 2-6:在线评论的数量和消费者的信任存在正相关关系。

4. 在线评论效价研究假设

消费者正面或者负面的情感态度可以在在线评论的内容中体现出来,在线评论的效价是指整体的正负程度,指的是总体的评论效价,在所有的在线评论中,当正面评论占绝大多数时,则在线评论的效价为正,反之则为负。正面和负面的评论信息都会对消费者的购买行为产生影响。研究在线评论对于预测电影销售的价值,结果发现由于人们容易基于对产品极端正面或者负面的体验而产生信息交流行为,所以人们偏向于关注和发表极端的评论信息,而不是倾向于中间评论。阿卢瓦利亚(Ahluwalia)研究了消费者负面宣传的回应,结果表明相对于正面评论而言,负面评论有更高的诊断性价值,于是消费者通过负面评论可以更真实地了解商品信息,从而为购买决策提供参考。④ 基于消费者涉入度程度的不同,研究了网络口碑以及对消费者行为的影响,结果表明负面评论所占比例较大时,会引起消费者对评论所指产品产生反感的不良情绪,进而影响消费者的决策行为。而且在线评论

① Sangkil Moon, Paul K. Bergey, Dawn Iacobucci, "Dynamic Effects among Movie Ratings, Movie Revenues, and Viewer Satisfaction", *Journal of Marketing*, No. 1, 2010.

② Wenjing Duan, Bin Gu, Andrew B. Whinston, "The Dynamics of Online Word-of-Mouth and Product Sales-an Empirical Investigation of the Movie Industry", *Journal of Retailing*, No. 2, 2008.

③ Chrysanthos Dellarocas, Xiaoquan (Michael) Zhang, Neveen F. Awad, "Exploring the Value of Online Product Reviews Inforecasting Sales: The Case of Motion Pictures", *Journal of Interactive Marketing*, No. 4, 2007.

④ Rohini Ahluwalia, Robert E. Burnkrant, H. Rao Unnava, "Consumer Response to Negative Publicity: The Moderating Role of Commitment", *Research Article*, No. 2, 2000.

对产品涉入度高的消费者的影响作用更大，尤其是负面评论比正面评论的作用更加明显。刘（Liu）通过研究在线评论对电影销售的影响，结果发现无论是正面还是负面的在线评论信息都对电影的票房收入产生正向的影响作用（Liu，2006）。① 电影的在线评论对消费者购买行为的研究表明在特定的时间段内，在线评论的情感极性会对电影销售额产生作用。消费者可能因为正面的在线评论提高对产品的信心进而增加对该产品的购买，而负面评论比正面评论影响力更大，有可能使消费者为了规避风险而减少对该产品的购买。

因此，提出以下假设：

假设 2-7：在线评论的效价和消费者购买意愿存在正相关关系。

假设 2-8：在线评论的效价和信任存在正相关关系。

5. 信任的研究假设

随着互联网迅猛发展，电子商务正逐渐渗透到社会生活各个领域，由于网络具有虚拟性这一特点，人与人之间的交流并不是面对面的沟通，在线评论者大都是通过匿名的方式对所其购物品进行评论，消费者对网上购物过程中的信任问题越来越受到人们的关注，引起了广大学者的重视。本书中的信任指的是在线评论信息发布者的信任、在线评论本身的信任。

信任定义是信任主体在对对象执行主要活动的预期基础上的一种意向。② 信任是一方对另一方的相关品质的一种信念，除了有认知还有情感成分。③ 总的来说信任的基本因素包括以下三个方面：（1）信息本身因素，如在线评论的数量、质量、时间和感知一致性等；（2）信息来源因素，如网站的规模和声誉、评论者的专业性等；（3）消费者个人因素，如购物经历、互联网操作的熟练度、对信任的倾向等。

通过实验对比了网络社区中消费者的评论以及他人提供的相关信息对消费者行为的影响，最终表示消费者之间的讨论会引起人们的兴趣，可信度也会提高且消费者态度也会对信任产生影响。④ 张（Cheung）证明了

---

① Yong Liu，"Word of Mouth for Movies：Its Dynamics and Impact on Box Office Revenue"，*Journal of Marketing*，No. 3，2006.

② Roger C. Mayer，James H. Davis，F. David Schoorman，"An Integrative Model of Organizational Trust"，*Academy of Management Review*，No. 3，1995.

③ D.Harrison McKnight，Vivek Choudhury，Charles Kacmar，"The Impact of Initial Consumer Trust Intentions to Transact with a Website：A Trust Building Model"，*Journal of Strategic Information System*，No. 3，2002.

④ Barbara Bickart，Robert M.Schindler，"Internet Forums as Influential Source Consumer Information"，*Journal of Interactive Marketing*，No. 3，2001.

消费者在线评论的两个因素,即信息因素和规范性因素对感知可信度存在影响,且消费者的先验知识和涉入程度起调节作用。① 福尔曼(Forman)以信任作为中间变量研究了在线评论的评论者对消费者对信息接收程度的影响,结果显示在线评论的资质会通过影响消费者的信任,进而对消费者的信息接受度产生影响。② 通过研究在线评论对消费者购买意愿的影响,结果表明在线评论会通过影响消费者的信任进而影响消费者的购买意愿,其中性别作为调节变量会影响它们之间的强弱程度。③ 由此,根据上文提出以下假设:

假设 2-9:信任与消费者的购买意愿存在正相关关系。

二、研 究 设 计

(一) 评论者资信度量表

评论者资信度包括两个方面,评论者的专业能力和可靠性,前者指评论者提供正确信息和表现专业行为的能力,后者指在口碑交流过程中评论者或其评论内容被评论接受者接受和信任的程度。评论者资信度主要体现在评论者的专业程度上,专业性指的是评论信息来源的专业性和信息传播者的专业性。来源的专业性是指在某些领域的专家,根据其掌握的相关知识对某产品或者服务进行的评价上;而传播者的专业性是指口碑信息的接受者对其传播者所提供的正确信息的感知和理解能力。因为某领域的专业人士对产品具有更多的相关知识和更高的知觉敏感性,而这些对于信息接受者的购买决策是十分有帮助的,所以专业性对于口碑信息的传播至关重要。④ 本书借鉴了米切尔和达辛(Mitchell and Dacin)的研究,从知识、能力、专家、知识经验等几个方面进行测量。但是在线评论具有网络匿名性的特点,在消费者在线浏览评论时无法识别评论者的真实身份和真正动机,于是要分析在线评论信息的专业性时,通常要借助参考评论者的资信度,如评论

① Man Yee Cheung, Chuan Luo, Choon Ling Sia, Huaping Chen, "Credibility of Electronic Word-of-Mouth: Informational and Normative Determinants of On-Line Consumer Recommendations", *International Journal of Electronic Commerce*, No. 4, 2009.

② Chris Forman, Anindya Ghose, Batia Wiesenfeld, "Examining the Relationship between Reviews and Sales: The Role of Reviewer Identity Disclosure in Electronic Markets", *Information Systems Research*, No. 3, 2008.

③ Neveen F. Awad, Arik Ragowsky, "Establishing Trust in Electronic Commerce through Online Word of Mouth: An Examination across Genders", *Management Information Systems*, No. 4, 2008.

④ Andrew A. Mitchell, Peter A. Dacin, "The Assessment of Alternative Measures of Consumer Expertise", *Consumer Research*, No. 3, 1996.

者的信用等级等。

因此，本书结合信息来源的专业性和在线评论者的特点，参考郭国庆等(2010)和肖安明(2012)的研究，从在线评论者的信用等级、有机食品购买经验和有机食品相关知识三个方面(见表2-1)设置题项，运用李克特五点量表法对评论者资信度进行测量。

表2-1　评论者资信度量表

变量名称	问题代号	测量内容	参考文献
评论者资信度	RT1	我觉得大部分在线评论者具有与产品相关的相关知识和经验	郭国庆等(2010)和肖安明(2012)
	RT2	我觉得大部分在线评论者的购买信用级别比较高	
	RT3	我觉得大部分在线评论者是可信的	

（二）在线评价质量量表

关于在线评论质量的测量上，以往的学者大部分是运用实证的方法从评论信息的整体内容上进行研究。本书以查特吉(Chatterjee,2001)和肖安明(2012)的量表为参考，采用李克特五点量表法从在线评论的相关性、真实性、有用性、完整性方面(见表2-2)对在线评论质量进行测量。

表2-2　在线评论质量量表

变量名称	题项	测量内容	参考文献
在线评论质量	QL1	在线评论的内容和有机大米是相关的	查特吉(Chatterjee,2001)和肖安明(2012)
	QL2	关于该产品的在线评论内容是真实的	
	QL3	关于该产品的在线评论观点总体很客观	
	QL4	在线评论包含了较多该产品的细节介绍	
	QL5	在线评论的内容中包含了较多该产品的细节介绍	

（三）在线评价数量量表

在线评论的数量是关于有机食品的在线评论的总数，从在线评论总数可体现出消费者对该产品的关注程度，以及对产品作出评价的消费者的数量。本书主要以郑小平(2008)与张(Cheung,2010)的量表为依据(见表2-3)，从在线评论数量的关注程度、评论的数量，评论的人数三个方面设计了三个问项，采用李克特五点量表法进行测量。

表 2-3 在线评论数量量表

变量名称	题项	测量内容	参考文献
在线评论数量	QT1	在线评论的内容中包含了较多该产品的细节介绍	郑小平(2008)和张(Cheung,2010)
	QT2	该产品在网上受到了很高的关注	
	QT3	许多购买过的消费者都发表了在线评论	
	QT4	在线评论中存在产品的正面和负面的评论信息	

(四) 在线评论效价量表

在线评论可分为正面或者负面的评论,对于在线评论效价是考虑评论整体的正负程度,本书以张和陈(Chiou & Chen,2003)和赵冬(2012)的量表为依据(见表 2-4),对在线评论的效价方面设计了三个问项,采用李克特五点量表法进行测量。

表 2-4 在线评论效价量表

变量名称	题项	测量内容	参考文献
在线评论效价	P1	在线评论对该产品的总体建议倾向是优先考虑购买	张和陈(Chiou & Chen,2003)和赵冬(2012)
	P2	对该产品的评价总体评价倾向是非常正面的	
	P3	总体来看,该产品的在线评论是一致的	

(五) 信任量表

在电子商务活动中,信任是消费者参与在线评论的前提条件,信任对消费者的网络购买意愿产生正向的影响作用。格芬研究了电子商务背景下的消费者的感知信任度,设计了三个维度、共九个问项的信任倾向量表。① 赖丁等(Riding et al.,2002)参考了格芬的量表对虚拟社区环境中的信任进行了研究,并设计了三个问项。李和托宾(Lee & Turban,2001)建立了消费者在网络购物中的信任模型,并设计了有关信任量表。本书根据以上研究成果,设计了关于信任倾向的量表。②

① David Gefen, Detmar Straub, "The Relative Importance of Perceived Ease-of-Use in IS Adoption: A Study of E-commerce Adoption", *Journal of the Association for Information Systems*, No. 8, 2000.

② Matthew K. O. Lee, Efraim Turban, "A Trust Model for Consumer Internet Shopping", *International Journal of Electronic Commerce*, No. 1, 2001.

表 2-5　信任量表

变量名称	题项	测量内容	参考文献
信任	T1	在线评论的发布者是值得信任的	格芬（Gefen，2000）；李和托宾（Lee & Turban，2001）
	T2	该产品的在线评论是值得信任的	
	T3	在线评论的发布者是关心他人需求的	
	T4	在线评论提供的信息是比较可靠的	

（六）购买意愿量表

消费者对有机食品的购买意愿是根据消费者自身的心理因素、经济因素和其生活背景环境等因素产生的需求，因此根据这些需求把相关信息聚集起来，并对其进行一系列的评估，从而形成真正的购买行为。消费者收集在线评论提供的信息，对信息进行参考和分析后，会形成对该有机食品的认知态度和情感态度，在这两种态度的共同作用下进而形成对该有机食品的行为态度。本书根据帕夫卢和费根森和肖安明量表（见表 2-6），设计了六个问项，采用李克特五点量表法进行测量。

表 2-6　购买意愿量表

变量名称	题项	测量内容	参考文献
购买意愿	W1	在线评论给我提供了新的产品相关信息	帕夫卢和费根森（Pavlou & Fygenson，2006）和肖安明（2012）
	W2	在购买有机大米的过程中我会参考在线评论	
	W3	在线评论会改变我的态度和想法	
	W4	在线评论会影响我的购买意愿	
	W5	在线评论给我提供了不同的看法	
	W6	在线评论信息会影响我是否选择购买该产品	

（七）问卷结构设计

本书通过调查问卷的方式来获得有关数据，调查问卷主要由问卷说明和问卷主体两部分组成。问卷说明主要介绍在线评论和有机食品的定义，让被试者先大致了解一下我们的研究内容。然后是问卷的主体，包括三部分的内容，第一部分是设定问卷情景，请被试者根据平常的网上购物的经历，回想在购物时阅读、参考在线评论的情景；第二部分是被测者的个人基本信息包括性别、年龄、受教育程度、收入等;第三部分是问卷调查的重点部分,测量项目有在线评论者资信度、在线评论质量、在线评论数量、在线评论效价以及对消费者购买意愿的影响。在问项设计上分为三部分,前两部分采用一般性的选择题,第三部分采用李克特的五级量表法,从“非常不同意”“比较不同意”“一般”“比较同意”“非常同意”,依次赋值1、2、3、4、5。

为了更进一步提高问卷中变量的信度和效度,保证数据的可靠性和真实性,调研进行了预测试。预测试中共发放问卷21份,被测者为在校大学生或者研究生,其中包括9女、12男,其专业涵盖了建筑学、管理学、材料学等类别,此做法主要是考虑到被测者能够理解调研的目的以便积极配合这次问卷调查,同时被测者可以从不同的角度提出更多的修改意见。

最后,通过与被测者的交流确定了问卷设计是比较符合实际的,但是问项中存在一些语意模糊、问项重复等问题。针对问卷中存在的问题和被测者的建议,笔者对问项的表达和措辞等方面进行了进一步的完善和修改,最终确定了4个变量、25个测量问项。

(八) 调查对象和发放方式

本书的主要调查对象为年轻上班族群体,选取样本研究的依据为:第一,样本具有普遍性,年轻上班族在我国网民比例中所占比重较大,在网络中的信息互动性强;第二,样本具有代表性,这类群体操作电脑的机会多能力强,对网络知识比较了解,同时乐于尝试新鲜事物;第三,便于收集数据,这类群体具有较高的知识文化水平,可以更准确地理解问卷的问项内容,以便给出真实准确的答案。

本书的调查主要以网络电子版问卷为主,由QQ和邮箱等方式发放和回收。通过笔者已参加工作的朋友和同学关系,同时委托他们的朋友及人脉关系进一步发放问卷,这样既保证了调查数据的质量也满足了问卷数量上的要求。由于网络自身无地域性的特点,问卷的发放范围比较广,问卷具有良好的外部效度。

三、数据统计与分析

(一) 描述性统计分析

由表2-7可知,参加本次调研的人数男女比例为男性54.0%,女性46.0%,虽然男性数量略多于女性,但是总体上是比较均衡的。被测人群的年龄主要集中在21—34岁之间;教育程度主要为大专或本科学历,其次是硕士及以上学历;职业主要是上班族,其次为在校学生;超过70%的人接触网络的时间为6年以上;月可支配收入大多在1000元—4000元。

表 2-7　有机食品购买意愿描述性样本统计表

	项目	频率	百分比(%)	累计百分比(%)
性别	男	121	54.0	54.0
	女	103	46.0	100.0
年龄	16—21 岁(包括 21 岁)	19	8.5	8.5
	21—25 岁(包括 25 岁)	84	37.5	46
	25—34 岁(包括 34 岁)	104	46.4	92.4
	34 岁以上	17	7.6	100.0
职业	学生	52	23.2	23.2
	上班族	158	70.5	93.7
	自由职业	14	6.3	100.0
学历	高中及中专	6	2.7	2.7
	大专/本科	138	61.6	64.3
	硕士及以上	80	35.7	100.0
接触网络的时间	1 年及以下	5	2.2	2.2
	1—3 年(包括 3 年)	17	7.6	9.8
	3—6 年(包括 6 年)	42	18.8	28.6
	6 年以上	160	71.4	100.0
月可支配收入	1000 元以内	50	22.3	22.3
	1000 元—4000 元(包括 4000 元)	146	65.2	87.5
	4000 元—8000 元(包括 8000 元)	18	8.0	98.5
	8000 元以上	10	4.5	100.0
总样本数合计		224	100.0	100.0

（二）信度分析

信度是为了检测被测特征真实性的指标，反映的是经过检测得到结果的一致性和稳定性问题。信度指标是对信度的一种定量方向的解释，该量化值被称为信度系数。信度系数越高，表明所进行的测量的可信度就越高。目前最常用的检测信度的方法是克朗巴赫(Cronbach's α)系数法。不同的学者对于信度系数界限值的划分不同，但一般来说，0.6—0.65 为不可信；0.65—0.7

为最小接受值;0.7—0.8 为相当好;0.8—0.9 就是非常好。也就是说克朗巴赫系数为 0.65 以上是可以接受的。本书运用可靠性统计分析对研究的各个变量及变量的整体信度进行检测,检测结果如表 2-8 所示。

表 2-8 各个变量的信度分析

变量	问项数量	克朗巴赫系数	问卷总体信度
评价者资信度	3	0.743	0.839
在线评论质量	5	0.729	
在线评论数量	4	0.762	
在线评论效度	3	0.781	
信任	4	0.838	
购买意愿	6	0.840	

（三）效度分析

效度是对所测定的对象的有效性和准确度测量到何种程度的一种估计,也就是测量某种行为的准确度和有效性。当研究给出的量表能够准确测量出所需测量的内容时,该测量就是有效的;反之,当量表不能测量所需测量的内容时,测量则是无效的。对于效度的研究,本书从内容效度和结构效度两个方面进行研究。

内容效度(Content Validity)表示的是内容的代表性问题,本书的量表是参考以前学者的类似量表进行设计的,各量表经过众多学者的不断研究,已经相当成熟,本书结合自身研究的特征给予适当的调整从而形成最终的量表,因此本书量表的内容效度是比较好的。结构效度(Construct Validity)是说各指标间要有一定的相关度,但各测量指标间也要有一定性的区别。

本书运用 SPSS 20.0 统计软件来检验结构效度。首先进行 KMO 测度和巴特利(Bartlett)球体检验,KMO 值是用来检验各因子是否适合做因子分析的指标,该值介于 0—1 之间。当 KMO 值大于 0.9 时表示非常适合做因子分析;0.8—0.9 之间很适合做因子分析;0.7—0.8 之间适合做因子分析;0.6—0.7 之间不太适合做因子分析;0.5—0.6 之间很勉强做因子分析;小于 0.5 的值表明不适合做因子分析。

表 2-9 KMO 和巴特利检验结果

KMO 和巴特利的检验		
取样足够度的 Kaiser-Meyer-Olkin 度量		0. 812
巴特利的球形度检验	近似卡方(Chi—Square)	1175. 599
	自由度(df)	300
	显著性水平(sig.)	0. 000

如表 2-9 所示,样本的 KMO 值为 0. 812,KMO 值>0. 8,这个结果说明变量之间的相关程度是很高的,很适合进一步进行因子分析。巴特利球体检验的统计值的显著性概率为 0. 000<0. 01,说明变量之间具有相关性,适合进行因子分析。

由表 2-8 可以看出,从 25 个问项中得出了 6 个特征值大于 1 的因子,且所有的因素可以解释总变异量为 62. 016%。经过正交矩阵旋转后,各问题的因子选项负载值如表 2-10、表 2-11 所示,其最大负荷具有聚积性,问卷的收敛效度和区分效度良好。

表 2-10 总方差解释表

解释的总方差									
成分	初始特征值			提取平方和载入			旋转平方和载入		
	合计	方差的百分比(%)	累积百分比(%)	合计	方差的百分比(%)	累积百分比(%)	合计	合计百分比(%)	累积百分比(%)
1	7. 068	28. 272	28. 272	7. 068	28. 272	28. 272	3. 688	14. 753	14. 753
2	2. 309	9. 237	37. 509	2. 309	9. 237	37. 509	3. 087	12. 348	27. 101
3	2. 004	8. 015	45. 524	2. 004	8. 015	45. 524	2. 464	9. 858	36. 958
4	1. 712	6. 846	52. 371	1. 712	6. 846	52. 371	2. 438	9. 752	46. 711
5	1. 320	5. 279	57. 650	1. 320	5. 279	57. 650	2. 175	8. 700	55. 411
6	1. 092	4. 366	72. 016	1. 092	4. 366	72. 016	1. 651	6. 605	72. 016

注:提取方法:主成分分析。

表 2-11 旋转成分矩阵

成分						
变量	测量项目	因子				
		1	2	3	4	5
信任	T4	0.744				
	T2	0.739				
信任	T3	0.726				
	T1	0.714				
在线评论数量	QT4		0.875			
	QT3		0.754			
	QT2		0.722			
	QT1		0.627			
在线评论效价	P2			0.708		
	P3			0.700		
	P1			0.569		
在线评论质量	QL2				0.900	
	QL1				0.896	
	QL3				0.791	
	QL4				0.752	
	QL5				0.665	
评论者资信度	RT2					0.813
	RT3					0.670
	RT1					0.597

（四）相关分析

相关分析是用来检验不同变量之间的密切程度的统计学方法，本书通过采用皮尔逊相关分析和双侧检验的方法，将所有因子分析的变量进行二元变量相关分析。一般来说，皮尔逊相关系数的数值的取值范围在-1—1之间，当系数的绝对值在0—0.3之间时，说明变量间呈弱相关关系；当系数的绝对值在0.3—0.5之间时，说明变量间呈低相关关系；当系数的绝对值在0.5—0.8时，说明变量间呈显著相关关系；当系数的绝对值在0.8—1之间时，变量间高度相关；当系数的绝对值为 1 时，说明变量之间完全相关。

表 2-12　变量的相关分析

		评价者资信度	在线评论质量	在线评论数量	在线评论效价	信任	购买意愿
评价者资信度	皮尔逊相关系数	1	0.544**	0.661**	0.777**	0.469**	0.316**
	显著性（双侧检验）		0.001	0.000	0.000	0.000	0.000
	样本量	224	224	224	224	224	224
在线评论质量	皮尔逊相关系数	0.544**	1	0.688**	0.724**	0.650*	0.667**
	显著性（双侧检验）	0.001		0.000	0.000	0.002	0.000
	样本量	224	224	224	224	224	224
在线评论数量	皮尔逊相关系数	0.661**	0.688**	1	0.809**	0.756**	0.745**
	显著性（双侧检验）	0.000	0.000		0.001	0.000	0.000
	样本量	224	224	224	224	224	224
在线评论效价	皮尔逊相关系数	0.777**	0.724**	0.809**	1	0.781**	0.687**
	显著性（双侧检验）	0.000	0.000	0.001		0.002	0.000
	样本量	224	224	224	224	224	224
信任	皮尔逊相关系数	0.469**	0.650*	0.756**	0.781**	1	0.813*
	显著性（双侧检验）	0.000	0.002	0.000	0.002		0.024
	样本量	224	224	224	224	224	224
购买意愿	皮尔逊相关系数	0.316**	0.667**	0.754*	0.687**	0.813*	1
	显著性（双侧检验）	0.000	0.000	0.009	0.000	0.024	
	样本量	224	224	224	224	224	224

注：* 表示相关性在 0.05 水平下显著（双侧检验）；** 表示相关性在 0.01 水平下显著（双侧检验）。

从表 2-12 中可以看出，评论者资信度、在线评论质量、在线评论数量、在线评论效价与信任和购买意愿之间存在显著正相关关系。其中，评论者资信度与信任和购买意愿之间的相关关系较弱。评论者资信度、在线评论质量、在线评论数量、在线评论效价与信任和购买意愿之间存在显著的正相关关系，信任与消费者的购买意愿之间存在显著的正相关关系。但是以上关系是否含有因果关系还有待进一步检验。

（五）回归分析

根据之前的相关性分析可知，研究变量之间的大多数具有显著的相关关系。相关系数可以反映出变量之间的关联强度，但是却不能确定变量之间相关程度的大小，因而需要回归分析来确定变量间相关性和关联相关程度。

为了更准确地认识各变量间的相关程度，本书将通过回归分析来研究各变量之间的准确相关程度，进而验证各变量的具体关系和本书提出的假设。本书对于回归方程的拟合度检验（相关系数检验）采用 R^2 和调整 R^2 统计量，R^2 的取值在0—1之间，越接近1说明拟合度越高；对于回归方程的显著性检验（F检验）采用F统计量，SPSS软件将自动计算出检验统计量的值以及对应的概率p值，如果p值比显著性水平α低，就应该拒绝零假设且自变量与因变量之间的关系显著；对于回归系数的显著性检验（t检验），SPSS软件将自动计算出检验统计量的值以及对应的概率p值，如果p值比显著性水平α低，就应该拒绝零假设且自变量与因变量之间的关系显著；通过观察Sig.值来判定回归结果，Sig.<0.001，具有最高的显著程度，用***表示；0.001≤Sig.<0.01，显著程度次之，用**表示；0.01≤Sig.<0.05，较弱的显著性，用*表示。

1. 在线评论对购买意愿的回归分析

根据上述的相关分析结果，将评论者资信度（*RT*）、在线评论质量（*QL*）、在线评论数量（*QT*）、在线评论效价（*P*）作为自变量，购买意愿（*W*）为因变量通过强制回归分析检验假设模型。相对应的假设为：评论者资信度越高，消费者对有机食品的购买意愿就越大；在线评论质量越高，消费者对有机食品的购买意愿就越大；在线评论数量越多，消费者对有机食品购买意愿就越大；在线评论效价越大，消费者对有机食品购买意愿就越大。在线评论和购买意愿之间的相对应的回归分析方程为：

$$W=\beta_0+\beta_1RT+\beta_2QL+\beta_3QT+\beta_4P+\varepsilon \tag{2-1}$$

表2-13　在线评论对网上购买意愿影响回归结果

系数[a]								
模型		非标准化系数		标准系数	t	Sig.	共线性统计量	
		B	标准误差	Beta			容差	VIF
1	（常量）	1.418	0.489		5.8809	0.003		
	评论者资信度	0.209	0.022	0.255*	3.547	0.059	0.874	1.045
	在线评论质量	0.325	0.017	0.318**	4.624	0.016	0.869	1.068
	在线评论数量	0.424	0.026	0.268**	5.906	0.032	0.832	1.081
	在线评论效价	0.360	0.012	0.207**	4.561	0.002	0.809	1.059

续表

系数[a]								
模型		非标准化系数		标准系数	t	Sig.	共线性统计量	
		B	标准误差	Beta			容差	VIF
R	R^2	调整 R^2		平方和	Df	均方	F	Sig.
0.905	0.767	0.859	回归	28.679	4	1.692	46.211**	0.000
			残差	47.793	107	0.627		
			总计	76.472	111			

注:a 为因变量:购买意愿;** 表示在 0.01 水平下显著;* 表示在 0.05 水平下显著。

根据表 2-13 的回归结果,首先分析对变量之间的多重共线性程度,据本书研究变量评论者资信度、在线评论质量、在线评论数量、在线评论效价的回归分析结果显示,容差值均大于 0.8,VIF 统计量的值均小于 10,根据这个结果可知,严重的一阶序列相关问题是不存在的。回归模型的调整 R^2 为 0.859,F 值为 46.211,在概率 0.01 水平下回归效果显著。在线评论数量、在线评论效价、在线评论质量的 Sig 值是小于 0.05 的,这说明以上的因子对购买意愿具有显著影响,都可进入回归方程,但是评论者资信度的 Sig 值为 0.069>0.05,这说明评价者资信度对购买意愿的影响不显著,所以假设 2-2 不成立。由此可知回归模型的设定是可以接受的,回归方程为:

$$W = 1.418 + 0.325QL + 0.424QT + 0.360P \quad (2-2)$$

2. 信任对购买意愿的回归分析

为了检验中间变量信任与因变量购买意愿的假设,将信任(T)作为自变量,选取购买意愿(W)作为因变量进行回归分析,建立以下回归模型:

$$W = \beta_0 + \beta_1 T + \varepsilon \quad (2-3)$$

表 2-14　信任对购买意愿影响回归结果

系数[a]								
模型		非标准化系数		标准系数	t	Sig.	共线性统计量	
		B	标准误差	Beta			容差	VIF
1	(常量)	0.461	0.279		1.298	0.001		
	信任	0.512	0.032	0.390	4.713	0.001	0.872	1.397

续表

系数[a]								
模型		非标准化系数		标准系数	t	Sig.	共线性统计量	
		B	标准误差	Beta			容差	VIF
R	R^2	调整 R^2		平方和	Df	均方	F	Sig.
0.898	0.814	0.846	回归	44.382	2	20.352	39.671	0.000[a]
			残差	34.557	118	0.538		
			总计	78.939	120			

注：a.因变量：购买意愿。

根据表 2-14 的回归结果，首先分析对变量之间的多重共线性程度，据本书研究变量信任对购买意愿的回归分析结果显示，容差值大于 0.8，VIF 统计量的值均小于 10，根据这个结果可知，严重的一阶序列相关问题是不存在的。回归模型的调整 R^2 为 0.846，F 值为 39.671，在概率 0.01 水平下回归效果显著，由此可知回归模型的设定是可以接受的，回归方程为：

$$W = 0.461 + 0.512T \tag{2-4}$$

3. 在线评论对信任的回归分析

根据上述的相关分析结果，将评论者资信度（RT）、在线评论质量（QL）、在线评论数量（QT）、在线评论效价（P）作为自变量，信任（T）作为因变量，通过强制回归分析检验假设模型。相对应的假设为：有机食品在线评论者的资信度越高，消费者的信任程度越高；有机食品在线评论的质量越好，消费者的感知信任越大；有机食品在线评论的数量越多，消费者的感知信任越大；有机食品在线评论的效价越高，消费者的信任程度就越高。综上可知，在线评论与信任之间相对应回归分析的方程式为：

$$T = \beta_0 + \beta_1 RT + \beta_2 QL + \beta_3 QT + \beta_4 P + \varepsilon \tag{2-5}$$

表 2-15 在线评论对信任影响的回归结果

系数[a]								
模型		非标准化系数		标准系数	t	Sig.	共线性统计量	
		B	标准误差	Beta			容差	VIF
1	（常量）	1.342	0.321		4.325	0.004		
	评论者资信度	0.237	0.429	0.268	5.643	0.000	0.912	1.231

续表

系数[a]								
模型		非标准化系数		标准系数	t	Sig.	共线性统计量	
		B	标准误差	Beta			容差	VIF
1	在线评论质量	0.451	0.120	0.386	4.807	0.002	0.824	1.098
	在线评论数量	0.377	0.511	0.309	6.214	0.001	0.815	1.453
	在线评论效价	0.406	0.065	0.313	5.543	0.000	0.866	1.908
R	R^2	调整 R^2		平方和	df	均方	F	Sig.
0.890	0.833	0.865	回归	33.432	3	1.238	42.654	0.000
			残差	45.026	126	0.469		
			总计	78.458	129			

注：a.因变量：信任。

根据表2-15的回归结果，首先分析对变量之间的多重共线性程度，据本书研究变量在线评论对信任的回归分析结果显示，容差值均大于0.8，VIF统计量的值均小于10，根据这个结果可知，严重的一阶序列相关问题是不存在的。回归模型的调整R^2为0.865，F值为42.654，在概率0.01水平下回归效果显著，由此可知回归模型的设定是可以接受的，回归方程为：

$$T = 1.342 + 0.237RT + 0.451QL + 0.377QT + 0.406P \tag{2-6}$$

根据以上的回归分析可知，在线评论可分为四个因素，并且通过回归分析，我们对之前在线评论与购买意愿的回归路径图进行了修正。自修正后的路径图可以得知，在线评论质量、在线评论数量、在线评论效价和信任对消费者购买意愿的回归效果显著；在线评论的评论者资信度、在线评论质量、在线评论数量、在线评论效价对消费者的信任回归效果显著。

如图2-4所示，在线评论的四个因子中，在线评论质量、在线评论数量和在线评论效价对消费者购买意愿产生直接的影响作用，而其中的评论者资信度、在线评论质量、在线评论数量、在线评论效价通过信任中介对消费者购买意愿间接产生影响作用，下面将进一步进行效果分析。

经过以上运用实证的方法对本书所提出的假设进行了检验，结果显示，在线评论的评论者资信度、在线评论数量、在线评论质量、在线评论效价均通过中介信任变量对消费者的购买意愿产生间接影响，而在线评论数量、在线评论质量、在线评论效价可以直接对消费者的购买意愿产生影响。这表

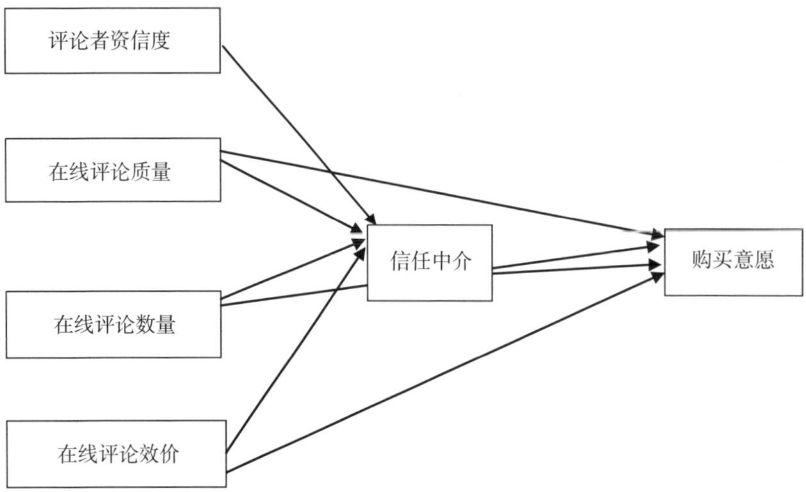

图 2-4　修正以后的路径图

明本书提出的大部分的假设得到了调查数据的支持,经过验证是成立的,仅一个研究假设不成立,未通过验证。

表 2-16　研究假设检验结果

假设	假设内容	是否成立
假设 2-1	在线评论的评论者资信度与消费者的信任存在正相关关系	成立
假设 2-2	在线评论的评论者资信度与消费者的购买意愿存在正相关关系	不成立
假设 2-3	在线评论的评论质量对消费者的购买意愿有正相关关系	成立
假设 2-4	在线评论的评论质量对消费者的信任有正相关关系	成立
假设 2-5	在线评论的数量和消费者购买意愿存在正相关关系	成立
假设 2-6	在线评论的数量和消费者的信任存在正相关关系	成立
假设 2-7	在线评论的效价和消费者购买意愿存在正相关关系	成立
假设 2-8	在线评论的效价和信任存在正相关关系	成立
假设 2-9	信任与消费者的购买意愿存在正相关关系	成立

根据回归分析的结果,可以得到在线评论的几个因子对购买意愿的总体影响程度,对其进行归纳排序,由大到小依次是在线评论数量 0. 3340、在线评论效价 0. 3071、在线评论质量 0. 2777、评论者资信度 0. 011。

根据上述路径分析的数据结果可知,针对网络营销有机食品的在线评论而言,当在线评论的质量和数量越高、在线评论的效价越高时,消费者对在线评论的接纳程度就越高，进而对购买意愿产生影响作用；当评论者资信度、在线评论数量、在线评论质量和在线评论效度越高时，消费者对在线评论的信任度就越高，进而影响消费者的购买意愿。

在线评论的四个因子中，唯有评论者资信度没有对购买意愿产生直接的影响作用，根据回归分析结果可知，评论者资信度对消费者的信任程度是有影响的，评论者的资信度指的是评论发布者的信用和资质级别，评论者的资信度可以增加消费者的信任程度，这说明消费者把评论者的资信度当作感知信任的依据，但评论者的资信度没有直接对消费者的购买意愿产生影响。

第四节　注重口碑营销和提升在线评论质量

一、研究结果分析及管理建议

（一）研究结果分析

本书采用 SPSS 20.0 分析问卷调查所获取的数据，根据分析结果我们可以解释在线评论、信任和购买意愿三者之间的关系和影响机制，以下是研究结果的分析情况：

通过检验在线评论对消费者的信任的影响程度，证实了评论者资信度、在线评论质量、在线评论数量、在线评论效价对消费者的信任具有显著正向的影响作用。对消费者信任影响作用最大的是在线评论的数量和在线评论效价，其次是在线评论质量，而评论者资信度对消费者的信任影响程度相对较小。

通过检验在线评论与消费者购买意愿之间的影响程度，证实了在线评论质量、在线评论数量、在线评论效价和信任对消费者的购买意愿具有显著正向的影响作用。对消费者购买意愿影响最大的在线评论质量和在线评论数量，然后是信任和在线评论效价，在线评论效价对购买意愿的影响作用较弱。

在线评论质量、在线评论数量和在线评论效价会直接影响消费者对有机食品的购买意愿，亦可通过消费者的信任中介作用进而对购买意愿产生影响，虽然根据实证分析结果来看，评论者资信度和消费者购买意愿之间是不相关的，但是评论者资信度可以通过消费者信任间接地对消费者购买意愿产生影响作用。评论者资信度主要指评论发布者的信誉等级、信誉记录和知名度，因此评论者资信度可以增加消费者的信任感，从而对消费者的购买意愿产生影响作用。在线评论质量、在线评论数量对购买意愿的影响作用比信任更显著一些。

综上所述,对于有机食品的网络购买而言,在线评论的质量和数量正向影响着消费者的购买意愿。在线评论内容的丰富性和真实性、与所描述产品的相关性等给消费者提供了更多可靠可信任的参考信息。在线评论的数量越多就越容易受到消费者的关注,由于网络购物的透明化,消费者若是按照销量排序,产品的销售数量和在线评论数量越多产品就会优先排在前页,那么在线评论数量越多产品便越容易受到消费者的关注。在线评论的效价是对消费者产品全部评论的整体感知,当正面评论的效应大于负面时,效价为正,反之为负。正面和负面评论都会给消费者提供更加全面的购买信息,因而对购买意愿产生影响。评论者资信度会增加消费者的感知信任程度,虽然不直接影响消费者购买意愿,但是通过对消费者的信任产生作用进而对购买意愿产生影响。综合结果来看,与国内外相关研究的结论总体是一致的。

(二) 对管理实践的建议与启示

有机食品的质量和安全性给人们提供了更高的价值,有机食品越来越多地受到消费者关注。通过网络营销的模式,利用网络营销个性化、便捷性等特点,为有机食品市场拓宽了营销渠道,为有机食品的市场推广发挥巨大的作用。结合本书研究结论,对于有机食品的网络营销活动的开展,营销思维的创新,以及如何不断地取得竞争优势,提出以下参考建议:

1. 将口碑营销作为营销战略建设的组成部分,在给予重视的同时加强对在线评论的运用和管理

相比传统口碑,网络口碑有着辐射范围广,传播速度快,影响强度大等众多优势,并且从往年的市场营销实践经验和研究调查结果均有显示,在线口碑对消费者的购买过程和购买决策影响甚大。企业要想在日益激烈的营销大战中赢得竞争优势,在市场中立于不败之地,就必须关注顾客的需求,坚持以顾客为导向的原则,目前越来越多理智的消费者逐渐提高对在线口碑的关注度,使企业将在线口碑营销的意义上升到营销战略的高度,从而更加重视营销价值的提升。网络营销为有机产品拓宽了市场的渠道,实质上在线评论搭建了信息交流的平台,由于在线评论具有互动性的特点,不仅使消费者之间进行进一步的交流,而且促进了企业与消费者之间的信息传递。借助在线口碑获得了解消费者的购买意愿的关键因素,对企业营销战略的发展至关重要。如果企业能够意识到并抓住领悟其中的利害要素,就有可能赢得更多的发展机遇。

2. 鼓励消费者发表在线评论并努力提高消费者对发表在线评论的参与度

根据本书调查研究的结果可知，在线评论的数量和在线评论的效价会对消费者的信任和购买意愿产生影响。因此，我们可以把握两个方面进行控制和改善，以提高营销管理的质量。一方面针对在线评论的数量，采取有效措施鼓励消费者在购买后发表在线评论，以积累在线评论的数量；另一方面关于在线评论的效价，要对消费者的在线评论内容进行引导，改善在线评论的一致性程度。对于有机食品而言，如果只依赖网页上的产品描述，相关产品介绍来推广产品的信息是远不足够的，而顾客对信息的反馈是至关重要的，所以企业或者卖家需要利用有效手段鼓励消费者在购买产品后发表在线评论，引导消费者积极参与评论发表。运用有效的激励方式促使消费者对其购买过程和消费体验发表评论，分享信息，从而帮助浏览评论的消费者们进行购买决策。

在实际经营中，企业或者卖家可以推出有关在线评论类的营销活动，引导消费者参与发布评论。通常对发布在线评论的消费者以发放奖励的形式进行激励，如写出好评并附加一定字数和图片的评论，顾客就可获得返现或优惠券等经济奖励。据观察消费者对这类活动的参与率还是比较高的，这说明活动的实践性和操作性是比较强的，在激励的作用下，人们乐于分享购买经验。所以，对于有机食品营销，有必要鼓励尽可能多的消费者发表在线评论，借此提高人气指数，吸引更多消费者的注意力。

3. 关注在线评论者的资信度和资信度高的评论者

根据本书的研究调查结果显示，评论者资信度会影响消费者的信任进而影响购买意愿。因为评论者资信度可以体现出评论者的专业程度，增加消费者的信任感，增强在线评论的影响效果。因此，在关注评论者资信度的同时，要重视资信度高的评论者，这类群体在口碑营销的过程中，发挥着意见领袖的作用。对于营销者而言，重视资信度高的评论者并发动他们进行口碑营销传播，就可以较小成本取得更好的效果。当然，如果资信度高的评论者传播了过多的负面评论，就会产生负面的效果，对营销产生不利影响。所以，要关注在线评论者的资信度和资信度高的评论者，及时与他们进行沟通交流，对他们发表评论要进行必要的管理，以保证正面评论对消费者购买意愿的促进作用，同时，避免过多的负面评论的扩散对营销活动造成不利的影响。

4. 有效改善在线评论质量

经过本书的调查研究，结果显示在线评论质量会对消费者的信任和购买意愿产生影响,并且在线评论质量与购买意愿是正向变动关系,评论质量的改善有利于促进消费者的购买意愿提升。所以,企业或者卖家需要有专人负责对在线评论进行监控和管理,对在线评论进行回复,加强与消费者之间的互动性,以保证在线评论质量。对于在线评论管理人员,不仅要对在线评论进行监控还要及时进行跟进,尤其是对于一些恶意差评师发表不合实际的差评,要及时进行处理或作出解释,以免给产品带来不良影响。

第三章　多渠道情境下消费者购买决策过程和渠道迁徙

本章在电子商务环境多渠道的背景下，研究消费者渠道迁徙行为，同时以消费者购买决策全过程理论为基础，构建了动态的消费者渠道迁徙选购行为模型。本章研究的目的是通过了解消费者在多渠道环境下的消费行为模式，来为制造商和网络零售商、实体零售商提供一些建议。本章得出以下几个结论。在信息搜索阶段，相对于搜索型产品，消费者对于体验型产品更容易产生渠道迁徙行为；从信息搜索阶段到产品购买阶段，相比搜索型产品，消费者对于体验型产品更容易产生渠道迁徙行为；在产品购买阶段，无论是搜索型产品还是体验型产品，实体渠道与网络渠道价格差异越大，消费者越容易产生渠道迁徙选购行为；产品购后评价阶段，无论是搜索型产品还是体验型产品，购后评价越低，消费者越容易产生渠道迁徙行为。

第一节　消费者购买渠道愈加丰富

互联网技术已经走过了40多年的历史，以互联网技术为依托发展起来的电子商务，也逐渐改变了企业的经营方式，同时创造了全新的消费行为与商业模式，给人类的生活带来了深远的影响。

在我国，基于互联网技术发展起来的电子商务也是发展势头迅猛。据中国互联网络信息中心报告，2021年我国网络购物用户规模达到8.12亿，相比上年，增长了2965万人，占网民整体的80.3%。在网民数量增长乏力的同时，网络购物应用仍然在快速增长。

蓬勃发展的电子商务为制造商提供了新渠道即电子销售渠道，使制造商可实现电子渠道与传统分销渠道相结合的多渠道分销。同时又为消费者提供了除传统物理渠道以外新的消费渠道，即电子消费渠道。现在的消费者不仅可以从传统实体商店购物，也可以使用网络渠道来购物。

多渠道的购物环境为消费者提供了更加自由和便利的服务以及产品获取途径，也带来了消费者购买渠道的选择问题。消费者根据自身需要以及不同渠道间的综合因素比较结果，在多渠道源中迁徙或者迁徙选购。本章从研究消费者渠道迁徙行为的视角，研究消费者购买决策全过程中消费者渠道迁徙的行为模式。

在多渠道环境下,消费者在渠道选择中存在渠道迁徙现象,目前消费者渠道迁徙行为是当前正在兴起的热点研究问题。从国内外的研究现状来看,此类研究也处于初级阶段,且大多从消费行为的特点产品特征、渠道特征等角度出发,来研究消费者多渠道选择问题,且目前还鲜有文献从实证角度来研究消费者的渠道迁徙及迁徙行为,本章的研究方法比较新颖,对于假设命题采用实验法进行研究,并依据实验结果进行假设验证。

另外,通过文献综述,可以发现以往的研究主要是将实体渠道和电子渠道视为单个的渠道或者分离的渠道来研究消费者的多渠道行为,目前还鲜有研究从整体和联系的视角来探讨动态的消费者渠道迁徙行为。基于相关文献整理,本章以消费者购买决策全过程模型为基础,从信息搜索阶段、产品购买阶段及购买后评价阶段三个阶段中,归纳出了动态的电子商务环境下消费者渠道迁徙行为理论模型。

本章以搜索型产品和体验型产品这两大产品类型来研究消费者渠道迁徙行为,并且分别选取了图书和衣服作为搜索型产品和体验型产品的代表产品来进行实验研究,这使本章的研究比起以往的研究更加具体和接近现实。之前很多相关文献研究的都是一般的产品和大众消费者,没有对产品和消费者进行分类,相比之下,本章的研究更加具有现实意义,同时研究结论能为这两个行业的零售商和制造商提供更加切合实际的建议。一方面,这些研究结论可以帮助网络渠道零售商和实体渠道零售商更加了解消费者,从而制定更好的营销策略来吸引、留住消费者;另一方面,这些结论也可以为制造商采用多渠道分销策略时提供一些渠道策略选择方面的参考意见和建议。

第二节 多渠道选择与渠道迁徙

一、概念界定

(一) 多渠道类型

基于对以往有关多渠道的文献梳理,根据多渠道的控制主体是否为同一主体,多渠道可以分为水平整合多渠道、垂直整合多渠道、部分整合多渠道以及分散混合多渠道。其中,前两者是由同一主体控制的多渠道结构,后两者是由不同主体控制的多渠道结构。

本章在研究消费者渠道迁徙行为时,所研究的多渠道类型,主要是由同一主体控制的水平整合多渠道结构。水平整合多渠道结构指生产商没有建立分销渠道，但由同一主体采用电子渠道和传统实体渠道的多渠道来进行产品销售。例如，巴恩特 & 诺贝尔（2002）是一家传统销售公司，它在传统实体渠道的基础之上又发展了电子渠道，而一些像卖考林一样的纯电子零售企业，虽是依托电子渠道起家，但也同时正在加快建设自己的实体销售渠道。①

（二）多渠道消费者

多渠道消费者是指采用两个或两个以上渠道进行购物的消费者。总体上现有文献通常是按照功能和属性对多渠道进行分类的。② 按照渠道的属性可将多渠道划分为电子渠道和实体渠道两类；按照渠道的功能可划分为信息搜索渠道和购买决策渠道。

基于此，在研究多渠道消费者时，至少需要考虑两类：一类是在实体渠道和电子渠道之间迁徙选购的消费者，实质上，该类消费者涉及两个完整的消费决策过程，即在线购买决策过程和离线购买决策过程；另一类是消费者选择在电子渠道或实体渠道搜索信息，却选择转移到实体渠道或电子渠道购买产品。实质上该类消费者是参与了一个很完整的消费决策过程。

据此，本书界定，在消费者渠道迁徙行为研究中的消费者，是在实体渠道和电子渠道之间，以及信息搜索渠道和购买决策渠道之间迁徙的多渠道消费者。

（三）消费者渠道迁徙行为场所

由此可知，传统实体渠道和电子渠道，既有产品购买功能又有信息搜索功能。本章认为电子渠道和实体渠道是消费者渠道迁徙行为发生的主要场所。根据对多渠道类型的定义和多渠道消费者的定义，可以发现本章具体的研究脉络，如图 3-1 所示。

（四）消费产品类型

消费产品总体上包括实体类产品和服务类产品两大类别，由于实体类产品和服务类产品性质方面有很大不同，消费者在消费两大类产品时，心理活动及行为模式也是不相同的。故本章在研究消费者渠道迁徙行为时，假定消费者的消费对象都是实体类产品，不考虑服务类产品。

同时，本章在研究实体类产品时，根据阅读文献，将产品类型分为以书

① Barnes & Nobel, "Measuring Prices and Price Competition Online: Amazon and Barnes and Noble", *Journal of Comparative Economics*, No. 7, 2002.

② 涂红伟、周星：《消费者渠道迁徙行为的定义及其结构维度》，《现代管理科学》2011 年第 10 期。

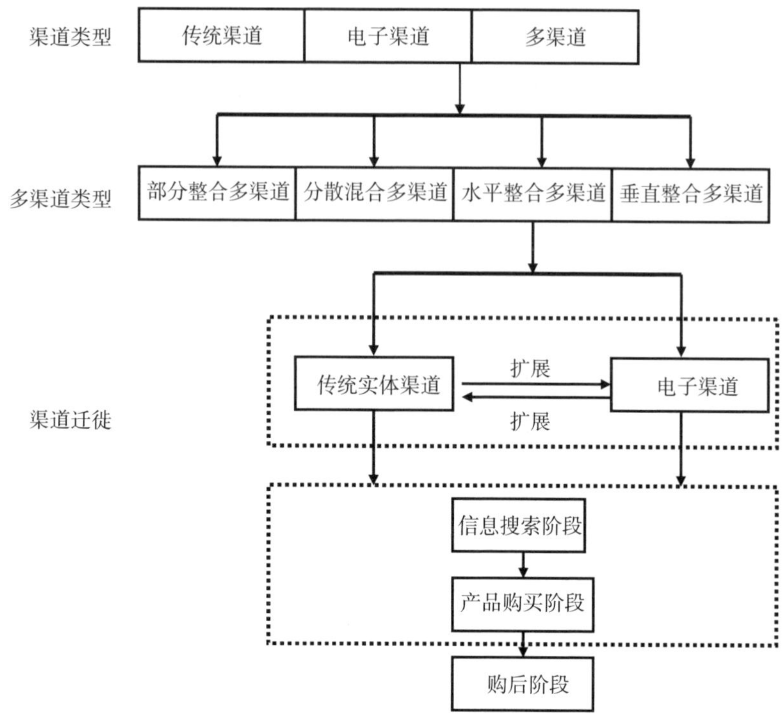

图 3-1 研究脉络

籍、音像制品、机票为代表的搜索型产品与以电脑、服装、保健品为代表的体验型产品,因二者的产品属性、同质性差别很大,所以消费者在购买时表现出来的行为模式也不一样。本章分别选取了搜索型产品和体验型产品的一个类别来研究,即分别是书籍和服装来做实验研究。

二、消费者渠道选择与迁徙行为相关研究

(一)消费者渠道选择行为

消费者渠道迁徙行为的研究往往以渠道选择理论为基础。通过检索 EBSCO 等数据库,对国外关于消费者渠道选择方面的文献进行划分,划分的标准可以按照消费者购买决策过程即信息搜索阶段和购买决策阶段,也可以按照单一渠道和多渠道。

1. 针对购买决策全过程中不同阶段的渠道选择研究

汤普森和杨指出,目前对于消费者决策过程的研究依然集中于某一特殊阶段而非全部阶段,他们在 EKB 模型的基础上,将研究聚焦于消费者购买过程的三个核心阶段,即信息搜索阶段、评估选择阶段和购买决策阶段,

并用实证方法检验了影响这三个不同阶段的相关影响因素。①

阿胡贾等人发现,可以将消费者的购买决策过程分为三个阶段,分别是信息搜索阶段、产品购买阶段和售后阶段,阿胡贾等人的研究显示,消费者在购买决策过程中的三个不同阶段里,会在实体渠道和电子渠道之间进行渠道转换选择。这类研究都表明在购物过程中的不同阶段会显著影响消费者的渠道选择意愿,在不同阶段里,影响因素也不同。②

约翰逊等人研究发现活跃的在线消费者在信息搜索阶段往往更倾向于在多个网站之间进行迁徙。③ 针对信息搜索阶段,比斯瓦斯的研究分析了消费者感知到的搜索效率和价格差异在该阶段是如何影响其网站搜索行为的。④

随着多渠道领域的研究越来越深入,更多的学者发现消费者购物过程的不同阶段决定了其渠道选择。在购物过程的不同阶段里,消费者可能只选择同一个渠道,也可能选择不同渠道。在巴尔和达赫的研究中就体现了这种渠道迁移行为,他们的研究支持了消费者对于渠道的选择取决于其所处的购物过程的不同阶段这种观点,但是他们的研究忽略了消费者所选择渠道的属性对消费者渠道选择的影响,也未考虑到消费者自身特征对其渠道选择的影响。⑤

巴拉苏布拉马尼亚等人从购买产品和购买过程这两个角度来研究消费者的不同效用的相互作用。⑥ 库什瓦哈和尚卡尔、内斯林等人,温徒芳等人也做了在消费者购买全过程中,信息搜索阶段和购买阶段对其渠道选择的影响研究,以及多渠道环境下,消费者的渠道使用意图和偏好对其渠道选择的影响研究。⑦

---

① Tompson, Yeong, "In Vitro Iron Bioavailability and Antioxidant Activity of Raisins", *Journal of Food Science*, No. 2, 2003.

② Ravindra K. Ahuja, James B. Orlin, Maria G. Scutellà, "Dynamic Shortest Paths Minimizing Travel Times and Costs", *Network*, No. 7, 2003.

③ Johnson et al., "The Structure of Marketing Channel Relationships", *Journal of the Academy of Marketing Science*, No. 7, 2004.

④ Biswas, "The Influence of the Online Decision", *Advances in Consumer Research*, No. 7, 2008.

⑤ Baal, Dach, "Free Riding and Customer Retention across Retailers' Channels", *Journal of Interactive Marketing*, No. 2, 2005.

⑥ S. Balasubramanian, R. Raghunathan, "Consumers in a Multichannel Environment: Product Utility, Process Utility, and Channel Choice", *Journal of Interactive*, No. 3. 2005.

⑦ Kushwaha, Shankar, "The Moderating Role of Product Category Characteristics", *Journal of Marketing*, No. 3, 2007. Neslin et al., D. Grewal, R. Leghorn, "Challenges and Opportunities in Multichannel Customer Management", *Journal of Service*, No. 7, 2006. P. C. Verhoef, S. Nass, D. Pick, "Customer Engagement Behavior: Theoretical Foundations and Research Directions", *Journal of Service*, No. 7, 2010.

但总的来说，以往关于消费者多渠道行为的研究大多是将实体渠道和电子渠道割裂开来，或视为单个的渠道，或视为分离的渠道来进行探讨，或者将消费者购物过程的几个阶段视为单个对象来研究，目前从整体和联系的视角来探讨动态的消费者渠道迁徙行为的研究还很少。

2. 针对单一渠道和多渠道的渠道选择研究

随着多渠道消费者的规模越来越大，探析导致消费者放弃一种渠道而选择另外一种渠道的因素也变得越来越重要。因此，学术界出现了很多关于多渠道选择方面的研究，不过这些研究多数是用来解释购物过程的一个阶段。

斯特雷贝尔等针对购买过程中的信息搜索阶段展开了研究，认为消费者感知信息质量是很重要的因素，并且研究结论表明电子渠道在变为一种替代渠道。① 从上面的分析可得，在信息搜索阶段，存在消费者渠道迁徙行为。这也说明了在信息搜索阶段，消费渠道之间的替代效应是存在的，所以，在考察消费者在信息搜索阶段的渠道选择时，需要将多种渠道整合起来考虑。

还有些学者研究了单一渠道情景下，消费者在信息搜索阶段的购买行为。哈恩发现消费者信息搜索行为会直接影响其电子渠道购物行为。② 帕特瓦丹和拉姆普拉萨德研究发现消费者信息搜索的信念和行为对其购买信念与购买行为之间存在直接和间接影响。③ 保罗和福根森以计划行为理论为基础，探讨了在电子渠道下，消费者的信息搜索和购买决策行为。④ 研究表明消费者购买意向对其信息搜索意向和购买行为具有显著的影响，同时购买意向和信息搜索行为共同影响购买行为。之后，国内外在单一渠道或者多渠道方面的研究越来越多，且大多是研究消费者渠道迁徙行为的影响因素，会在下文详细阐述。

（二）消费者渠道迁徙行为定义

国外关于消费者渠道迁徙行为方面的研究比较多，研究的内容大致包括两方面：第一，研究影响消费者渠道迁徙这一现象的相关因素；第二，探讨

① Strebel, "Inter-governmental Institutions as Promoters of Energy Policy Diffusion in a Federal Setting", *Energy Policy*, No. 11, 2011.

② Carsten Hahn, Michael D.Johnson Ph.D, "Capturing Customer Heterogeneity Using a Finite Mixture PLS Approach", *Schmalenbach Business Review*, No. 2, 2002.

③ Padmini Patwardhan, Jyotika Ramaprasad, "Towards Resilient Supply Chains: Uncertainty Analysis Using Fuzzy Mathematical Programming", *Journal of Interactive Advertising*, No. 2, 2005.

④ Pavlou, Fygenson, "Understanding and Predicting Electronic Commerce Adoption: An Extension of the Theory of Planned Behavior", *MIS Quarterly*, No. 1, 2006.

企业的渠道营销策略。阿格涅斯卡·沃尔克给消费者渠道迁徙行为下了一个定义。① 他认为消费者渠道迁徙是指消费者通过两个或两个以上的渠道获得相同或相似的产品或服务的行为,它是指消费者在理性评价某一渠道、产品或服务的基础上进行渠道选择,用合适的成本换取认为收益大于成本、并能满足某一特定需要的主观衡量和决策过程。消费者渠道迁徙的基础是多渠道造成的价格离散,或由此给消费者带来的利益差异。涂红伟、周星(2011)认为消费者渠道迁徙行为是指消费者从实体渠道向电子渠道转移,或从电子渠道向实体渠道转移的过程。

（三）消费者渠道迁徙行为影响因素

亨利克·施罗德和彼得·C.维尔霍夫根斯勒发现消费者自身因素、产品因素、渠道因素、情景因素是影响消费者渠道迁徙的四大因素且消费者渠道迁徙同时受不同购物阶段的影响。②

托马斯和沙利文认为,除了和产品类别有关外,消费者渠道迁徙行为还和产品价格显著相关。③

蒋侃、张子刚以渠道特性、消费者特征、产品类型、零售商等多种影响因素为基础,从渠道和企业的视角提出了渠道选择行为模型。④

邱(Chiu)等人以推—拉—锚定(push-pull-mooring)范式为基础,考察了消费者渠道迁徙行为受自我效能、转换成本、渠道忠诚度、离线渠道吸引力的综合作用的结果。⑤

涂红伟、周星等探讨了消费者渠道迁徙行为的主体和客体、迁徙层次和形式,并创造性地总结出了消费者渠道迁徙行为的结构维度。贾雷、周星、林文晓从技术接受模型(TAM)和计划行为理论(TPB)整合视角,分析影响

① Agnierzka Wolk,"Multi-channel Price Differentiation:An Empirical Investigation of Existence and Causes",*International Journal of Research in Marketing*,No. 2,2010.

② Pascal Jonkheijm Dr, Dirk Weinrich Dipl-Chem, Hendrik Schröder Dr, Christof M., Niemeyer Prof,"Chemical Strategies for Generating Protein Biochips",*Angewandte Chemie*,No. 2,2006. Peter C.Verhoef,Katherine N.Lemon,"Customer Engagement Behavior:Theoretical Foundations and Research Directions",*Journal of Service Research*,No. 8,2012.Sonja Gensler,Thorsten Hennig-Thurau,"The Impact of New Media on Customer Relationships",*Journal of Service Research*, No. 8,2010.

③ Thomas Sullivan,"A Customer Relationship Management Roadmap:What is Known,Potential Pitfalls,and Where to Go",*Journal of Marketing*,No. 8,2005.

④ 蒋侃、张子刚:《电子商务环境下的多渠道消费行为分析》,《华东经济管理》2010 年第 4 期。

⑤ R.J. Lin, R. H. Chen, K. K. S. Chiu,"Customer Relationship Management and Innovation Capability:An Empirical Study",*Industrial Management & Data Systems*,No. 2,2010.

消费者渠道迁徙态度和迁徙意向的因素及它们之间的关系。①

(四)消费者渠道迁徙行为下企业营销策略

安妮·T、考夫兰、艾琳·安德森、安萨里建立了基于制造商的双重分销渠道结构模型。该模型认为制造商的双重分销渠道结构分为三种情况:(1)制造商自己建立实体渠道和电子渠道;(2)制造商自己建立传统实体渠道,同时借助第三方电子渠道销售产品和服务;(3)制造商建立了实体渠道,自己不建立电子渠道,但是其下面的经销商建立或者借助第三方的电子渠道在网上进行销售产品和服务。②

韦伯研究了电子商务环境下,制造商如何应对实体渠道与电子渠道之间的冲突问题,他提出了十二种方案,其中八种方案都与传统的营销组合理论相关。韦伯认为在定价方面,电子渠道的价格至少应该和实体渠道一样,或高于实体渠道;在促销方面,制造商应该注重宣传渠道伙伴;在产品策略方面,电子渠道销售的产品应该被限制在一定范围内,或者启用一个新品牌,应该和实体渠道销售的产品区隔开;另外,韦伯考虑了产品生命周期的不同阶段对冲突的影响,他认为电子渠道和实体渠道之间的冲突多发生在产品的成熟期和衰退期,且冲突水平较高,而在产品的成长期,冲突较少。③

江塔尔建立了零售商和生产商之间的斯塔克尔伯格博弈模型,用来分析制造商在实体渠道模式、网络渠道模式、实体渠道和网络渠道共存的模式之中应该选择哪种模式。④

邱等人研究指出,企业要想减少顾客的渠道搭便车行为,应该加强渠道间锁定效应。⑤ 此外,托马斯和沙利文借助马尔可夫链分析了消费者从实体购买渠道向电子购买渠道迁徙的概率,认为消费者购买决策受其渠道偏好和渠道迁徙模式的影响,并指出企业在制定营销策略时应该因人而异,具

---

① 贾雷、周星、林文晓:《消费者渠道迁徙因素分析——基于 TAM 和 TPB 理论整合视角》,《消费经济》2011 年第 10 期。

② Anne T.Coughlan, Erin Anderson, Louis W.Stern, Adel I.EI-Ansary, "Organizing and Managing Channels of Distribution", *Journal of the Academy of Marketing Science*, No. 5, 1999.

③ Webb, "Multi-layer Dialogue Annotation for Automated Multilingual Customer Service", *Industrial Management & Data Systems Industrial Management & Data Systems*, No. 4, 2002.

④ Chiangetal, "An Empirical Study on the Churning Behavior through Bayesian Network Classifier and Business Process Modeling", *Knowledge Management Research*, No. 3, 2009.

⑤ R.J. Lin, R. H. Chen, K. K. S. Chiu, "Customer Relationship Management and Innovation Capability: An Empirical Study", *Industrial Management & Data Systems*, No. 2, 2010.

有不同渠道迁徙概率的顾客适用的营销策略可能不同。①

以上这些研究为本章的写作提供了很有价值的参考，但也可以看出，以往对迁徙行为的研究尚未形成完善的理论，对网络环境下消费者渠道迁徙的影响路径及机理方面尚缺乏深入的研究，尚未对渠道产品差异、价格水平差异等情形下的消费者动态的渠道迁徙行为特征进行描述，且鲜有研究从整体和联系的视角来探讨动态的消费者渠道迁徙行为。这就为本章研究的开展留下了一定空间。

第三节　购买决策全过程的渠道迁徙行为研究

中国电子商务的迅猛发展使越来越多的实体企业开始向多渠道经营转型，在保持实体渠道的同时，将电子渠道作为企业进行营销活动的重要渠道；同时，也有越来越多的电子商务起家的网商建立了自己的实体渠道。伴随着企业从单渠道营销向多渠道营销转变，消费者的购买行为也从单渠道转变为多渠道消费行为。在当前社会，消费者的渠道迁徙行为时有发生。

消费者理性地评价某一产品或服务的属性并进行选择、购买，且能使消费者某一特定需要得到满足的过程叫作消费者购买决策。消费者的消费决策是一个动态过程，这一过程由需要认识、信息搜索、产品评估、购买决策、购后行为等阶段构成。当消费者的需求产生或问题确认时，为了满足自身需求或解决问题，消费者首先会进行信息搜索，然后根据搜索结果对相关产品或服务进行分析、评价、选择，最后实施购买决策。

本章主要研究消费者决策过程中的信息搜索阶段及决策购买阶段，辅助研究购后阶段。在多渠道情景下，消费者的信息搜索和产品决策购买有可能并不在同一个渠道进行。可能存在这样的情形：消费者的信息搜索在一个渠道完成，而产品购买在另一个渠道完成；或者，消费者同时利用在两个或两个以上的渠道去搜索信息，而在其中一个渠道购买产品。所以，消费者的购买行为在多渠道情境下比单渠道情景下更为复杂。本章系统研究在多渠道情景下，消费者在整个购买决策过程中的渠道迁徙行为。并在消费者决策过程模型的基础之上，总结了一个基于信息搜索、产品购买、购后阶段的消费者渠道迁徙行为理论框架。

---

① Thomas Sullivan, "Consumer Perceptions of Corporate Social Responsibility in Town Shopping Centres and Their Influence on Shopping Evaluations", *Journal of retailing and Consume*, No. 5, 2005.

本章主要回答了以下问题:消费者在购买决策过程中的三阶段是怎样进行迁徙的?对于具备不同产品属性的搜索型产品与体验型产品,消费者渠道选择偏好和渠道迁徙行为是否存在差异,存在什么样的差异?

一、消费者购买决策理论框架

(一)广义的消费者购买决策模型

我们将广义的消费者购买决策定义为消费者为满足自身某种需求,在一定的购买动机的驱动下,对可供选择的购买方案进行分析评价,从而选择出最佳的购买方案并实施,最后给予购后评价的活动过程。由此可以看出,消费者购买决策是一个包括产生需求、形成购买动机、选择和实施最佳购买方案、进行购后评价等环节的系统的决策活动过程。从广义上来说,消费者购买决策模型如图 3-2 所示。

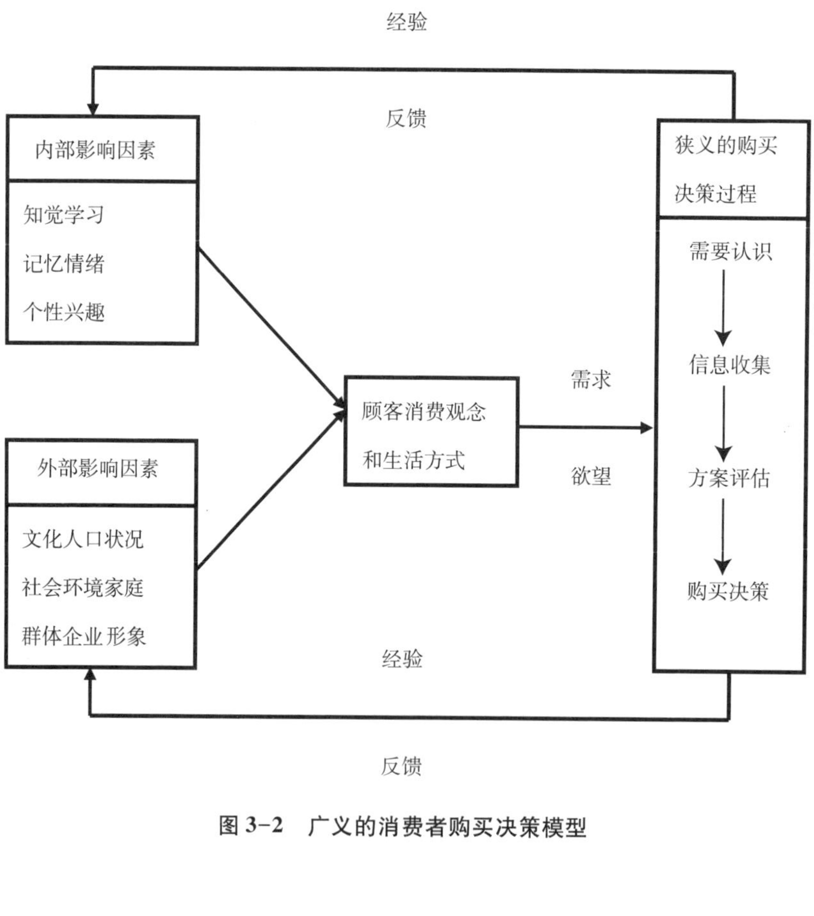

图 3-2 广义的消费者购买决策模型

（二）传统的消费者购买决策模型

根据文献阅读，以往一些学者在研究中揭示了消费者行为中存在一些共性的东西，建立了以下四种模型来解释消费者购买决策行为。

1. 霍华德和谢思模型

霍华德和谢思提出此消费者行为模型，即霍华德和谢思模型，该模型创新地将满意度概念借用在消费理论上，重点在于解释消费者对某一品牌的产品（或服务）进行重复购买的意愿。该模型把顾客满意度定义为一种自我认知状态，所谓的自我认知状态，即消费者对其购买某一产品（或服务）的付出与回报是否成正比的一种认知。这种认知状态在一定意义上决定了顾客的重购意愿，影响其购买决策。因此，消费者的购买决策过程实际上也是一种认知过程，此模型可被认为是一个认知模型。①

2. 弗朗西斯和尼科西亚模型

弗朗西斯和尼科西亚提出弗朗西斯—尼科西亚模型。这一模式认为消费者购物决策包括：广告信息、调查评价、购买行为、反馈，该模式强调厂商所提供的信息会使消费者在决策过程中形成自己的关于此产品（或者服务）的态度，在这种态度的驱动下，消费者会通过相应的渠道搜集各种与该产品或服务有关的信息从而产生购买动机，然后在综合考虑价格、商店服务、地点等因素的基础上，作出自己的评价，最后作出购买决策。②

3. 恩格尔—科拉特—布莱克威尔模型

恩格尔—科拉特—布莱克威尔消费者购买决策模型是1968年恩格尔等人提出的，作为目前消费者行为理论中较为完整和系统的模式之一，该理论主要关注消费者态度的形成、消费者态度与购买意向之间的关系及形成过程，并认为在消费者行为模式中，信息的收集与评价是非常重要的部分。霍华德—谢思模型（Howard-Sheth）与该消费者购买决策模型都显示了态度这一项是影响消费者购买的关键因素。

4. 恩格尔—布莱克威尔—密尼亚德模型

恩格尔—布莱克威尔—密尼亚德消费者决策模型是在消费者购买决策模型的基础之上发展起来的。它尝试从理论上对消费者的购物决策过程作出解释，此模型在许多不同的情景下都具有较好的适用性，与消费者决策行为过程具有较高的一致性，且考虑到了购物决策阶段。该消费者决策模型

---

① Howard, Sheth, "The Theory of Buyer Behavior", *National Agricultural Library*, No. 5, 1969.

② Francesco, Nicosia, "Toward a Sociology of Consumption", *Journal of Consumer Research*, No. 2, 1976.

几乎可以用来解释任何情景中的研究成果,见图 3-3。

图 3-3　恩格尔—布莱克威尔—密尼亚德消费者决策模型

（三）综合的消费者购买决策模型

传统的消费者决策模型可以被我们的研究作为借鉴和指导,但消费者的电子渠道购物行为与实体渠道购物行为相比,还是有很多不一样的特点。根据中国互联网信息中心的报告,中国的网上消费者,大多是高学历、高收入、年龄偏年轻化、喜欢新事物的。国内外相关文献整合了三种购物方式,分别是实体渠道购物、电子渠道购物和先采用电子渠道搜索信息再采用实体渠道购物,总结了综合的消费者购买决策模型,见图 3-4。

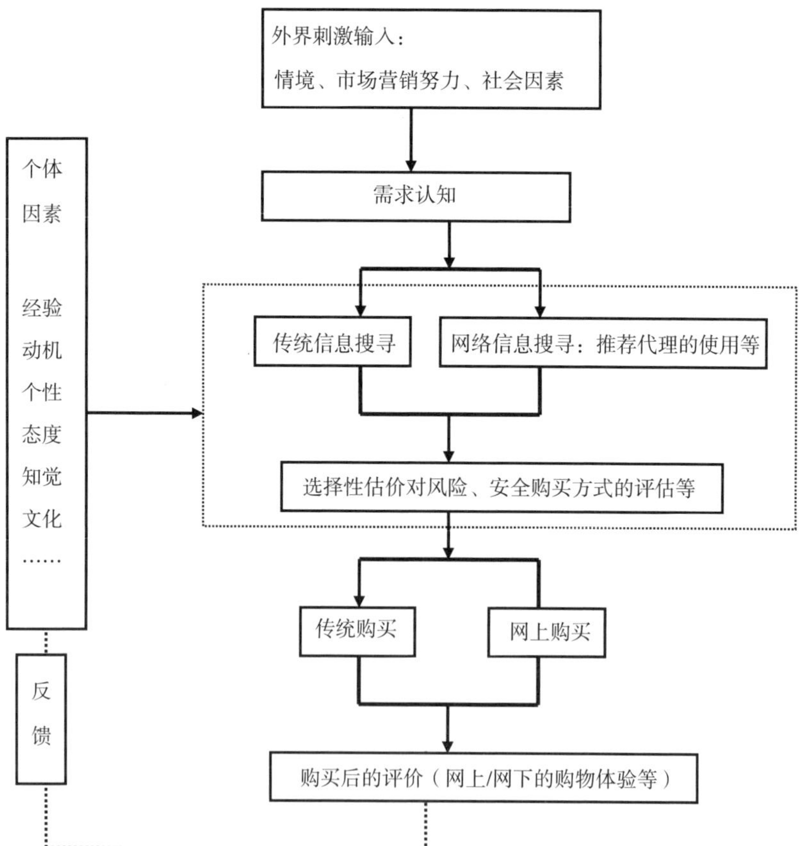

图 3-4　综合的消费者购买决策模型

受上述模型的启发，综合模型增加了影响个体对于问题认知、信息寻找与评价过程的原因因素和个体因素等方面的分析。在信息搜寻阶段和评价阶段，综合模型整合了电子渠道网上信息的搜寻和评价、传统实体渠道的搜寻与评价两种决策方式，这里所涉及的估价，包括了对所购商品或者生产商家、销售商家的估价以及对选择何种购物方式的估价，且这种反馈信息会影响消费者重复购买时对于商家和购物方式的选择。可以看出，综合模型将购物方式的选择归入了消费者决策内容里，因此可适用于传统渠道与网络渠道两种不同的购物方式，弥补了传统购物决策模型购物方式单一的不足。

（四）消费者渠道迁徙理论框架

早前关于消费者行为的研究中，恩格尔—科拉特—布莱克威尔模型认为消费者购买决策过程的五阶段为问题识别、信息搜索、产品评价、购买决定和购后评价。其中，信息搜索、产品购买是消费者决策行为的两个关键阶段。在这两个阶段中，可以将消费者的渠道迁徙行为分为六种路径：(1)“实体渠道信息搜索+实体渠道购买”；(2)“电子渠道信息搜索+实体渠道购买”；(3)“(实体渠道+电子渠道)信息搜索+实体渠道购买”；(4)“实体渠道信息搜索+电子渠道购买”；(5)“电子渠道信息搜索+电子渠道购买”；(6)“(实体渠道+电子渠道)信息搜索+电子渠道购买”。

并且，消费者会在购后阶段，根据自己的购物体验对产品及生产商、零售商作出评价，给予反馈，且其购后评价的满意程度的高低会极大地影响消费者在此渠道重复购买的概率，也可能造成消费者的渠道迁徙行为。由此可以看出，消费者的购买决策行为在多渠道情境下变得更加复杂。

本章基于消费者购买决策广义模型、传统的消费者购买决策模型、综合的消费者购买决策模型及以往学者的相关文献学习，总结出了动态的消费者渠道迁徙行为理论框架，见图 3-5。

目前学术界越来越关注多渠道情境下消费者的渠道选择行为，虽然从信息搜集与产品购买两阶段探讨过消费者购买决策行为的研究很多，但这些研究大多数仅关注单一渠道情境下消费者的两阶段购买决策行为，对多渠道视角下消费者的两阶段购买决策行为的研究较少，而且以往的研究很少考虑各渠道之间的内在联系，信息搜集阶段与产品购买阶段之间的动态联系也容易被忽略掉，这些研究大多是从影响消费者渠道迁徙的外部因素出发对消费者的购买决策行为进行分析。本章基于之前的相关研究，从整体和联系的视角，来研究多渠道情境下，对于搜索型产品和体验型产品，消费者在信息搜索、产品购买、购买后评价三阶段的渠道迁徙行为。

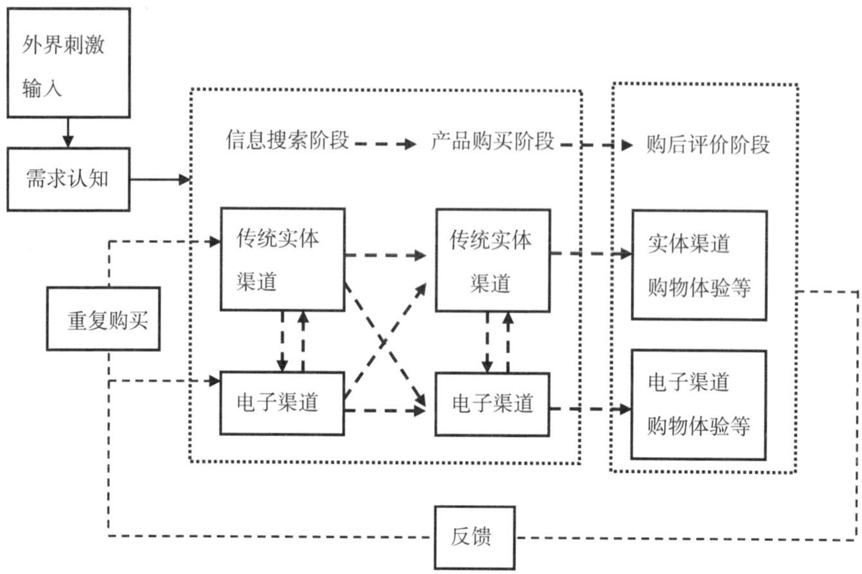

图 3-5　消费者渠道迁徙行为理论框架

二、研究假设

本章在研究实体类产品时,根据阅读文献,将产品类型分为搜索型产品(如书籍、音像制品和机票等)与体验型产品(如服装、保健品和电脑等),因二者的产品属性、同质性差别很大,所以消费者在购买时表现出来的行为模式也不一样。本章分别选取书籍作为搜索型产品的代表,选取服装作为体验型产品的代表来做实验研究。

搜索型产品和体验型产品对消费者的渠道选择偏好行为存在不同影响。杨水清(2012)认为,由其模型检验结果得知:搜索型产品与体验型产品的信息搜索属性对消费者信息搜索意愿的影响存在显著差异,除此之外,搜索型产品的产品购买属性对消费者产品购买意愿的影响也显著不同于体验型产品。①

杨水清认为,消费者在信息搜索阶段搜索的信息以价格和产品属性等信息为主。对于搜索型产品,相比实体渠道,消费者采用电子渠道所感知到的搜索方便程度和搜索愉悦程度更高,搜索努力较低。因此消费者会更愿

① 杨水清:《基于消费者视角的渠道扩展与选择行为研究》,博士学位论文,华中科技大学管理科学与工程系,2012 年。

意采用电子渠道进行信息搜索。而和搜索型产品相比,体验型产品在质量、价格和功能等属性上有更高的不确定性,因此对于体验型产品,消费者在信息搜索时无论是采用实体渠道还是电子渠道,其付出的时间、精力、成本都要远远高于搜索型产品。所以,当搜索对象为体验型产品时,电子渠道与实体渠道的感知搜索努力的差异对消费者转换实体渠道到电子渠道搜索信息的意愿影响不显著。因此,对搜索型产品,消费者搜索信息会更容易进行,而对产品属性比较复杂的体验型产品,搜索信息也会变得比较复杂,可能单纯的搜索实体渠道或者单纯的搜索电子渠道都不能满足消费者的信息搜集工作,据此,本章提出假设:

假设 3-1:在信息搜索阶段,相对于搜索型产品,消费者对于体验型产品更容易产生渠道迁徙行为。

同时杨水清研究指出,在产品购买阶段,消费者往往会觉得电子渠道比实体渠道的交货时间更长,购买风险更大,因此更倾向于选择实体渠道购买产品。从产品购买属性来看,搜索型产品和体验型产品的消费者的感知购买风险均正向影响购买意愿。人们可能认为采用实体渠道搜索产品信息,可能需要更多的时间和精力,但人们认为通过实体渠道购买产品的安全性和可靠性更高。由于搜索型产品和体验型产品的属性不同,通常相比体验型产品,消费者对于搜索型产品会有更小的感知购买风险。因此,消费者在选择体验型产品的购买渠道时,可能更容易产生渠道迁徙行为。据此,本章提出假设:

假设 3-2:从信息搜索阶段到产品购买阶段,相比搜索型产品,消费者对于体验型产品更容易发生渠道迁徙行为。

目前,随着电子渠道在风险防范和物流配送方面的水平越来越高,消费者在选择电子渠道进行产品购买时,购买风险这个因素,已经不是最主要考虑的关键因素(杨水清,2012)。目前,更多的现象是,由于在大多数消费者的认知里,电子渠道的价格比实体渠道更实惠,所以,无论要购买的是体验型产品还是搜索型产品,许多消费者更倾向于选择电子渠道。在大多数情况下,电子渠道的价格也确实比实体渠道便宜,电子渠道商家因为不用设置实体店面等优势,会节省大量运营成本,其经营成本远远低于实体商家,因此,大多电子渠道的商品与实体店的商品都有或大或小的价格差。可能这是目前吸引越来越多的消费者选择电子渠道购买的主要因素。据此,本章提出假设:

假设 3-3:在产品购买阶段,无论是搜索型产品还是体验型产品,实体渠道与网络渠道价格差异越大,消费者越容易产生渠道迁徙选购行为。

在消费者购买决策模型中，购后阶段的购物消费体验和评价反馈是不容忽视的一个重要环节，无论是电子渠道还是实体渠道所购得的产品，无论所购得产品是搜索型产品还是体验型产品，消费者在这个阶段的购物消费体验和购后评价直接决定着消费者对于此次购物的满意程度，这种满意程度会影响消费者的认知，从而会影响消费者重复购买时的渠道选择，从而可能导致消费者在重复购买时发生渠道迁徙行为。据此，提出假设：

假设 3-4：产品购后评价阶段，无论是搜索型产品还是体验型产品，购后评价越低，消费者越容易产生渠道迁徙行为。

据以上假设，本章设计相关实验进行验证。本章实证研究图示如图 3-6 所示。

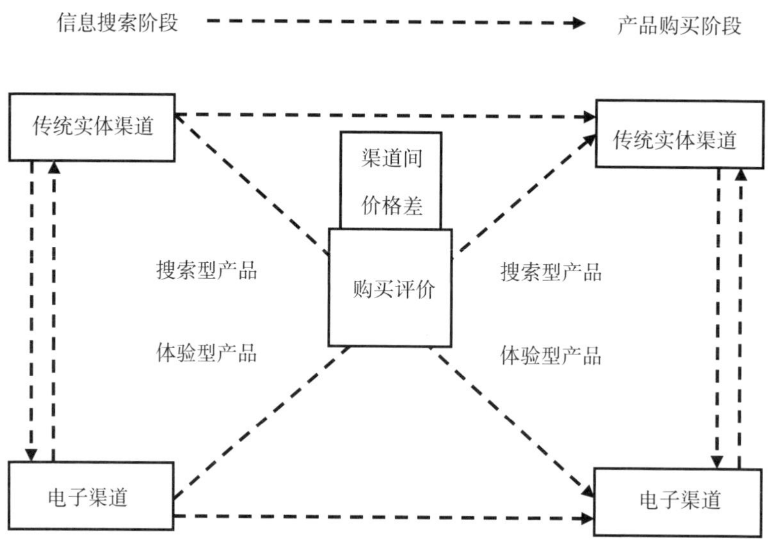

图 3-6　本章实证研究图示

三、研究设计

（一）实验前定性研究

为了更好地了解消费者对于搜索型产品和体验型产品的购买决策过程，本章先做了一个深度访谈，一共邀请了十位访谈被试者，他们都是郑州本地不同大学不同年级的大学生，这些被试者中每位都至少有两次及以上的网络购买搜索型产品和体验型产品的经验。

访谈一共分为两部分,第一部分是为了了解消费者在购买决策过程中,哪些因素会影响他们在信息搜集和产品购买阶段,产生渠道迁徙行为。访谈过程中,首先让被试者回想了他们在购买搜索型产品和体验型产品时,消费者购买决策模型中关键的两阶段里的行为,之后,让每位被试者列出了他们认为影响他们购买决策过程中信息搜索阶段和产品购买阶段渠道迁徙行为的因素。

根据十位被试者的回答,从中选择了一些最重要因素,比如搜索方便程度、购物风险、实体渠道和电子渠道的价格差、购物后体验是否满意等。在这之后,又将这些问题作为开放性问题列入了实验后需要填写的问卷里。

访谈的第二部分是让被试者分别列出两个他们认为是最经常参与购买的搜索型产品和体验型产品,从中选取了最具有代表性的搜索型产品和体验型产品,即搜索型产品代表图书和体验型产品代表服装,用于之后的实验设计。

（二）实验研究设计

根据 CNNIC 网络购物用户研究报告,目前电子商务的消费者以 19—39 岁的人群为主,大学生一般年龄处于 18 岁至 23 岁,自然是电子商务消费的主力军之一,同时,图书和服装是网购消费选择最多的商品类型,且学生网络用户在服装 B2C 和图书 B2C 网购上相对较活跃,因此,本章选取大学生作为实验研究对象,同时以图书为搜索型产品代表和以服装为体验型产品代表做实验设计,具有一定代表意义。

本实验邀请了某培训机构的学员参与了实验,此培训机构的学员全部是郑州各大学的不同年级的大学生,本次实验一共收集了 164 个人的数据,由于要研究消费者购买决策过程中的消费者渠道迁徙行为,本章决定只取同时有过电子渠道购物和实体渠道购物经历,且在消费购物经历中既买过图书又买过衣服的样本。根据问卷调研结果,筛选之后,最终用于分析的样本人数是 156 个人。本实验设计共分为两组、两次。被试者被平均分配到两次实验中,即每次实验 78 人,且平均分到两组,即图书组和服装组各 39 人。在 156 个被试者中,98 个是女性,占样本总数的 62.8%;每个参与实验的学生都具有图书和服装的电子渠道和实体渠道购买经历,但是参与次数不一样,故实验组都是随机分配,为保持男女性别比例大致一致,即图书组和服装组各有女性人数 24 人左右,男性人数 15 人左右,共有 39 人。

1. 实验一

实验的基本介绍,消费者购买决策过程的简介、购买产品基本信息的简介,对被试者的要求及其他基本信息的简介,关于购买决策过程中信息搜索阶段和产品购买阶段渠道迁徙行为的影响因素的一个开放性问题,以及被试的一些个人基本信息。第一个实验需要两个小组配合。整个实验持续30分钟左右。

图书组和服装组的产品介绍分别如下所示:

(1)图书组。分到图书组的被试者首先会阅读到一份关于此本书的描述简介,描述包括书名、书号、作者、出版社、出版时间、定价以及作者简介。

然后我们安排被试者在这些基本信息的基础上,以去购买这本书为前提,去搜集这本书的信息并购买这本书。当然,我们告知给被试者无线网络环境,以及附近的实体书店。然后我们又让被试者回答了关于购买决策过程中信息搜索阶段和产品购买阶段渠道迁徙行为的影响因素的一个开放性问题,以及被试的一些个人基本信息。

(2)服装组。分到服装组的被试者首先会阅读到一份关于此服装的描述简介,此简介考虑到此测试组有男性、女性成员,故选择同一系列男女款运动衣,经过调研和访谈,选取了在大学生中比较受欢迎的某运动服装品牌,实验正值春季,故选取时下当季服装运动休闲卫衣。男性和女性服装描述分别包括衣服品名、货号、系列、底料、面料、颜色以及定价。

然后我们安排被试者在这些基本信息的基础上,以去购买这件衣服的前提,去搜集这件衣服的信息并购买这件衣服。当然,我们告知给被试者无线网络环境,以及附近的实体专卖店。然后我们又让被试者回答了关于购买决策过程中信息搜索阶段和产品购买阶段渠道迁徙行为的影响因素的一个开放性问题,以及被试的一些个人基本信息。

2. 实验二

实验的基本介绍,购买产品基本信息的简介,电子渠道价格和实体渠道价格,对被试者的要求及其他基本信息的简介,关于购买决策过程中产品购买阶段渠道迁徙行为的影响因素的一个开放性问题,以及被试的一些个人基本信息。第二组实验需要四个小组配合,整个实验持续10分钟左右。

(1)图书组。因为实验对象是大学生,图书组选取了当时热卖、风靡各大校园的一本书,分到图书组的两组被试者首先会阅读到一份关于此本书的描述简介,描述包括书名、书号、作者、出版社、出版时间、定价以及作者简介。

然后分到图书组的两组被试者会分别阅读到一份实体渠道与电子渠道的图书价格对比表。

A组价格对比表如下:

表 3-1　该书实体渠道与电子渠道价格对比表

购买渠道	价格(元)	节省
实体渠道		
实体书店	31.50(9 折)	3.50
电子渠道		
亚马逊	23.90	11.10
京东商城	23.90	11.10
北发图书网	24.20	10.80
当当网	24.50	10.50
China-pub	23.80	11.20
淘书网	21.00	14.00

B 组价格对比表如下:

表 3-2　该书实体渠道与电子渠道价格对比表

购买渠道	价格(元)	节省
实体渠道		
实体书店	26.25(75 折)	8.75
电子渠道		
亚马逊	23.90	11.10
京东商城	23.90	11.10
北发图书网	24.20	10.80
当当网	24.50	10.50
China-pub	23.80	11.20
淘书网	21.00	14.00

然后笔者安排被试者在这些基本信息的基础上,去购买这本书。当然,笔者告知给被试者无线网络环境,以及附近的实体书店。然后笔者又让被试者回答了关于购买决策过程中产品购买阶段渠道迁徙行为的影响因素的一个开放性问题,以及关于购后评价方面的一个开放性问题,以及被试的一些个人基本信息。

(2)服装组。分到服装组的被试者首先会阅读到一份关于此服装的描述简介,此简介考虑到此测试组有男性、女性成员,故选择统一系列男女款运动衣,经过调研,选取了在大学生中比较受欢迎的某运动服装品牌,实验正值春季，故选取时下当季服装卫衣。男性和女性服装描述分别包括衣服品名、货号、系列、底料、面料、颜色以及定价。

然后分到服装组的两组被试者会分别阅读到一份价格对比表。

A 组价格对比表如下：

表 3-3　该品牌生活系列—中国龙针织运动上衣实体渠道与电子渠道价格对比表

购买渠道	男性卫衣价格（元）	节省（元）	女性卫衣价格（元）	节省（元）
实体渠道				
实体专卖店	223（8 折）	56	223	56
电子渠道				
官方商城	140	139	139	140
天猫官方旗舰店	149	130	140	139
天猫运动专营店	125	154	120	159

B 组价格对比表如下：

表 3-4　该品牌生活系列—中国龙针织运动上衣实体渠道与电子渠道价格对比表

购买渠道	男性卫衣价格（元）	节省（元）	女性卫衣价格（元）	节省（元）
实体渠道				
实体专卖店	167（6 折）	112	167	112
电子渠道				
官方商城	140	139	139	140
天猫官方旗舰店	149	130	140	139
天猫运动专营店	125	154	120	159

然后笔者安排被试者在这些基本信息的基础上，去购买这件衣服。当然，笔者告知给被试者无线网络环境，以及附近的实体专卖店。然后笔者又让被试者回答了关于购买决策过程中产品购买阶段渠道迁徙行为的影响因素的一个开放性问题，以及关于购后评价方面的一个开放性问题，以及被试的一些个人基本信息。

四、实 证 检 验

（一）第一组实验分析

第一组实验是以产品组和服务组作为对照进行的，根据实验后填写的调研问卷，统计结果如下：

表 3-5　第一组实验后问卷统计分析表

网上购物频率	每年 2—3 次	每月 1 次	每月 2—3 次	频繁，每周 2—3 次
图书组	4 人(10.3%)	12 人(30.8%)	20 人(51.3%)	3 人(7.7%)
服装组	6 人(15.4%)	11 人(28.2%)	21 人(53.8%)	1 人(2.6%)
实验中搜集渠道信息	实体渠道	电子渠道	先实体渠道，后电子渠道	先电子渠道，后实体渠道
图书组	4 人(10.3%)	27 人(69.2%)	6 人(15.4%)	2 人(5.1%)
服装组	6 人(15.4%)	14 人(35.9%)	15 人(38.5%)	4 人(10.3%)
选择的购买渠道	实体渠道	电子渠道	—	—
图书组	11 人(28.2%)	28 人(71.8%)	—	—
服装组	6 人(15.4%)	33 人(84.6%)	—	—

由表 3-5 可以看出，图书组是搜索型产品的代表，在 39 位被试者中会有 69.2%的被试者（27 人）选择电子渠道来搜索信息，10.3%的被试者（4 人）选择实体渠道来搜索信息，只有 15.4%的被试者（6 人）会选择先实体渠道、后电子渠道的形式来搜索信息，5.1%的被试者（2 人）选择先电子渠道、后实体渠道的形式来搜索信息，即共有 20.5%的被试者（8 人）在信息搜索阶段发生了渠道迁徙行为，说明搜索型产品在信息搜索阶段，不容易发生渠道迁徙行为。

服装组作为体验型产品的代表，在 39 位被试者中有 35.9%的被试者（14 人）选择电子渠道来搜索信息，有 38.5%的被试者（15 人）会选择先实体渠道、后电子渠道的形式来搜索信息，有 10.3%的被试者（4 人）选择先电子渠道、后实体渠道的形式来搜索信息，总共有 48.8%的被试者（19 人）在信息搜索阶段发生了渠道迁徙行为，说明相比搜索型产品，在信息搜索阶段，消费者对于体验型产品，容易发生渠道迁徙行为。

由此，可证明假设 3-1 成立，在信息搜索阶段，相对于搜索型产品，消费者对于体验型产品更容易产生渠道迁徙行为。

另外，由表 3-5 还可以看出，参加实验的学生，在产品购买决策阶段，图书组里有 71.8%的被试者（28 人）选择电子渠道，这与信息搜索阶段中 69.2%的被试者（27 人）选择电子渠道来搜索信息相比，可以发现发生渠道迁徙行为的被试者还是比较少的。由表 3-5 还可以看出，参加实验的学生，在产品购买决策阶段，有 28.2%的被试者（11 人）选择实体渠道，这与信息搜索阶段里选择用过实体渠道搜索信息的 30.8%（12 人）的被试者相比较来讲，从信息搜索阶段到产品购买阶段，发生渠道迁徙行为的人数较少。

同时，可以看出，服装组里有 15.4%（6 人）选择实体渠道，有 84.6%（33 人）选择电子渠道，这与信息搜索阶段的 35.9%的被试者（14 人）选择电子渠道来搜索信息，38.5%的被试者（15 人）会选择先实体渠道、后电子渠道的形式来搜索信息，10.3%的被试者（4 人）选择先电子渠道、后实体渠道的形式来搜索信息相比较来讲，从信息搜索阶段到产品购买阶段，发生渠道迁徙行为的人数较多。

由此，可以证明假设 3-2 成立，从信息搜索阶段到产品购买阶段，消费者对于体验型产品比对于搜索型产品更容易产生渠道迁徙行为。

另外，由实验后调研问卷得知，被试者改变信息搜集渠道的原因有：原有的实体渠道搜索信息不方便，需要较长时间，而实验是限制在半小时之内；对于体验型产品服装来说，网上搜索不能满足消费者试穿体验的需求，致使消费者无法完全了解产品信息；还有相当一部分被试者改变信息搜索渠道，主要是想比较一下价格，是否电子渠道更便宜些，这也可能是因为学生群体是低收入人群所致。

而规避风险是消费者在信息搜索阶段到产品购买阶段进行渠道迁徙的主要原因。大多数被试者主要是服装组的被试者，在填写购买时改变渠道的原因时，写了规避购物风险，如质量、型号不合适等。而搜索型产品图书组，很少有填写这些原因，有一部分被试者改变产品购买渠道，主要是因为图书本身也比较便宜，电子渠道价格和实体渠道价格相差不是特别大，而电子渠道一般要自己支付邮费，故感觉和从实体渠道购买所付出的价格差不多，并没有获得额外的优惠，且从附近的实体店购买图书，支付时立即就能交货，能立刻看到产品，能在购买付款的同时就实现产品的使用价值，这点儿是优于电子渠道的。在此种情况下，一部分被试者改变了电子渠道，在产品购买阶段选择实体渠道进行购买，发生了渠道迁徙行为。这是对于本实验的图书而言，如果扩展到搜索型产品如机票等金额较大的产品，可能就很少发生这种渠道迁徙行为了。因此，本章的假设 3-2 在扩展到实际生活情景时，也是成立的。

（二）第二组实验分析

第二组实验分别对四个小组，即两个图书组，两个服装组做了相关实验，实验以实体渠道和电子渠道的价格差额为控制变量，在图书组 A 组和服装组 A 组，我们设计了实体渠道和电子渠道较大的价格差额，并将此信息提供给被试者。在图书组 B 组和服装组 B 组，我们设计了实体渠道和电子渠道较小的价格差额，并将此信息提供给被试者。然后我们请被试者综合了一系列考虑因素后，作出产品购买阶段的渠道选择。

表 3-6　第二组实验后问卷统计分析

网上购物频率	每年 2—3 次	每月 1 次	每月 2—3 次	频繁，每周 2—3 次	—
图书组-A 组	4 人(10.3%)	12 人(30.8%)	20 人(51.3%)	3 人(7.7%)	—
图书组-B 组	3 人(7.7%)	15 人(38.5%)	17 人(43.6%)	4 人(10.3%)	—
服装组-A 组	6 人(15.4%)	11 人(28.2%)	21 人(53.8%)	1 人(2.6%)	—
服装组-B 组	—	13 人	19 人	7 人	—
实验场景下选择渠道	实体渠道	电子渠道	—	—	—
图书组-A 组	11 人(28.2%)	28 人(71.8%)	—	—	—
图书组-B 组	26 人(66.7%)	13 人(33.3%)	—	—	—
合计	37 人	41 人	—	—	—
服装组-A 组	10 人(25.6%)	29 人(74.4%)	—	—	—
服装组-B 组	21 人(53.8%)	18 人(46.2%)	—	—	—
合计	31 人	47 人	—	—	—
好评再次购买	原来选择实体渠道，再次购买选择实体渠道	原来选择实体渠道，再次购买选择电子渠道	原来电子渠道购买，再次购买选择电子渠道	原来电子渠道购买，再次购买选择实体渠道	根据情况决定
图书组-A 组	8 人(20.5%)	2 人(5.1%)	25 人(64.1%)	1 人(2.6%)	3 人(7.7%)
图书组-B 组	20 人(51.3%)	2 人(5.1%)	9 人(23.1%)	2 人(5.1%)	6 人(15.4%)
合计	28 人	4 人	25 人	105 人	11 人
差评再次购买	原来选择实体渠道，再次购买选择实体渠道	原来选择实体渠道，再次购买选择电子渠道	原来电子渠道购买，再次购买选择电子渠道	原来电子渠道购买，再次购买选择实体渠道	根据情况决定
图书组-A 组	6 人(15.4%)	4 人(10.3%)	13 人(33.3%)	10 人(25.6%)	6 人(15.4%)
图书组-B 组	14 人(35.9%)	10 人(25.6%)	6 人(15.4%)	4 人(10.3%)	5 人(12.8%)

续表

网上购物频率	每年 2—3 次	每月 1 次	每月 2—3 次	频繁，每周 2—3 次	—
合计	20 人	14 人	19 人	14 人	11 人
好评再次购买	原来选择实体渠道，再次购买选择实体渠道	原来选择实体渠道，再次购买选择电子渠道	原来电子渠道购买，再次购买选择电子渠道	原来电子渠道购买，再次购买选择实体渠道	根据情况决定
服装组-A 组	7 人(17.9%)	2 人(5.1%)	25 人(64.1%)	2 人(5.1%)	3 人(7.7%)
服装组-B 组	17 人(43.6%)	2 人(5.1%)	15 人(38.5%)	1 人(2.6%)	4 人(10.3%)
合计	24 人	4 人	40 人	3 人	7 人
差评再次购买	原来选择实体渠道，再次购买选择实体渠道	原来选择实体渠道，再次购买选择电子渠道	原来电子渠道购买，再次购买选择电子渠道	原来电子渠道购买，再次购买选择实体渠道	根据情况决定
服装组-A 组	6 人(15.4%)	1 人(2.6%)	15 人(38.5%)	10 人(25.6%)	7 人(17.9%)
服装组-B 组	13 人(33.3%)	5 人(12.8%)	7 人(17.9%)	8 人(20.5%)	6 人(15.4%)
合计	19 人	6 人	22 人	18 人	13 人

通过表 3-6 可以发现，在图书组中，在实体渠道和电子渠道较大的价格差额图书组 A 组里，有 28.2%的被试者（11 人）选择实体渠道，有 71.8%的被试者（28 人）选择电子渠道；在实体渠道和电子渠道较小的价格差额图书组 B 组里，有 66.7%的被试者（26 人）选择实体渠道，有 33.3%的被试者（13 人）选择电子渠道；这与之前信息搜集阶段，图书组 39 位被试者中 28.2%的被试者（11 人）选择实体渠道，71.8%的被试者（28 人）选择电子渠道相比，可以明显看出，当实体渠道和电子渠道的价格差越大时，对于图书组即搜索型产品，消费者容易产生渠道迁徙选购行为。

通过表 3-6 还可以看出，在服装组里，在实体渠道和电子渠道较大的价格差额 A 组里，有 25.6%的被试者（10 人）选择实体渠道，74.4%的被试者（29 人）选择电子渠道；在实体渠道和电子渠道较小的价格差额 B 组里，有 53.8%的被试者（21 人）选择实体渠道，有 46.2%的被试者（18 人）选择电子渠道；这与之前信息搜集阶段，图书组 28.2%的被试者（11 人）选择实体渠道、71.8%的被试者（28 人）选择电子渠道，服装组 39 位被试者中有 74.4%的被试者（29 人）最终选择电子渠道、25.6%的被试者（10 人）最终选择实体渠道相比，可以明显看出，服装组中有更多消费者改变了消费渠道，即当实体渠道和电子渠道的价格差越大时，对于服装组即体验型产品，消费者容易产生渠道迁徙选购行为。

由此，证明假设 3-3 成立，在产品购买阶段，无论是搜索型产品还是体验型产品，实体渠道与网络渠道价格差异越大，消费者越容易产生渠道迁徙选购行为。

在第二组实验的问卷中，我们还调查了购后阶段消费者评价对消费者重复购买时的渠道迁徙行为的影响。经过统计数据，可以发现，在描述为好评的图书组的第三题、第四题和描述为好评的服装组第七题、第八题，消费者重复购买时很少变换购买渠道，即渠道迁徙行为很少发生，比如图书组-A，在描述为好评时，选择实体渠道购买的 28. 2%的被试者（11 人），在再次购买时，有 20. 5%的被试者（8 人）坚持实体渠道购买，选择电子渠道购买的 71. 8%的被试者（28 人），在再次购买时，有 64. 1%的被试者（25 人）坚持实体渠道购买，有 7. 7%的被试者（3 人）表示需要根据实际情况决定，可以看出变换购买渠道的人是比较少的，同样，图书组-B 也表现出了类似的情形，选择实体渠道购买的 66. 7%的被试者（26 人），选择电子渠道购买的 33. 3%的被试者（13 人），在对产品进行好评后，再次购买时，分别坚持实体渠道和电子渠道购买的有 51. 3%的被试者（20 人）和 23. 1%的被试者（9 人），因此可以看出，发生渠道迁徙购买行为的消费者是比较少的。在体验型产品代表服装组的统计数据中，同样可以看到类似的结果，在消费者对所购得服装表现为好评时，消费者很少产生渠道迁徙选购行为。

反之，在描述为差评的搜索型产品图书组第五题、第六题和体验型产品服装组第九题、第十题，消费者重复购买时很容易变换购买渠道，即渠道迁徙行为很容易发生。从统计数据中可以看出，在体验型产品服装组-A 中，在描述为差评时，选择实体渠道购买的 25. 6%的被试者（10 人），在再次购买时，有 15. 4%的被试者（6 人）坚持实体渠道购买，选择电子渠道购买的 74. 4%的被试者（29 人），在再次购买时，有 38. 5%的被试者（15 人）坚持实体渠道购买，有 17. 9%的被试者（7 人）表示需要根据实际情况决定，由此可以看出，消费者给予差评时，变换购买渠道的人是比较多的。同样，服装组-B 也表现出了类似的情形，选择实体渠道购买的被试者有 53. 8%（21 人），选择电子渠道购买的被试者有 46. 2%（18 人），在对产品进行好评后，再次购买时，分别坚持实体渠道和电子渠道购买的有 33. 3%的被试者（13 人）和 17. 9%被试者（7 人），因此可以看出，发生渠道迁徙购买行为的消费者是比较多的。在搜索型产品代表图书组的统计数据中，同样可以看到类似的结果，即在消费者对所购得服装表现为好评时，消费者很容易产生渠道迁徙选购行为。

即假设3-4成立,在产品购后评价阶段,不管是搜索型产品还是体验型产品,消费者的购后评价越低,渠道迁徙选购行为越容易产生。

第四节 零售商和制造商的营销策略建议

本章在多渠道情景下,关于消费者渠道迁徙行为,基于消费者购买决策理论和消费者渠道迁徙行为模型,分别以图书和服装为搜索型产品和体验型产品的代表,经过以上的实验验证,得出以下几个结论。在信息搜索阶段,相对于搜索型产品,消费者对于体验型产品更容易产生渠道迁徙行为;从信息搜索阶段到产品购买阶段,相比搜索型产品,消费者对于体验型产品更容易产生渠道迁徙行为;在产品购买阶段,无论是搜索型产品还是体验型产品,实体渠道与网络渠道价格差异越大,消费者越容易产生渠道迁徙选购行为;产品购后评价阶段,无论是搜索型产品还是体验型产品,购后评价越低,消费者越容易产生渠道迁徙行为。

消费者的渠道迁徙选购行为势必会给网络零售商和实体零售商之间带来一些冲突。本章基于消费者渠道迁徙行为的视角,对经营体验型产品和搜索型产品的实体零售商和网络零售商及制造商提供以下建议:

一、对零售商营销策略选择的建议

(一)STP理论分析,精确定位

1. 市场细分

首先,因为零售商经营的产品不同,面临的消费者类型也不同,不同类型的消费者具有不同的行为特征,网络零售商和实体零售商在一定程度上是竞争对手,所以他们应该全面分析自己的顾客,制定适合自己的STP战略来应对渠道冲突。市场细分是由美国学者温德尔·史密斯在1956年提出的,市场细分是以消费者的需求为依据,把整个市场划分成不同消费者群体的过程。市场细分有利于零售商更好地选择自己的目标市场。

不同学历、不同收入的消费者,消费的偏好、需求和主要消费产品类型都是不一样的,比如大学生的消费行为和年轻的白领阶层、中年消费者、老年消费者相比,就有很多差异性,所以网络零售商和实体零售商需要按照年龄、职业、收入、社会阶层等对消费群体进行人口细分。通过市场细分,可以重新进行目标选择和市场定位。

2. 目标市场选择

企业在选择目标市场之前,首先会评估各个市场的市场潜力,然后决定

去进入一个或多个细分市场。一般来说,细分市场和客户群不同,该市场的消费行为习惯也不同,在进行目标市场细分后,零售商可以选择与其产品相符的主要目标客户群体,从而针对他们的不同喜好,进行更有针对性的营销。

另外,对于零售商来讲,需要选择的目标市场除了对目标顾客的选择,还有对供应商及制造商的产品选择。比如根据 CNNIC 网络购物调查报告,大学生是服装类零售商和图书类零售商的主要消费群体,那服装类网络零售商和图书类网络零售商就可以将大学生这个消费群体选为自己的主要目标市场,且实体类零售商就可以选择其他细分市场为自己的目标市场,针对的目标市场不同,可以选择销售的服装类型也可以与网络零售商有差异,所以需要选择与网络零售商不同的制造商供应产品。通过选择合理的目标市场,可以使网络渠道与实体渠道的冲突减少,促进两种渠道之间的良性竞争。

3. 市场定位

市场定位是指企业针对潜在顾客的心理进行营销设计,在客户心目中建立产品、品牌或者企业形象,并使顾客保留深刻的印象,从而取得相应的竞争优势。市场定位的目的是在顾客心目中树立独一无二的企业形象。

网络零售商和实体零售商可以先通过调研分析目标顾客的消费行为,如消费偏好、消费心理、消费者的个人特征等,然后根据这部分目标顾客的需求提供适合他们的产品,实施与其他消费群体不同的差异化营销。且网络零售商和实体零售商应该各自根据自己的目标客户群体的特点,整合自身资源,在客户心目中树立一个与众不同的形象。

网络渠道零售商和实体渠道零售商通过新一轮的市场细分、目标市场选择、市场定位后,可以重新整合自己的资源,更好地进行目标营销,这样就会使网络渠道零售商和实体渠道零售商之间的冲突弱化。

(二) 具体建议

对搜索型产品,消费者更容易选择网络渠道购买,是因为相比较而言,体验型产品本身的产品属性更为复杂。比如对于大学生而言,他们更喜欢新颖、时尚、价格优惠的产品,但是对于体验型产品服装而言,相比实体零售商而言,消费者对于网络零售商感知度较低,这是网络零售商的劣势。因此,服装类网络零售商应优化自己的网页和搜索系统,增强消费者搜索方便程度和感知信息的便利性。比如对于体验型产品,多增加一些使用体验的演示片、宣传品、3D 效果,全方位展示产品,能够使消费者更全面地了解产品,降低消费者风险感知度,可减少消费者在信息搜索阶段的渠道迁徙行为,从而减少消费者从信息搜索阶段转换到产品购买阶段时的渠道迁徙行为。

对于搜索型产品零售商,比如图书的网络零售商和实体零售商,由于搜索型产品同质性较高,所以消费者基本是以价格因素来选择消费渠道的。但搜索型产品零售商在价格上永远是处于劣势的,所以,搜索型产品零售商也要注重提高消费者体验,且选择和网络零售商不同的产品来销售,从而才可能获得相对于网络零售商的竞争优势。比如图书的实体零售商,针对大学生群体,可以多销售一些考研类辅导资料、英语类辅导资料、学生的专业课书籍等资料,因为此类书籍选择种类很多,大学生希望能看到书里面的内容是否符合自己的学习需求,再去做购买决定,这类书籍和小说类、传记类、文学名著类图书的同质化是有区别的。所以实体零售店可以发挥这方面的优势,同时也可发挥地理位置优势。

对于校园外的实体书店零售商,相比网络渠道而言,几乎没有竞争优势。现代社会,人们生活节奏很快,很难有时间去到书店购买或者细细品味一本书,电子书以其方便携带、随时阅读,便于储存、价格低廉等优势,基本取代了纸质书籍。所以校园外的实体店零售商,要想取得生存,还是比较困难的。建议是以大型实体书店形式存在,起到展示作用,同时和电子渠道零售商合作,作为电子渠道购物的取货点。

实体服装零售商由于运营成本较网络零售商高,且消费者在实体渠道搜索产品需要花费的时间较多,这些都是实体服装零售商的劣势。较网络零售商来讲,实体渠道零售商可以充分发挥自己的优势,比如提升店面形象,给消费者提供良好的体验感受,比如提高店面的环境舒适明亮度、提升试衣间的人性化设置、亲和微笑的导购服务等,提高消费者感知体验,让消费者感知到网络购物体会不到的感知体验,从而绑定消费者,提高消费者忠诚度,进而减少消费者因为渠道间价格差异而产生的渠道迁徙选购行为。

网络零售商一方面应当提高物品展示时的风险告知,且物品展示效果应尽量符合实物,另一方面加强物流配备设施和售后服务水平,特别是提高促销高峰期的配备水平和送货速度,同时最好配备短信回访(由于购买人数较多,电话回访不太现实),请消费者提出自己的建议和意见,提高消费者购后满意度,从而产生绑定机制,留住顾客,减少消费者因购后评价差导致的渠道迁徙选购行为。

二、对制造商的渠道策略选择的建议

实体渠道和电子渠道之间存在的价格差,是影响消费者产生渠道迁徙选购行为的重要因素。同时，实体渠道和电子渠道的冲突，可能造成消费者的困惑和对产品的怀疑和反感，比如，同一件一样品牌一样型号的服装，实体渠道 480 元，电子渠道比实体渠道低了 150 元，如果消费者在实体渠道购买了此服装，后来又去电子渠道搜索，发现如果选择电子渠道，会节省 150 元。如此混乱的价格体系，一方面会使消费者的选购行为从实体渠道迁徙到电子渠道，另一方面会使消费者对此品牌服装产生困惑和不满，也可能因为价格差异会怀疑此服装产品的低成本和质量问题。这对于制造商来讲是很不利的。对于实体渠道和电子渠道引起的价格差问题，制造商可以考虑以下建议：

（一）制定价格补偿机制

由于实体渠道运营商成本高于网络渠道，且一定程度上起到了展示产品的作用，这对于喜欢从实体渠道搜索信息然后选择电子渠道购买的这部分消费者来讲，实体渠道对于他们作出购买决定也起到了一定的贡献。只要产品销售出去，制造商就会盈利，但是实体零售商却承受了实体店的房租、水电等成本，网络零售商却获得了利益。所以制造商适当对实体渠道零售商给予价格补偿，以弥补其高成本带来的相对于电子渠道的高价格。

制造商制定价格补偿机制是个不错的解决办法，但是价格补偿机制的制定和实施却是比较难的。制定什么程度的价格补偿比较合适？对于不同的行业都需要不同的标准。这些，都需要在实践中探索。当然，当电子渠道越来越完善、越成熟，当人们越来越适应网络购物时，电子渠道和实体渠道的价格会趋于统一，届时就无必要实施价格补偿机制了。当然，这种情形需要长期的发展过程。

（二）区隔产品

区隔产品即是制造商控制产品源头，在实体渠道和电子渠道投放不同规格的产品。由于不同渠道产品规格不同，价格自然可以有所不同，如此，消费者会缺乏对同一产品价格方面的比较性，也会减少由于不同渠道的价格差异带来的心理失衡，从而减少消费者对于产品和制造商的困惑。比如，可以在实体零售商投放休闲服装，然后在电子渠道投放专业运动系列产品。不同渠道投放不同的产品，如此，可降低实体渠道和电子渠道之间愈演愈烈的渠道冲突。

第四章 网络环境下的消费者渠道穿梭行为

信息技术的快速发展推动了线上市场的繁荣，越来越多的企业在深耕传统销售渠道的同时也大力开辟线上渠道来扩大销售范围，以满足更多消费者的需求。因此，如今的消费者在购买决策过程中面临两种渠道选择，他们为了使自己成为“聪明的购物者”，往往会通过不同渠道来搜索所需信息，且获取信息的渠道不一定就是其购买行为发生的渠道，其渠道忠诚度下降的同时也伴随着渠道穿梭现象。而互联网的普及、资费的降低、网络带宽的提升和移动互联技术的发展、智能终端的应用、搜索比价工具的便捷，这一切使得消费者在线上线下渠道间搜索信息的成本大大降低，这更有助于其渠道穿梭行为的发生。

在网络购物影响力不断扩大趋势的影响下，特产食品企业也纷纷借助互联网来拓展新的销售渠道，打破了特产食品销售的地域限制，推动了特产食品全国化。在以往有关渠道穿梭的研究中，大多学者都从3C产品、服装、书籍等角度分析，未来食品的网络营销发展潜力巨大，因此，本章以特产食品为研究对象，在便捷的网络及搜索工具普及所带来的信息搜索成本降低的基础上分析消费者的渠道穿梭行为。

第一节 渠道穿梭行为亟待协调

近年来，具有地域特色的特产食品在很多传统节日已成为消费者购买的热点。特产食品因为受当地的自然条件和风俗习惯限制，仅仅在一定的地域范围内生产、销售。但是，现代工业技术的发展促使特产食品生产工艺变革，使得特产食品的生产规模和能力大大提升，而且现代物流、电子商务和快递业的兴起与繁荣，也使特产食品的销售突破了时空限制，进一步使特产食品市场的需求扩大。在网络零售崛起的环境下，特产食品企业纷纷开始借助互联网拓展市场。淘宝、京东等大型综合性电商如雨后春笋般地发展起来，特产食品购物网站几乎每天都有上线。笔者发现，北京烤鸭、云南普洱、东北木耳、好想你枣、新疆大枣、义兴张道口烧鸡、龙口粉丝、台湾小吃等很多种特产食品都已经实现了网上销售。他们借助网络渠道来推广、销售特产食品，使得以前只能在特定时间和地域范围内能购买到的特产食品成为常规食品，成为百姓常态消费产品。因此，可以说电子商务的发展推动了地方特产食品全国化。

越来越多的特产食品企业在保留并深耕原有传统渠道的基础上，纷纷开辟网络渠道来实现特产食品的跨区域销售，突破原有的地域限制，实现了销售的全国化。随着线上市场的繁荣，各种类型网络购物平台的崛起，虚拟网络足够大的空间容量使其具有“长尾”优势，很多利润微薄和销量有限的产品通过网络渠道比实体渠道销售更具成本优势，因此，购物网站平台内销售商品的种类和数量异常丰富，甚至很多线下寻找不到的商品我们都能够通过线上商店来满足。而且还可以发现，除了通过线上渠道来购买产品外，很多消费者还在购买决策过程中利用各种搜索工具和购物平台来收集所需产品信息。网络购物渠道发展进程的不断加速促使信息搜索的便利性大大提高，使得消费者能够作出更为理性的决策。

近年来，因为网络带宽的不断提升，购物环境的完善，物流体系的支撑，法规和法律的逐渐健全，已经有越来越多的消费者选择网络购物来满足自己的需求。而且，可以预见未来线上市场的规模还将加速增长。因此，电子商务网站和网络购物平台必将成为未来线上渠道的主要交易场所，这对拓展商品交换空间，推动经济发展作用巨大。而且，信息技术及互联网的普及，使消费者获取产品信息的能力和效率大大提升，消费者能够在购买过程的不同环节低成本、快速地在不同类型零售商之间转换，这种渠道穿梭行为比以往任何时候都普遍，而且影响深远。

在网络渠道崛起的背景下，消费者在购买产品或服务的过程中可以利用不同的渠道，或者通过搜集信息在两种渠道间比较分析后再决定通过何种渠道来满足需求，而在这一过程中产品自身没有发生任何改变，只是消费者的购买方式和制造商或渠道商的销售方式发生了变化，但是这种变化转化为改变制造商或销售商提供产品相关服务等的方式。满足顾客需求是一切营销活动的出发点和归宿点，线上渠道和线下渠道可以同时在一个市场上共存，就是因为其满足了顾客信息搜索的便利性和低成本需求。

特产食品制造商或销售商要明确线上渠道的开辟能够为企业满足消费者需求能力的提升有多大帮助，能够为企业带来哪些机遇？线上渠道是否会冲击传统实体渠道，如何协调这两种渠道合理、健康发展，并实现整个销售现状的改善。① 因此，基于深入了解消费者在面临双重渠道时如何作出

① 曹二保、郑键哲：《双渠道供应链应对需求扰动的协调机制研究》，《管理学报》2014年第2期。

选择,消费者在感知信息搜索成本大幅度降低情况下的渠道穿梭动因及机制,企业应采取什么策略能够有效协调消费者的穿梭行为,以减少线上线下间的渠道冲突,为特产食品企业制定营销策略和渠道建设提供合理的建议,为企业在激烈的竞争中保持优势地位奠定基础。以往的研究对这些问题的回答还不够全面,本章也将作出一些探讨。

网络技术的进步促使电子商务飞速发展,很多特产食品企业为了打破地域限制,摆脱单纯依靠本地市场和旅游带动销售的困境,也纷纷运用网络开辟新的销售渠道,当消费者面临线上线下两种渠道选择时,因为信息搜索成本的降低,搜索便利性和速率的提升,理性的消费者往往会穿梭于线上与线下间搜索信息。特产食品的购买者可能因为出差、旅游、走亲访友等在异地了解到当地特产食品或者在当地线下渠道获取了一些特产食品的信息,但因为价格、携带不便、原产地等原因可能会转移到网上购买;而有些消费者可能在浏览购物网站时了解到某些特产食品,但因为感知风险等原因而转换到实体店铺购买。尤其是当前网络渠道的崛起及移动互联技术的快速进步,使消费者在购买决策的全过程方便、快捷、低成本地实现信息的获取,因此他们必然穿梭于线上线下渠道之间,深入比较后作出购买决策。

本章基于双渠道销售模式如火如荼的发展态势,尤其是特产食品制造商和渠道商都是刚刚转向线上渠道建设,没有成功的经验可供借鉴,也没有成熟的理论作为指导,特产食品企业的渠道建设实践活动只能摸着石头过河,在探索中前进。因此,本章以特产食品为例,着重分析消费者通过线下渠道搜索信息而转移到线上渠道购买产品,或者通过线上渠道搜索信息而线下渠道购买产品这两条穿梭路径,依据相关理论研究消费者在信息搜索成本影响下的渠道穿梭行为。在对网络环境下消费者搜索产品信息成本降低与渠道穿梭行为理论分析的基础上利用实验法验证其关系,最后对渠道穿梭行为的动因进行分析,并提出协调策略。

在网络渠道背景下,消费者搜索成本下降引起的信息搭便车现象难以避免,对这些问题的研究可以为特产食品制造商的双渠道协调策略提供一定的建议,推动企业双渠道的良性发展,也可以为政府的决策提供指导。

第二节 双渠道发展及渠道穿梭行为

一、研究界定

根据本章研究消费者在购买特产食品时的渠道穿梭行为及信息搜索问

题,将本章写作过程中可能涉及的相关概念及本章的研究视角和研究范围界定如下:

（一）基本概念界定

双渠道:本章中所研究的双渠道是指产品生产企业或者是销售企业通过开辟线上渠道和线下渠道两种通路将产品转移或递送至消费者,具体就是指依托互联网建立的网上交易通道和传统的实体店铺形式。

双渠道消费者:就是指这些消费者在购买决策过程中的信息获取和购买决策行为发生在不同的渠道,他们在购前、购中和购后的产品信息搜索、购买行为发生和产品评价在不同的渠道进行。他们不是单一渠道的忠诚者,既具有网络渠道购物的能力和经验,又不会完全舍弃传统渠道,他们往往在比较不同渠道的信息后作出理性的购买决策。

双渠道消费行为:本章研究的消费者行为是指消费者在购物过程中通过线上线下渠道搜集信息并作出购买决策的行为。

消费者渠道穿梭:涂红伟和周星(2012)在对有关渠道迁移、转换文献整理的基础上,大致概括出了以下四种消费者渠道穿梭路径:一是指消费者通过线上渠道搜索信息而转换到线下渠道购买产品;二是消费者从线下渠道购买产品转移到线上渠道购买产品;三是消费者从线下渠道搜索信息转换到线上渠道购买产品;四是消费者从线上渠道购买产品转移到线下渠道购买。① 以往的学者大都从路径二和路径四进行消费者渠道的迁徙、迁移、转换等研究,或者是单纯的网络渠道消费行为的研究,因而本章从路径一和路径三入手,考察消费者基于信息搜索的渠道穿梭行为。

（二）研究视角界定

本章基于网络渠道崛起下的信息搜索成本降低及便利性提高,消费者在购买过程中可能会选择在实体店铺渠道搜索相关信息而转移到线上渠道购买产品,或者通过线上店铺搜集欲购买产品的相关信息而转换到线下实体店铺购买的行为。消费者在购买过程中这种线上线下渠道来回穿梭的行为机制及动因正是本章的研究视角。

（三）研究范围界定

随着现代信息技术的发展,尤其是互联网和移动通信技术的发展、移动互联和智能终端设备的结合、搜索平台和比价工具的功能提升,消费者可以

① 涂红伟、周星:《产品价格与消费者渠道迁徙路径之间的关系研究》,《现代科学管理》2012年第12期。

利用网络工具和平台查询、获取大量的产品信息，这有助于顾客间信息沟通效率的提高和信息搜索成本的降低。① 因此本章的研究从消费者信息搜索成本入手分析消费者的渠道穿梭行为。

众多消费者行为研究的结果表明，消费者购买产品时的决策行为往往是理性的，他们往往会通过不同的方式和途径了解所需产品的相关信息，比较后才会作出最终的购买决策。双渠道分销网络的建立使得信息搜索成本降低，本章将分析其对消费者渠道穿梭行为的影响，从而使企业更好地配置其营销资源，在满足消费者效益最大化的基础上实现自身的利润最大化。

消费者是影响企业销售渠道建设诸多要素中最为关键的行为主体，从这个角度来看，顾客的需求实际上决定了整个渠道系统运转的方式与方向，因而本章在网络环境下设计消费者行为实验，探究消费者购买特产食品时的渠道穿梭动因，从而提出更利于特产食品企业双渠道建设的对策建议。

在以往的文献中，大多数学者都从电子电器类产品、服装服饰类产品、化妆品以及图书等视角分析消费者的双渠道问题，然而近几年食品饮料类产品在网络上的销售非常火爆，因而本章从特产食品的视角入手，来研究消费者的渠道穿梭行为。

二、双渠道相关研究

（一）双渠道的产生与发展

近年来，随着各方面技术和支撑体系的不断完善，电子商务在我国已经步入快速发展的轨道，各种类型的网络商店如雨后春笋般崛起，越来越多的消费者已经利用网络来满足自身的购物需求。尤其是“双十一”等网络购物节带动了广大消费者网络购物的狂潮，因此，利用网络渠道购物的消费者数量增长迅猛，而且规模达到了不容小觑的程度。面对网络渠道的巨大利益诱惑，很多企业不得不在深耕传统零售渠道的同时，也开始逐步拓展线上渠道来改变其单一的渠道模式。

网络渠道是指企业通过互联网作为交换媒介来满足消费者需求的虚拟场所。近年来，对营销渠道的研究已经从把网络渠道作为脱离传统实体渠道的分销渠道，消费者直接通过网络商店购买产品的购买行为的视角脱离

① Donna L. Hoffman, Thomas P. Novak, “Marketing in Hypermedia Computer-Mediated Environments: Conceptual Foundations”, *Journal of Marketing*, No. 3, 1996.

出来,网络渠道与传统的实体渠道相结合的双渠道模式中出现的问题已经有众多学者开展了广泛研究。① 这种形式的商务活动主要是通过互联网络来完成,大多数是网络零售活动,在线经营的商品主要是各种虚拟服务产品、服装服饰产品、电子电器类产品、化妆品、书籍等产品,而近年来食品饮料类产品也通过网络销售的形式火爆起来,特别是特产食品也加入网络中来,甚至一些地方政府还制定相应的政策措施或优惠办法来引导市场发展。

互联网络因为其独具的公开透明性、高度交互性、个性化等特征,使得消费者能够与商家分享商品信息,扩展了双方交流互动的宽度和深度,但是,网络渠道的崛起从很大程度上改变了企业传统的渠道结构模式,企业的营销渠道管理面临着新的问题,渠道管理方面出现了新的研究内容和研究视角。

(二) 双渠道经营模式

随着企业对网络营销实践的不断探索和深入发展,网络渠道已经成为企业重新构建分销渠道的重要一环,已经成为企业提升竞争优势的关键措施,因此,随着越来越多的企业和商家涉足互联网来拓展销售渠道,出现了形式众多的双渠道经营模式,在总结国内外学者研究的基础上,概括出了以下五种双渠道经营模式,具体分析如下:

1. 垂直整合双渠道

在此种经营模式下,企业为了拓展自己产品的销售范围,同时利用自营的传统实体零售店和基于互联网的线上渠道商店销售产品,具体的经营模式见图 4-1。

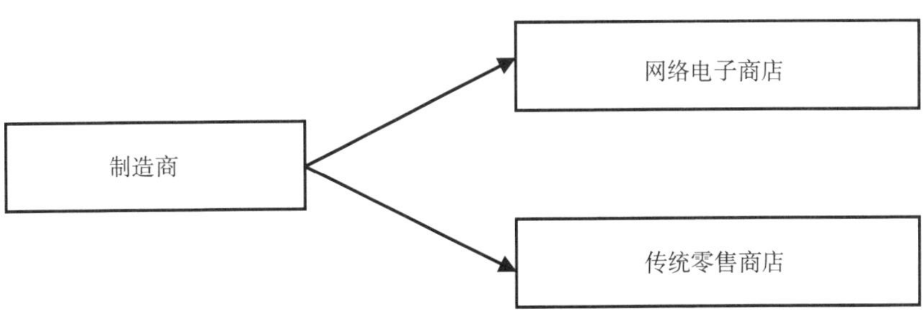

图 4-1　垂直整合双渠道

注:实线箭头表明制造商和两种类型的零售商为整合一体化的关系,即制造商同时拥有传统零售商店和网络电子商店(下同)。

① Louis P.Bucklin, Venkatram Ramaswamy, Sumit K.Majumdar, "Analyzing Channel Structures of Business Markets via the Structure-output Paradigm", *International Journal of Research in Marketing*, No. 1, 1996.

温(Weon,2006)等认为这种模式结构能够扩展企业产品的分销范围,通常能够增加企业的利润,从而实现企业的收益最大化,而且,还可以带来消费者剩余最大化,为消费者带来更大的利益。在该模式下,消费者的购买决策不管是在线上渠道还是线下渠道完成,生产企业的商品销售总额不会因为最终消费者的渠道选择行为而发生变化;而且,无论是线上渠道还是线下渠道,其经营权都由生产制造企业控制,所以说两种渠道之间的价格差异和服务差异能够得到很好的协调,如果双方之间的差异能够有效消除,则消费者的渠道穿梭行为将大大减少。

2. 分散混合双渠道

分散混合的双渠道零售模型是指制造商同时向两种类型的零售商供应产品,但是传统零售商店与基于网络的电子零售商店是分别独立经营的,分属于不同的经营者,他们共同构成不同的销售渠道模型(见图 4-2)。

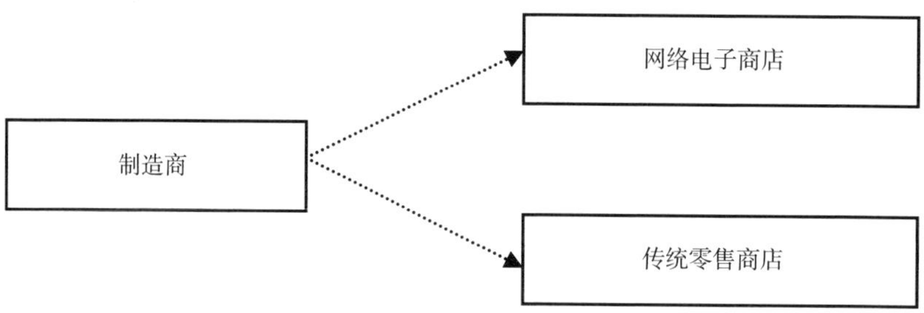

图 4-2 分散混合双渠道

注:虚线箭头表示网络电子商店和传统零售商店是互为独立关系,分属于不同的经营者(下同)。

斯里达尔·巴拉苏布拉马尼安(Sridhar Balasubramanian,1998)对该类型的渠道结构最先进行了研究。① 布林约尔松和史密斯(Brynjolfsson & Smith,2000)从水平竞争的视角出发,通过实证分析认为,和传统零售商店相比,线上电子商店商品的价格较低。② 卡尔顿和谢瓦利埃(Canton & Chevalier,2001)研究了消费者的线上线下信息搭便车问题。③ 吴(2004)研究

---

① Sridhar Balasubramanian,"Mail versus Mall:A Strategic Analysis of Competition between Direct Marketers and Conventional Retailers",*Marketing Science*,No. 3,1998.

② Erik Brynjolfsson,Michael D.Smith,"Frictionless Commerce? A Comparison of Internet and Conventional Retailers",*Management Science*,No. 4,2000.

③ Dennis W.Carlton,Judith A.Chevalier,"Free Riding and Sales Strategies for the Internet",*The Journal of Industrial Economics*,No. 4,2001.

了分散混合的双渠道模式中基于信息搜索的渠道迁徙行为。①

这种渠道模式下，消费者在选择购买渠道时一般有两种策略：第一种是首先通过传统零售商店获取优质的产品信息服务，然后转移到电子商店去购买价格相对更低的该商品；第二种选择是消费者通过基于网络的电子商店来获取和了解想要购买的商品的信息，但却选择在附近的传统实体商店来实现购买行为。所以说，在分散混合的双渠道模式下，消费者基于信息搜索的渠道穿梭行为不可避免，这会对渠道成员提供优质产品信息和促销积极性产生严重影响，从而对制造商的渠道总收益产生重要影响。本章在接下来的讨论中也将从分散混合的双渠道模式展开，对这种情况下出现的渠道穿梭和渠道冲突等问题进行分析。

3. 部分整合双渠道 a

部分整合的双源渠道结构 a 是指传统零售商店是与制造商没有产权关系的经销商独立经营的，而线上渠道是制造商自主开发、经营的渠道类型（见图 4-3）。

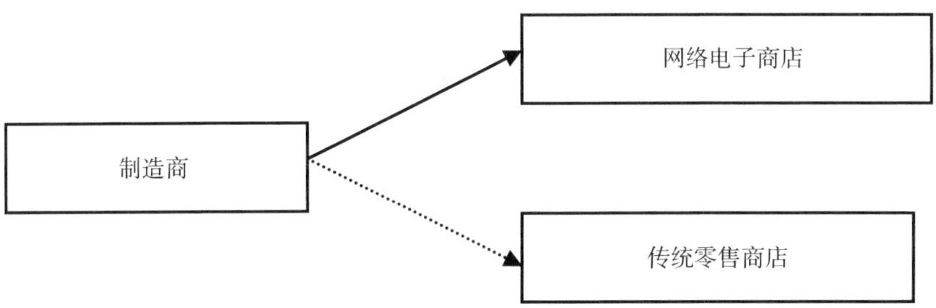

图 4-3　部分整合双渠道 a

赛和阿格拉瓦尔（Tsay & Agrawal，2001）在部分整合的双渠道 a 模式下，研究了在购买过程中既关注价格又关注营销服务的消费者，并考虑了这样一种消费者购买行为：他们有关产品的购买信息与行为不发生在同一渠道。② 库马尔和阮（Kumar & Ruan，2006）也对制造商在传统实体渠道之外单独开辟电子渠道直接销售商品的问题进行了研究，分析了传统零售渠道和制造商之间的协调互动。③ 博亚奇（Boyaci，2005）研究这样一种双渠道

① Chongqi Wu，Suman Mallik，"Channel Structure，Cross Sales，and Vertical Integration in a Multi Channel Distribution System"，*Journal of Marketing Research*，No. 5，2005.

② Andy A. Tsay，Narendra Agrawal，"Channel Dynamics under Price and Service Competition"，*Manufacturing & Service Operations Management*，No. 4，2001.

③ Nanda Kumar，Ranran Ruan，"On Manufacturers Complementing the Traditional Retail Channel With a Direct Online Channel"，*Quantitative Marketing and Economics*，No. 4，2006.

销售系统,制造商在依靠独立于自己的传统零售渠道销售产品的同时也直接通过网络电子渠道来为顾客提供服务、销售商品。①

在这种渠道模式下,制造商为了不影响自己与传统零售渠道所固有的利益关系,一般会制定较为严格的线上渠道价格策略。基本上有以下三种策略可供采取:(1)两个渠道中产品的销售价格相同;(2)制造商自营的网络渠道不具有销售功能,或者将其渠道产品定价高于传统零售商店中的产品定价,也就是制造商开辟网络渠道的目的不在于盈利,只是通过网络渠道为顾客提供详细的产品信息及消费者在线上商店对产品的评价和使用经验、心得的分享,从而对消费者进行产品知识普及并激发消费者对产品的兴趣,进而培养消费者对产品品牌的忠诚;(3)制造商只是通过线上渠道接受消费者的产品订单,而具体的订单执行、产品递送由传统零售渠道来完成,从零售商的店铺或仓库直接运送到顾客手中。所以,可以看到,在此种渠道模式中,能够比较好地控制消费者的渠道穿梭行为,如果能够长期维持制造商与传统零售商的这种合作关系,双方的利润将会增加。

4. 部分整合双源渠道 b

部分整合的双渠道结构 b 是指线下渠道由制造商自己经营,但是线上渠道是由与制造商相独立的渠道商自主经营的,他们通过代理等方式获取制造商产品的网络渠道经营权利(见图 4-4)。

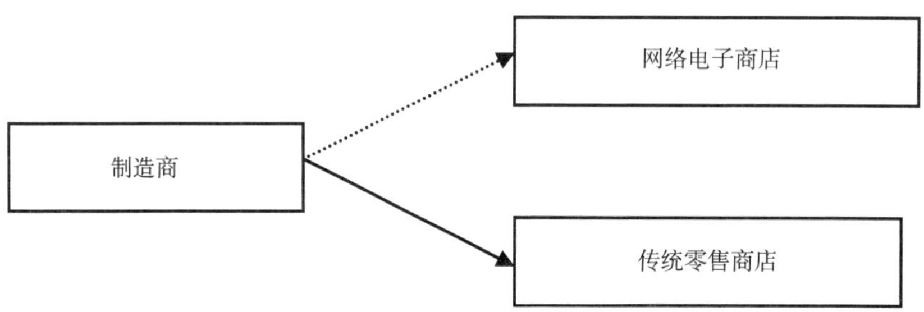

图 4-4 部分整合双渠道 b

库库克和马杜克斯(Kucuk & Maddux,2010)以这种渠道模式为背景分析了消费者的渠道穿梭行为。② 以淘宝网为例,它是中国目前规模最大、影响力最强的电子商务平台,是亚洲最大的网络零售商圈。其官方网站数据

① Tamer Boyaci,"Competitive Stocking and Coordination in a Multiple-Channel Distribution System",*IIE Transactions*,No. 5,2005.

② S.Umit Kucuk,Robert C.Maddux,"The Role of the Internet on Free-riding:An Exploratory Study of the Wallpaper Industry",*Journal of Retailing and Consumer Services*,No. 4,2010.

表明,在该平台注册的用户数量早已超过5亿,而且每天有超过6000万的固定访客,每天有超过8亿件商品在线,平均每一分钟就可以卖出4.8万件商品。因此我们可以想象,其平台上的买家很多都是通过代理取得网络渠道的产品销售权。但是,通过淘宝网平台出售的商品的来源肯定千差万别,有些卖家可能通过正规渠道进货,但是也避免不了有些个人或卖家通过非正规渠道进货,这样这些卖家可能就比传统的零售渠道商店更具有成本及价格优势,他们能够以低价格吸引消费者。这种情况下,如果制造商不能严格控制线上渠道电子商店的价格,消费者的渠道穿梭行为不可避免。

5. 水平整合双渠道

水平整合双渠道模式是指传统零售渠道和网络渠道都与制造商相独立,但是网络渠道的电子商店是由独立于制造商的传统零售商经营的(见图4-5)。

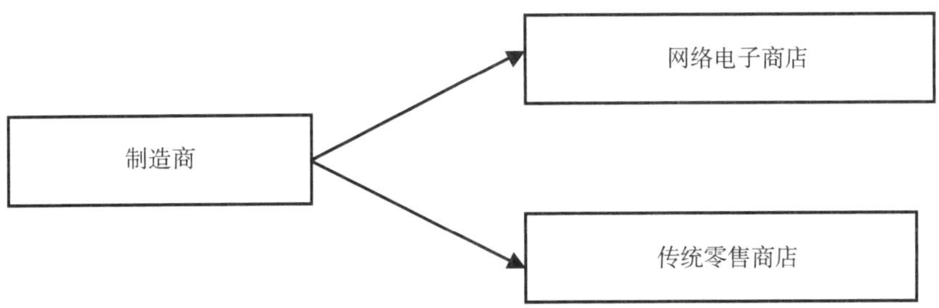

图4-5　水平整合双渠道

弗里伯格(Friberg,2001)对此种双渠道模式下的价格竞争问题进行了研究,并且通过实证分析验证了该模式下网络渠道商品的定价明显低于传统实体渠道。尼尔斯(Niels,2008)研究指出,越来越多的传统零售商为了增加其产品销售的市场份额,纷纷开辟了线上渠道。在水平整合的双渠道模式下,一些传统实体零售商仅仅是为了清理线下渠道的库存、预告新品及新品首发而开辟电子渠道,这也可以有效地防止消费者因为渠道穿梭而引发的渠道冲突问题。

(三)双渠道经营策略

随着近些年来电子商务活动的逐渐成熟及消费者对其接受程度的逐渐提高,其网络零售市场的发育程度已经向纵深发展。已经有很多企业将两种渠道模式(即双渠道)结合起来共同经营,因此,网络环境下的双渠道经营模式实现了多种经营策略。渠道经营策略选择是指制造商或经销商从自身经营状况和竞争态势出发,决定是利用双渠道还是单一渠道策略。如果制造商选择双渠道经营策略,则制造商和传统零售商二者会产生各种形式的冲突,这时候就面临渠道的协调等诸多问题。

（四）双渠道的冲突与协调研究

当制造商开辟了基于互联网的线上渠道时,他将与传统的零售渠道在终端市场针对消费者的需求展开直接竞争,所以制造商不但要考虑电子渠道的建立能否提高其总体收益,而且还要分析双渠道的销售模式是否会引发线上渠道与线下渠道间的激烈冲突。现实营销实践中,一些制造商因为害怕破坏与传统渠道中间商的关系而选择不建立直接销售的网络渠道。在当前的网络环境下,双渠道经营中的冲突管理是网络营销领域亟须解决的难题,这一问题能否合理解决将对网络时代建立双渠道的成功具有至关重要的影响。因此,在双渠道的背景下,面对渠道冲突,如何有效地协调双渠道系统中各方之间的关系,就成了双渠道的管理者非常关心的问题。

网络环境下,多渠道冲突与协调研究正成为研究的新热点。著名营销渠道学者罗森布鲁姆(Rosen Bloom,2007)认为,制造商在实施线上线下多渠道分销时,面临的最严重问题就是双渠道冲突问题,需要进行网络渠道与实体渠道的协调。① 众多的学者研究发现,制造商增加电子渠道直接销售商品时,可以通过吸引传统零售渠道中忠诚度低的消费者来增加其直销渠道的需求和利润,而且消费者的利益也将增加,但是传统渠道商的状况会变得相对糟糕,其渠道需求量和利润会降低,他们中的一部分会选择退出市场,降价销售,这说明,在双渠道模式中,渠道间的冲突是无法避免的。

现有研究侧重于制造商网上直售渠道与实体零售渠道的冲突与协调研究。研究结论归纳为:(1)实体零售商和制造商的网络直接销售的冲突比较普遍,冲突的根源是服务搭便车问题及由此导致的实体零售商利益受损;②(2)解决上述冲突的途径有:通过网络销售渠道的产品和实体销售渠道的产品实施差异化、设计互补的功能、改善制造商的定价机制、共担促销

① Bert Rosenbloom,"Multi-channel Strategy in Business-To-Business Markets:Prospects and Problems",*Industrial Marketing Management*,No. 1,2007.

② 艾兴政、马建华、陈忠等:《服务搭便车的电子渠道与传统渠道协调机制》,《系统工程学报》2011 年第 4 期。张涛、庄贵军、腾文波:《电子零售渠道的建立对各方收益的影响研究》,《管理学》2011 年第 1 期。

成本、分享渠道利润等。[①] 网络零售商的崛起引发的多渠道冲突问题自2008年以来开始显现。基于博弈模型可以证明网络渠道的出现和竞争，导致实体渠道售价下降，且网络渠道的服务质量或诚信水平越高，或网民规模越大，实体渠道的价格下降幅度越大，导致利润下降，因此，实体渠道和网络渠道的水平冲突不可避免，并会导致多渠道垂直冲突问题。[②] 但这种情形下的渠道协调研究较少。主要观点认为，制造商面对这种情况协调比较复杂，具体协调的机制设计研究尚不多见。[③]

在网络环境下，制造商的渠道结构呈现出混合渠道结构形态，网络环境下特产食品的消费者渠道穿梭行为会导致实体零售商和网络零售商业绩发生变化，从而导致它们对顾客群体的争夺或发生横向冲突，最终可导致纵向冲突。所以，渠道冲突不仅包括网络零售商与实体零售商之间的横向渠道冲突，还包括制造商与两类零售商之间的纵向渠道冲突。特产食品制造商的双渠道协调机制、策略是本章的重要研究方向。

到目前为止，学术界对制造商网上直售渠道与实体零售渠道的冲突与协调研究较多，对网络零售商出现后引发的多渠道冲突和由此要求的制造商多渠道协调研究较少。表现在：(1)对影响多渠道冲突的深层因素如消费者的穿梭行为因素没有重视，更没有把消费者渠道穿梭行为和渠道管理理论有效结合；(2)对多渠道协调合作机制的研究不足，传统的合作机制如价格折扣、利润分享等能否用于网络零售商加入后的多渠道合作，是否有更好或更适宜的机制，值得深入研究；(3)对中国网络零售商的崛起产生的影响没有足够重视，对中国的法律不完善、转型转轨、地区差异、行业差异、诚信缺失和东方文化的影响也重视不够；(4)缺少对不同类别产品和区域产品的深入研究，对产品尤其是对特产食品多渠道协调机制研究尚不多见，对河南特产食品多渠道协同研究尚未见到，而这正是本章要研究的主要内容。

---

① Talai Osmonbekov, Daniel C. Bello, David I. Gilliland, "The Impact of E-business Infusion on Channel Coordination, Conflict and Reseller Performance", *Industrial Marketing Management*, No. 7 2009.郭亚军、赵礼强：《基于电子市场的双渠道冲突与协调》，《系统工程理论与实践》2008年第9期。牛志勇、黄沛、高维和：《大型零售商低价与渠道策略对比及选择分析》，《管理科学》2011年第1期。

② 张赞、凌超：《网络零售商与实体零售商的价格竞争及其对市场绩效的影响研究》，《产业经济研究》2011年第6期。

③ Robert J. Kauffman, Dongwon Lee, Jung Lee, Byungjoon Yoo, "A Hybrid Firm's Pricing Strategy in Electronic Commerce under Channel Migration", *International Journal of Electronic Commerce*, No. 1, 2009.

三、消费者渠道穿梭行为相关研究

国外消费者渠道穿梭行为研究主要集中在近十年,相关研究主要围绕消费者渠道穿梭这一现象的影响因素以及企业的渠道营销策略两个方面展开。在营销渠道管理领域中关于渠道穿梭行为的研究主要是从信息搭便车角度展开,大部分学者认为,信息搭便车现象会打消传统渠道为消费者提供产品信息和为产品打广告的积极性,并以此作为研究的前提,而很少在双渠道环境下,讨论传统零售店与电子商店之间的穿梭问题,而这正是本章的研究重点。

(一)渠道穿梭概念界定

消费者渠道穿梭或称消费者双渠道购买频繁变换,指消费者通过两个或两个以上的渠道获得相同或相似的产品或服务的行为,其基础是多渠道造成的价格离散或给消费者带来的利益差异的普遍性。① 双渠道环境下,消费者通过传统渠道中零售商提供的信息服务解决了需求与产品不一致的问题,但是,如果了解需求信息的行为和购买行为发生的渠道不一致,就不可避免地产生了"渠道穿梭行为"。黄等(Huangetal,2009)认为,在网络背景下,消费者的渠道穿梭行为越来越多。消费者的信息搜索渠道和购买渠道不一致,这种行为被称为"渠道穿梭"。②

(二)渠道穿梭的方式

有些消费者从传统渠道中获取相关的产品信息,实际的产品购买活动却发生在线上渠道;③另外一些消费者则相反,他们从线上渠道获取信息,实际的产品购买活动却发生在传统渠道。④ 以往的研究文献多采用定性的方式分析渠道迁移、转换、转移等现象,而本章将对双渠道中的渠道穿梭行

---

① Christian Schlereth, Bernd Skiera, Agnieszka Wolk, "Measuring Consumers' Preferences for Metered Pricing of Services", *Journal of Service Research*, No. 4, 2011.

② John F.Cady, "Reasonable Rules and Rules of Reason: Vertical Restrictions on Distributors", *Journal of Marketing*, No. 3, 1982. Ross A. Fabricant, "Special Retail Services and Resale Price Maintenance: The California Wine Industry", *Journal of Retailing*, No. 1, 1990. S. Umit Kucuk, Robert C.Maddux, "The Role of the Internet on Free-riding: An Exploratory Study of the Wallpaper Industry", *Journal of Retailing and Consumer Services*, No. 4, 2010.

③ Sebastian van Baal, Christian Dach, "Free Riding and Customer Retention across Retailers' Channels", *Journal of Interactive Marketing*, No. 2, 2005.

④ Arvind Rangaswamy, Gerrit H. Van Bruggen, "Opportunities and Challenges in Multichannel Marketing: An Introduction to the Special Issue", *Journal of Interactive Marketing*, No. 2, 2005. Peter C. Verhoef, Scott A. Neslin, Björn Vroomen, "Multichannel Customer Management: Understanding the Research-shopper Phenomenon", *International Journal of Research in Marketing*, No. 2, 2007.

为进行实验定量分析，并在考虑信息搜索成本降低的因素下消费者渠道穿梭行为。

在双渠道模式下，消费者有了更多的选择权，其基本的穿梭行为可以归结为以下五种：(1)忠实于传统渠道，在实体店铺之间穿梭；(2)在传统零售店中接受了信息服务之后，再去线上渠道的电子商店购买产品；(3)忠实于网络渠道，在电子商店之间穿梭；(4)通过电子商店获取产品的相关信息，但购买行为却发生在就近的传统零售商店；(5)不购买产品。

(三) 影响消费者渠道穿梭的因素

影响消费者渠道穿梭的因素有消费者自身因素、渠道因素、情景因素和产品因素；不同购物阶段影响了消费者的渠道选择，在信息搜索阶段穿梭更频繁。[①] 吴等(Wu et al.，2004)认为随着信息技术的发展，消费者获取信息的来源越来越多，穿梭现象越来越普遍。

四、特产食品及其销售渠道分析

(一) 特产食品的概念及特征

特产食品，有些人又称其为名优地方特色食品，它是一定地域范围内的民俗风俗、地域地貌的反映，是一种独特的食品类型。可以认为，特产食品是为广大消费者所喜爱并为当地人自豪的地方特色食品，如金华火腿、新郑红枣、北京全聚德烤鸭、信阳红、河南杞县酱萝卜、温县铁棍山药、灵宝大红枣、淇县缠丝鸭蛋、禹县手工粉条、南阳黄牛肉、焦作怀四宝等。[②] 但不少正宗、优质、绿色的特产食品，因地处偏远地区，经济和交通条件限制等原因，很多都鲜为人知，其知名度和销售范围仅限于其所在地区。

特产食品也具有传统食品不具备的独特优势。地域特色明显，例如北京烤鸭的知名度能够超越德州扒鸡、道口烧鸡甚至南京烤鸭，很大一部分原因得益于北京所具有的文化、政治身份；具有鲜明口味特色优势的，如单县羊汤；具有稀缺资源优势的，一些稀缺的资源优势只为某一地区所独有，如西湖龙井，其茶叶生长的自然环境是无法复制的；具有历史文化意义的，一些特产食品所具有悠久的历史意义或典故，使其具有特殊之处，如东坡肉。

---

① Hendrik Schröder，Silvia Zaharia，"Linking Multi-channel Customer Behavior with Shopping Motives：An Empirical Investigation of a German Retailer"，*Journal of Retailing and Consumer Services*，No. 6，2008.胡正明、王亚卓：《基于中国多渠道情境下消费者购买选择研究》，《东岳论从》2011 年第 4 期。

② 李明利：《特产品牌如何在激烈的竞争中永生》，《农产品加工》2012 年第 1 期。

（二）特产食品营销

通过查阅文献发现，特产食品营销现状以传统实体渠道销售为主。特产食品的销售市场大体上可以分为特产地内市场和特产地外市场；顾客来源主要分为特产地市场内的本地顾客和外地顾客，以及特产地外的外地顾客三个消费群体。特产食品的营销主要为满足三种需求，一是作为礼品销售，二是作为旅游产品销售，三是作为日常食品销售。当地顾客对其特产食品充满感情，非常自豪，他们不仅用其招待来客，而且还作为对外交流的礼品；而外地顾客在特产地的消费一般出于尝新目的或购买纪念品，不能形成重复购买和持续的消费能力。李史洋（2009）认为特产食品的盈利主要依靠发展连锁店的运作模式来实现其销量的增加。影响消费者购买特产食品渠道选择的因素有社会文化因素、消费者自身因素、收入、居住环境、产品本身因素等。①

（三）特产食品的传统销售渠道

通过对文献的检索梳理发现，对于特产食品企业营销渠道的研究始于近几年，对其研究的成果散见于一般食品、绿色食品、有机食品、土特产食品、易腐食品、可追溯食品和更具体的产品（如乳制品、生鲜食品等）的分销研究中。研究文献显示，特产食品企业营销渠道现状是以传统实体销售为主，主要的营销渠道模式为：（1）生产者→消费者；（2）生产者→零售商→消费者；（3）生产者→批发商→零售商→消费者；（4）生产者→代理商→零售商→消费者；（5）生产者→代理商→批发商→零售商→消费者。② 实体多渠道研究中，还有一些有关多渠道整合的研究成果。随着电子商务的发展，特产食品网络销售开始出现，但对特产食品网络渠道的研究尚不太多见，这也为本章提供了探讨空间。

（四）特产食品的网络销售渠道

特产食品的生产具有极强的地域性，但是可以说对其需求则是全国性的，甚至是更大的范围，其消费者遍布各地。任何一个地方的消费者可能都了解和品尝过其他地区的特产食品，都对自己生活地域之外的特产食品存在需求，实际上特产食品的供需网络是比较大的。但是，因为很多区域性的地方特产食品品牌缺乏营销意识和推广经验及能力，政府的扶持力度不够，对特产食品的发展不重视，企业规模过小，资金和实力有限，外来投资匮乏等原因使得特产食品走不出去，致使其交易规模较小，销售网络零散、自发、

① 李史洋：《绿色食品营销渠道构建影响因素研究》，《商业经济》2009 年第 12 期。

② 何庆、王敏、唐伟：《中国绿色食品营销渠道建设》，《中国食物与营养》2011 年第 3 期。

无序。这种销售状况的混乱和无序,造成了营销资源的巨大浪费,也使众多中小特产食品企业错失了很多商机,而信息技术和互联网购物平台的快速崛起,将会使特产食品企业用较少的资金和力量,达到以小博大的效果,能够使其产品走出地域困惑,获得更大的销售市场,寻找更大的需求能力。因此,特产食品网络渠道的开辟,能够使其跨越地域限制,扩大产品的销售范围,提升其知名度。

随着网络购物影响力的不断扩大,也推动了特产食品全国化,让特产食品市场销售激增,很多特产食品企业借助网购热潮开辟新的营销渠道。很多大型的电子商务平台都增添了特产食品的经营类别,以及一些独立经营的特产食品销售网站,使得特产食品的网络销售轰轰烈烈。

五、信息搜索成本与渠道穿梭关系理论分析

(一) 网络背景下信息搜索成本降低

消费者在作出购买决策之前,一般会对所要购买产品的相关信息进行搜寻,以控制购买风险,尤其是所购买的商品比较贵重或有较大用途时。伴随着信息技术的快速发展、互联网的普及和电子商务的繁荣,网络营销已经成为并将继续成为一种对人们生活、消费影响深远的交易模式。基于互联网的线上渠道突破了传统实体渠道的种种限制,能够使消费者的购物活动跨越地理限制,突破实体商店营业时间的束缚,因此大大增强了消费者的购物效率。正是网络渠道具有减少中间环节,购物不受时空限制的优势,使消费者的交易成本大为减少,从而得到快速而广泛的应用。网络渠道的发展方兴未艾,使得众多商家在保留传统销售渠道的同时,也不得不投入足够多的人力、物力和财力尝试开辟网络渠道来重新构建销售网络,拓展产品的销售范围,以求在激烈的竞争中争取更多的消费忠诚。可以说,正是由于网络渠道能够使消费者更加便利地获取所需商品的信息,不必为此付出太多的精力和财力,才使得消费者在面对繁杂的信息时能够以较低的搜索成本获取满意的产品,正是如此,众多的学者纷纷断言,未来企业采取线上渠道和线下渠道相结合的双渠道分销模式来满足顾客需求的商业战略必将成为其获取竞争优势的重要手段。

在双渠道分销模式下,消费者搜集所需产品信息的来源更加广泛,而且内容也更加丰富,除了通过传统的广告媒体、自己身边的亲朋和销售人员及相关权威人士等个体、制造商和销售商的营业推广和产品宣传及消费者个人的产品使用经验或服务体验外,他们还可以通过各种购物平台中的电子商店,以及商家的电子商务网站或门户网站及有关产品的专业论坛等渠道

来搜集相关产品信息。这说明了随着互联网的日益普及，一方面，消费者使用互联网作为信息获取的渠道已经成为常态；另一方面，各种类型的专业论坛，购物平台中消费者的产品评价及专业的比价搜索工具，使得消费者信息搜索的便利性大为提高。

手机搜索迅速增长，而且也使消费者的搜索便利性大大提高，成为企业争夺的焦点。到 2021 年 6 月，我国使用手机搜索的用户已达到 10.01 亿，见图 4-6。

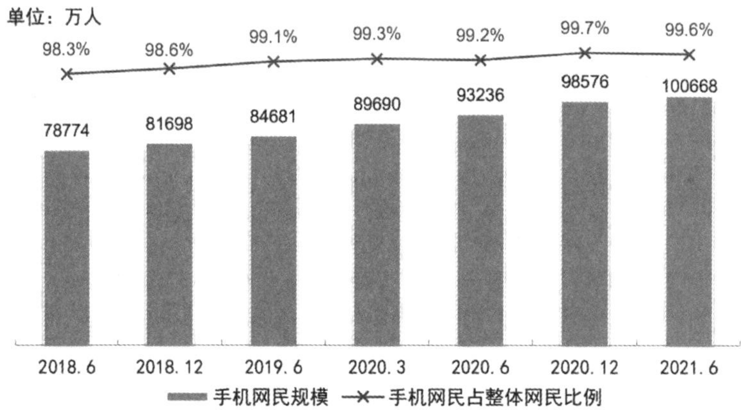

图 4-6　2018—2021 年中国手机搜索用户数及手机网民使用率

资料来源：第 48 次中国互联网络发展状况统计报告。

随着移动互联网快速增长，消费者部分搜索行为从 PC 端向移动端转移，除了文字输入外，语言、二维码等都成为主要的搜索输入方式，而且增速较快。因此可以看出，智能手机和移动互联技术的普及，提高了消费者信息搜索的便利性，大幅度降低了消费者信息搜索的成本。网络购物渠道搜索的信息内容不仅包括价格信息而且还包括其他与产品有关的信息。① 吴德胜和李维安（2008）认为消费者能够通过比价网和网络提供的各种信息搜索工具搜索到更多的产品信息，这使得消费者信息搜索成本减少。②

随着网络中信息资源的与日俱增，人们的信息来源更为丰富多样，而且随着大数据时代的到来，数据挖掘技术的广泛应用，人们的信息来源更加精

① Joseph Alba, John Lynch, Barton Weitz, "Interactive Home Shopping: Consumer, Retailer, and Manufacturer Incentives to Participate in Electronic Marketplaces", *Journal of Marketing*, No. 3, 1997.

② 吴德胜、李维安：《声誉、搜寻成本与网上交易市场均衡》，《经济学季刊》2008 年第 4 期。

准化和人性化,各种跟踪、记录了消费者以往消费经历的信息检索工具和搜索引擎也使消费者搜索相关产品信息更为便利。因此,可以认为,网络背景下双渠道分销系统消费者感知的信息搜索成本与传统渠道相比大为减少。

(二) 信息搜索成本下降与渠道穿梭行为

大多数对搜索理论进行研究的学者都从搜索成本与价格水平之间的关系入手,然而很少有学者从网络背景下的双渠道视角分析消费者渠道穿梭行为与搜索成本之间的关系。一般来说,信息搜索理论主要从四个角度展开,这四个角度分别是搜索努力(时间)、搜索模式、信息源的类型、信息源(数量)。本章以前人的研究成果为基础,也将从这四个角度出发,从理论上探讨消费者渠道穿梭行为与搜索成本之间的关系。

1. 信息搜索模式与渠道穿梭行为

在传统的实体渠道模式下,消费者通常会通过以下四种途径获取消费者所需求的商品的相关信息,这四种途径分别是:(1)亲自进入卖家的实体店铺询问、了解甚至体验;(2)利用人际交往过程中口耳相传、人员传播;(3)依靠卖家各种类型的商业促销信息;(4)对不同的购物渠道下相同的产品进行对比。由此可得,消费者在单一渠道模式下进行信息搜索所付出的物质成本和精神成本及体力成本是相当高的,因此,很多消费者在充分考虑成本与收益的情况下,往往不愿花费过多的时间和精力去搜索信息,渠道穿梭则更不可能发生。

然而,在网络背景下的双渠道分销体系中,在提供产品信息方面,线上渠道具有开放性、共享性和实时性特征,这使消费者不论何时何地都可以进入线上卖家的店铺,轻敲键盘、点击鼠标就能够轻轻松松地获取更丰富的产品信息;与此同时,消费者也可以通过比价网、口碑网、点评网及专业的虚拟社区、论坛等功能强大的搜索引擎工具和网络站点来获取信息;还可以利用移动互联网,通过智能手机对产品的识别系统进行扫描后搜索、比较消费者所需要的各种产品信息。这些信息搜索模式的存在,极大地提高了消费者信息搜索的便利性,满足了消费者对信息搜索低成本、高效率的要求,同时这也是造成消费者渠道穿梭行为的重要原因。

2. 搜索努力与渠道穿梭行为

消费者的搜索努力是指“消费者在作出购买决策之前为获得满意的相关信息,在搜索、获取相关信息时付出的精力、知觉或注意”。在传统的单一实体渠道模式中,如果消费者想要比较其欲购买商品的质量、服务、价格等,他们必须到售有同款产品的多个销售场所或多家实体零售店铺对该款产品的属性进行多次比较,才能获取自己想要的产品信息,这不仅增加了消费者信息搜索的交通成本和时间成本,而且也为消费者的渠道穿梭带来了一定程度上的障碍。这是因为如果消费者为获取信息所付出的成本太高时,他们会感知到自己付出的精力不能够用得到的利益满足来弥补,他们就不愿意进行积极的信息搜索努力,渠道穿梭行为也不可能发生。

而在双渠道分销模式中,消费者利用网络渠道提供的搜索引擎工具和相关的购物网站能够轻松便捷地搜索到自己所需的产品信息,比如关于产品的评价信息、售后服务、其他用户的使用经验及价格信息等。因此,随着消费者搜索效率的提高进而感知到信息搜索成本的降低,能够为消费者的渠道穿梭行为提供充足的动力。

3. 信息源的数量与渠道穿梭行为

李东进和崔洛焕(2003)以信息传递方式为划分标准,将信息源分为两种类型,即人员信息源和非人员信息源。人员信息源是指人们获取信息的来源主要来自家庭内部成员、邻居、亲朋、同事等。① 很多学者通过研究证实,人际的信息交流即人员信息源对消费者的决策行为影响最大。因此,笔者在这里也主要讨论人员信息源与信息搜索成本间的关系。由此可知,在传统的单渠道分销模式中,如果消费者是通过人员传递来获取信息时,其获取信息的来源是非常有限的,仅限于其人际交往中身边的小部分人,获取的产品信息是有限且片面的。但是在双渠道分销模式中,消费者搜索信息的范围由实体渠道向电子渠道和虚拟渠道拓展,消费者获取信息的来源不仅仅局限在自己的人际圈,他们可以在足不出户的情况下利用网络世界的全球性、开放性和实时性,在相关平台中充分搜索自己所需的信息,并可以实现与其他消费者或商家互动,而且这一群体规模庞大,所以消费者得到的信息比较全面且更具参考价值,其中就包括所有消费者最想得到的价格信息。所以说,即使消费者在传统零售渠道购物全过程中,他们也能够利用网络渠道来获取相关信息,于是渠道穿梭行为不可避免地就发生了。

4. 信息源的类型与渠道穿梭行为

彼得森和梅里恩(Peterson & Merion,2003)根据产品的不同属性,将产品信息划分为表现型和功能型两种类别。表现型的产品信息需要消费者亲身感受和亲自体验;但是功能型产品信息能够通过数字化展示,因此其比较适合利用互联网环境中的网络渠道进行搜索。在线下渠道,消费者能够在产品信息搜索过程中同时获取上述两种信息,而在网络渠道,消费者仅能够

---

① 李东进、崔洛焕:《中韩两国消费者搜寻信息努力的比较研究》,《南开管理评论》2003 年第 2 期。

轻松便捷地获取产品的功能性信息，也包括价格信息，但是却无法得到如传统渠道中感受到的产品表现性的信息。所以，如果在信息搜索成本不高的情况下，大部分消费者比较喜欢通过线下渠道获取产品表现型信息，之后再转换到线上渠道搜索产品的功能性信息，最后再作出购买决策。这既提高了消费者获取最大剩余价值的便利性又促使了消费者渠道穿梭行为的发生。

总结上述分析，笔者发现，如果制造商或者是传统零售商采取了双渠道的分销模式来销售商品，传统单一渠道背景下消费者的搜索模式、搜索信息时付出的努力程度将会被改变，信息源的数量和类型将会增加，这会大大降低消费者感知到的信息搜索成本，从根本上影响消费者的渠道穿梭行为，具体的关系如图 4-7 所示。

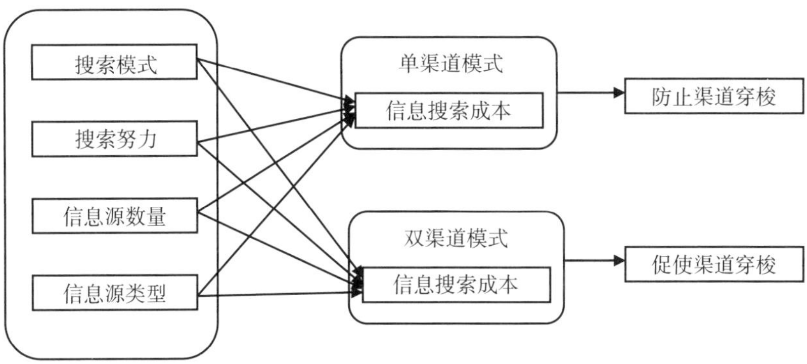

图 4-7　渠道穿梭行为与信息搜索成本之间的关系

六、信息搜索成本与渠道穿梭行为的研究假设

当线上渠道与线下渠道并存时，消费者在信息搜索过程中不可避免地会发生渠道穿梭行为。如果消费者利用线下渠道提供的信息服务解决了供需匹配问题，但是最后的购买行为却发生在更具价格优势的线上渠道；或是消费者通过线上渠道获取相关产品信息及其他购买者的评价后，然后转向实体零售商店购买，则该类消费者在购买产品的过程中产生了“渠道穿梭行为”。从心理学的视角来看，基于信息的穿梭行为能让消费者觉得自己是“聪明的购物者”。①

① Pierre Chandon, Brian Wansink, Gilles Laurent, “A Benefit Congruency Framework of Sales Promotion Effectiveness”, *Journal of Marketing*, No. 4, 2000.

（一）信息搜索成本与渠道穿梭行为

信息技术的发展，如宽带技术及互联网的发展，网络智能代理技术自动搜索功能的增强，移动终端的快速普及，条码扫描技术的应用等，这些都极大地提升了消费者搜索产品相关信息的便利性，并最大限度地降低了消费者的信息搜索成本。通过以上分析，笔者认为消费者感知到的信息搜索成本降低是由于网络技术的发展引起的搜索便利性提高所致，因此，本章将从搜索便利性视角考察信息搜索成本降低与渠道穿梭行为的关系。信息搜索成本的下降，使消费者能够更加轻而易举地找到服务优、口碑好但价格较低的产品，同时，这在很大程度上也造成了渠道穿梭行为。

基于以上研究，本章提出假设 4-1：

假设 4-1：信息搜索成本对消费者的渠道穿梭行为具有正向影响作用，消费者在信息搜索成本较低的情况下偏好渠道穿梭，信息搜索成本较高则阻碍了消费的渠道穿梭行为。

（二）个人产品知识与渠道穿梭行为

消费者知识是影响消费者行为的关键因素，是指消费者在为满足特定需求而选择产品时能够依赖的知识储备。截至目前相关学者将消费者知识归结为两个维度：一个是消费者先前的使用经验，即消费者在消费后形成的对产品相关信息的个人感受；另一个是消费者通过学习所掌握的产品知识。消费者的使用经验研究表明消费者个人产品知识会影响他们收集和使用信息的方式，并最终影响他们的购买行为。现有的研究结论已经证明了消费者个人知识对信息以及购买决定的影响。奥里埃（Aurier）用试验方法验证了消费者拥有的产品经验和产品知识与消费者搜索信息的能力呈正相关关系，布鲁克斯（Brucks，1985）指出，消费者拥有的产品知识越多，他们进行信息搜索时就越有效，信息搜索成本就越低。① 金玉芳等（2007）认为消费者拥有的产品知识越多，其能意识到并吸收和处理的产品信息也会越多。②

基于以上研究，提出假设如下：

假设 4-2：个人产品知识在信息搜索成本对消费者穿梭行为的影响中起到了调节作用。

假设 4-2a：个人产品知识丰富增强了信息搜索成本对消费者渠道穿梭行为的影响。

---

① Merrie Brucks, "The Effects of Product Class Knowledge on Information Search Behavior", *Journal of Consumer Research*, No. 1, 1985.

② 金玉芳、董大海、张海松：《消费者产品知识对其激活域的影响研究》，《预测》2007 年第 1 期。

假设 4-2b:个人产品知识欠缺减弱了信息搜索成本对消费者渠道穿梭行为的影响。

(三) 卖方努力与渠道穿梭行为

信息技术的发展提高了消费者信息搜索的效率,降低了信息搜索的成本,从而使消费者获取的信息数量越来越多,信息质量越来越高。但是在庞杂的信息面前,消费者反而会感到不知所措,不知道怎样去选择对自己有用的信息,这意味着在信息获取越来越便利的情况下,消费者获取有用信息的成本在某种意义上不降反增。例如,部分消费者在购物时会出现这样的尴尬情况:在购买产品之前,花费了大量的时间和精力去获取产品信息,但最终买来的产品在质量和价格上却不尽如人意,消费者获得的效用无法弥补其浪费的信息搜索成本。卖家对产品的促销努力会对消费者的价值感知产生影响,进而对消费者的渠道选择产生影响。李东进(2001)认为可供消费者选择的备选方案(产品、品牌、商店等)越多,其要搜索的信息就越多,付出的搜索努力就越大,但是当各方案较为类似或者可供选择的商店离得比较远的时候,消费者就不再努力去搜索信息。①

参考以上研究结论,提出假设如下:

假设 4-3:卖方努力程度在信息搜索成本对消费者渠道穿梭行为影响中起到了调节作用。

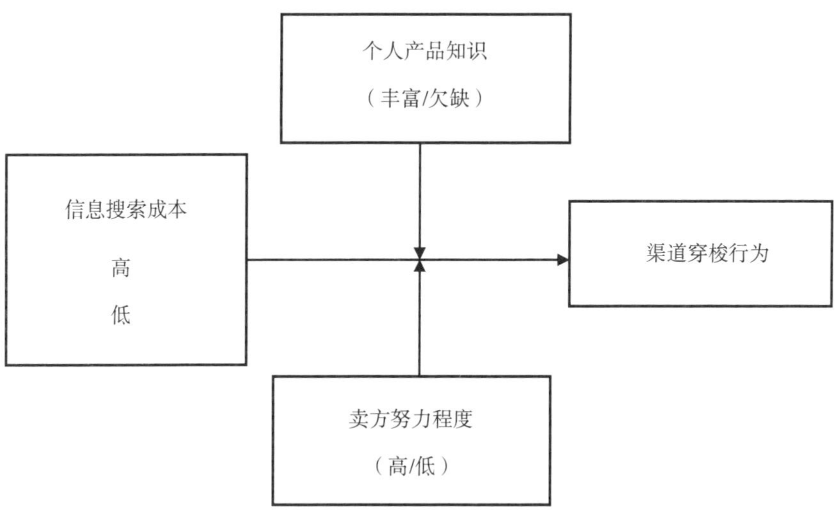

图 4-8　研究模型

① 李东进:《关于我国消费者搜寻信息努力的实证研究》,《南开学报》2001 年第 2 期。

假设 4-3a：卖方努力程度高时，信息搜索成本减弱了对消费者穿梭行为的影响。

假设 4-3b：卖方努力程度低时，信息搜索成本增强了对消费者穿梭行为的影响。

因此，本章研究问题的整体假设模型如图 4-8 所示。

第三节　信息搜索成本与渠道穿梭行为关系

一、实　验　一

（一）实验设计

本实验设计的目的是验证假设 4-1：信息搜索成本对消费者的渠道穿梭行为具有正向影响作用，消费者在信息搜索成本较低的情况下偏好渠道穿梭，信息搜索成本较高则阻碍了消费的渠道穿梭行为。实验为单因素完全随机设计，将实验人员随机平均分为两组，每组被试者根据相关场景回答有关题项。

（二）实验材料

被试者被告知想象他们要在寒假回家时准备为亲朋购买一定数量“好想你”品牌的红枣产品作为礼物，他们既可以通过传统市场上“好想你”公司的专卖店、超市或者特产食品商店来了解有关产品信息并作出购买决策，也可以通过电脑、手机等方式登录相关网上商店来了解产品信息并作出购买决策，但是最终通过何种渠道购买没有任何限制。但是，被实验的两组中第一组可以免费使用所提供的网络资源，第二组要支付每小时 12 元的信息资源费，在这两种情况下，要求被试者作出相关决策。为了使被测试人员有更高的参与热情，同时也为了表达谢意，我们将为所有提交结果的参与者提供一份精美的礼物（价值 3 元）。

（三）实验结果

本实验选用的被试者为郑州某高校的研究生 124 名，每组 62 人，其中第一组有 5 人没有完整作答，第二组有 11 人没有完整作答，共收集有效问卷 108 份，有效率达 86.4%。第一组信息搜索成本较低组的问卷份数为 57 份，第二组信息搜索成本较高的问卷份数为 51 份。总人数中男生 58 人，女生 50 人，年龄区间在 22—30 岁。本实验采用 SPSS 20.0 作为数据分析的工具，以验证本章提出的假设。

实验研究表明：在场景 A 中，选择“是”的达到 51 人（89.5%）；场景 B

中,选择“否”的达到 42 人(82.4%),如表 4-1 所示。

表 4-1 问卷结果的描述性统计分析

		结果		合计
		是	否	
信息搜索成本低	计数	51	6	57
	期望的计数	31.7	25.3	57.0
信息搜索成本高	计数	9	42	51
	期望的计数	28.3	22.7	51.0
合计	计数	60	48	108
	期望的计数	60.0	48.0	108.0

根据卡方检验结果(如表 4-2 所示):卡方值为 56.240,sig.值(双侧)为 0;如果以显著性水平 0.05 为判别标准,由于 $p<0.05$,所以可以认为两组对信息搜索成本不同是有明显区别的。

因次,通过对上述结果分析,可以认为消费者在感知信息搜索成本降低的情况下更愿意通过不同的渠道来搜索与产品相关的信息,从而作出购买决策,所以假设 4-1 得到验证。

表 4-2 信息搜索成本对渠道穿梭行为的显著性检验

	值	Df	渐进 Sig.(双侧)	精确 Sig.(双侧)	精确 Sig.(单侧)
Pearson 卡方	56.240[a]	1	0		
连续校正	53.369	1	0		
似然比	62.491	1	0		
Fisher 的精确检验				0	0
线性和线性组合	55.720	1	0		
有效案例中的 N	108.000				

注:0 个单元格(.0%)的期望计数少于 5;最小期望计数为 22.67,说明可以做皮尔森卡方检验。

二、实 验 二

(一) 实验设计

本次实验的目的一是为了验证假设 4-2:个人产品知识在信息搜索成

本对消费者穿梭行为的影响中起到了调节作用；二是为了进一步验证实验一的结果。实验二为2（信息搜索成本：高 vs 低）×2（个人产品知识：丰富 vs 欠缺）完全随机实验设计。在回答购买决策前，先对其中的一组进行产品知识的详细讲解。

本实验的实验对象选择郑州市一所高职院校的大一新生（非郑州市生源）作为测试对象，因为大一新生刚入校学习，对所在的城市还不是很熟悉，可能对"好想你"公司及产品缺乏了解，而且年龄与本科和研究生相比更小，他们不大可能了解过多产品信息。但是，为了确保实验的准确性，在实验前首先对实验对象的产品知识及购买经验进行了测量。测量了消费者对"好想你"品牌产品的购买经验和产品知识熟悉情况，在对考利和米切尔（Cowley & Mitehell，2003）的测量方法进行修正之后，让参与者分别对三个问题进行了自我评分。这三个问题分别是：对"好想你"品牌的熟悉程度（"完全不了解"到"非常熟悉"）、对"好想你"产品相关知识的掌握程度（"完全没有相关的产品知识"到"拥有丰富的产品知识"）、对"好想你"产品的购买或消费经验（"从没有"到"经常"）。这三个问题都采用 1 到 5 分的赋值，将所有被试者总分大于 9 分的被试者剔除，共有 78 人参与了测验，剔除对产品知识相对丰富的 5 人，为了使分组能够平均，再随机去掉 1 人，还剩余 72 人。然后将实验对象平均分为两组，一组为实验组（个人产品知识丰富），一组为控制组（个人产品知识欠缺）。同时，为了进一步提升被测试人员的参与热情，被测人员都被告知所有提交结果的参与者都可以获得一份精美的礼物以示谢意。

（二）操控检验

为了使实验组具备"好想你"企业及品牌的相关知识，我们对该组被试者进行了 45 分钟的产品知识详细讲解。讲解主要内容包括：（1）"好想你"企业的发展历程，经营现状及行业地位；（2）该品牌的产品范围，产品质量、销售现状、销售渠道、零售策略等；（3）该品牌在市场中的份额、占有率、竞争者状况及优势、劣势分析。讲解内容有文字描述也有大量的图片展示和视频资料播放，以求能让被试者更直观、形象地了解"好想你"公司的产品知识。为了检验产品知识情景刺激设计的操控效果，我们另外招募了另外一所高职院校的 56 名大一新生对他们的产品知识进行了调研分析。结果表明，产品知识均值明显增大（M 实验前 = 1.7，M 实验后 = 11.55），$t(52) = 24.94$，$p<0.01$，证明实验情景设计有效。

（三）实验过程

为了控制外界变量的干扰，实验组选择在计算机房进行，事先在机房主机上复制了实验用的PPT和视频。被试者按照到达机房的先后顺序，被随机安排在某一台计算机前，并确保被试者之间相隔一段距离，不会被其他人干扰。实验工作人员给被试者每人发放一张调研答题纸，被告知在所购买的产品知识讲解完毕后对相关问题作出选择，要求被试者认真阅读相关问题，按照自己的真实理解进行作答。同时，被试者被告知其作出的答案没有对错之分，我们只是想了解一些客观事实。这样表述是为了让实验者在作出决策时不需要考虑实验人员的目的而作出真实的选择。这是为了检测实验组的被试者是否在实验人员的讲解下充分掌握了产品知识。控制组则在普通的教室内进行测试。接下来让实验组和控制组的人员平均分为两组，分别对每组信息搜索成本的差异性问卷进行作答，问卷与实验一相同。

（四）数据分析

共有72人参与了实验，男女百分比分别为45.2%、54.8%，平均年龄为18.9岁。实验二的数据共分为四组：个人产品知识丰富—信息搜索成本低18人，个人产品知识丰富—信息搜索成本高18人，个人产品知识欠缺—信息搜索成本低18人，个人产品知识欠缺—信息搜索成本高18人。

采用SPSS 20.0统计软件对四组数据进行了统计分析。在个人产品知识丰富的条件下，信息搜索成本较低的被试者更倾向于渠道穿梭(18vs12)；在个人产品知识欠缺的条件下，信息搜索成本低的消费者倾向于渠道穿梭行为(10vs1)如图4-9所示。

对相关数据进行分析，如表4-3所示。通过进行两因素方差分析得出，信息搜索成本的因素主效应边缘显著[$F(1,68)=2.97, p<0.01$]；个人产品知识的因素主效应不显著[$F(1,68)=4.27, p>0.01$]；个人产品知识与信息搜索成本的交互相应显著[$F(1,68)=4.27, p<0.05$]。

为了进一步明确个人产品知识丰富与欠缺在信息搜索成本对渠道穿梭行为影响的调节作用，首先对信息搜索成本下的个人产品知识进行简单主效应分析，个人产品知识对低信息搜索成本下的渠道穿梭行为有着边缘显著影响[$F(1,68)=3.27, p<0.01$]，但是个人产品知识对高信息搜索成本没有显著影响；然后对个人产品知识下的信息搜索成本进行简单主效应分析，低信息搜索成本对个人产品知识丰富的消费者的渠道穿梭行为有着极其显著的影响[$F(1,68)=7.40, p<0.01$]，但是高信息搜索成本对个人产品知识欠缺的消费者渠道穿梭行为没有显著影响。也就是说，在个人产品知识丰富的情况下，信息搜索成本较低对渠道穿梭行为影响更大，假设4-2a得到了支持。而在个人产品知识欠缺的情况下，信息搜索成本提高减弱了消费者的渠道穿梭行为。

于是假设4-2得到了验证:个人产品知识的丰富与欠缺在信息搜索降低影响消费者的渠道穿梭行为中起到了调节作用,即个人产品知识丰富进一步降低了消费者信息搜索的成本,能够加强消费者的渠道穿梭行为;而个人产品知识欠缺减弱了信息搜索成本对渠道穿梭行为的影响作用,在不同的信息搜索成本下渠道穿梭行为不存在显著差异。

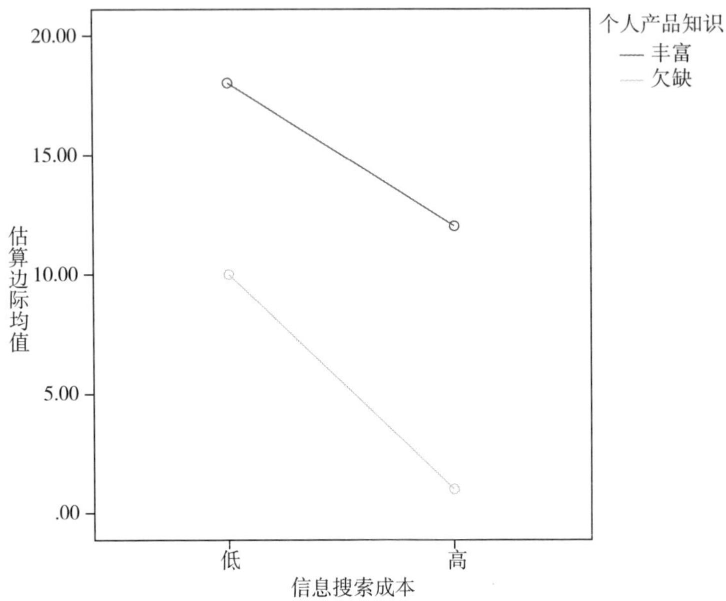

图4-9 个人产品知识在信息搜索成本对渠道穿梭行为影响的调节作用

表4-3 主体间效应的检验

输出的变量	Ⅲ型平方和	df	均方	F	Sig.
校正模型	148.750[a]	3	49.583	11.110.	0.000
截距	420.250	1	420.250	1.118E3.	0.000
个人产品知识	90.250	1	90.250	4.270	0.030
信息搜索成本	56.250	1	56.250	2.970	0.000
个人产品知识×信息搜索成本	2.250	1	2.250	4.270	0.012
误差	0.000	0			
总计	569.000	4			
校正的总计	148.750	3			

注:0个单元格(.0%)的期望计数少于5,说明可以做皮尔森卡方检验。

三、实　验　三

（一）实验设计

本次实验的目的一是为了验证假设 4-3：卖方努力程度是否在信息搜索成本与渠道穿梭行为之间起到调节作用；二是为了继续验证实验一的结果。实验三为 2（信息搜索成本：高 vs 低）×2（卖方努力程度：高 vs 低）组间实验设计。在回答购买决策前，先对其中的一组进行卖方努力程度的实验操控。

本实验的实验对象选择郑州市一所高校的本科生作为测试对象，本实验收到的量表和实验步骤与实验二基本相同。我们共招募了 112 名同学参与了实验，将实验对象平均分为两组，一组为实验组（卖方努力程度高），另一组为控制组（卖方努力程度低）。同时，为了进一步提升被测试人员的参与热情，被测人员都被告知所有提交结果的参与者都可以获得一份精美的礼物以示谢意。

（二）操控检验

为了操控实验，我们对实验组的同学在问卷作答时进行了情景操控，让他们在一间多媒体教室内进行作答。通过对他们进行视频广告、彩页宣传及 PPT 展示等各种与“好想你”产品有关的促销信息，来增强他们感知卖方的努力程度。为了检验卖方努力程度情景刺激设计的操控效果，我们同时对他们感知卖方努力程度的看法进行了调研分析。结果表明，卖方努力程度均值明显增大（M 实验前 = 3.54，M 实验后 = 11.6），$t(68) = 25.79$，$p < 0.01$，证明实验情景设计有效。

（三）实验过程

为了控制外界变量的干扰，实验组选择在多媒体教室进行，被试者按照到达教室的先后顺序，被试者被随机安排在某一座位，并确保被试之间相隔一段距离，不会被其他人干扰。实验工作人员给被试者每人发放一张调研答题纸，告知在看到或听完产品相关广告或促销材料后，对相关问题作出选择，要求被试者认真阅读相关问题，按照自己的真实理解进行作答。同时，被试者被告知其作出的答案没有对错之分，我们只是想了解一些客观事实。这样表述是为了让实验者在作出决策时不需要考虑实验人员的目的而作出真实的选择。这是为了检测实验组的被试者是否在实验人员的讲解下充分掌握了产品知识。

接下来让实验组和控制组的人员平均分为两组，分别对每组信息搜索成本的差异性问卷进行作答，问卷与实验一相同。

（四）数据分析

共有112人参与了实验,男女百分比分别为55.4%与44.6%,平均年龄为21.9岁。实验三的数据共分为四组:卖方努力程度高—信息搜索成本低28人,卖方努力程度高—信息搜索成本高28人,卖方努力程度低—信息搜索成本低28人,卖方努力程度低—信息搜索成本高28人。

采用SPSS 20.0统计软件对四组数据进行了统计分析。在信息搜索成本较低的条件下,卖方努力程度低的被试者更倾向于渠道穿梭(26 vs 20);在信息搜索成本高的条件下,还是卖方努力程度低的消费者倾向于渠道穿梭行为(12 vs 4)。

表4-4　主体间效应的检验

输出的变量	Ⅲ型平方和	df	均方	F	Sig.
校正模型	275.000[a]	3	91.667	4.116	0.000
截距	961.000	1	961.000	2.927	0.000
卖方努力程度	49.000	1	49.000	7.380	0.000
信息搜索成本	225.000	1	225.000	3.140	0.023
卖方努力程度×信息搜索成本	1.000	1	1.000	7.000	0.034
误差	0.000	0			
总计	1236.000	4			
校正的总计	275.000	3			

注:0个单元格(.0%)的期望计数少于5,说明可以做皮尔森卡方检验。

进行两因素方差分析,数据如表4-4所示。卖方努力程度的因素主效应极其显著[$F(1,106)=7.38, p<0.01$];信息搜索成本的因素主效应显著[$F(1,106)=3.14, p<0.01$];卖方努力程度与信息搜索成本的交互效应显著[$F(1,106)=7.00, p<0.05$]。

为了进一步明确卖方努力程度在信息搜索成本中对渠道穿梭行为影响中的调节作用,首先对信息搜索成本下的卖方努力程度进行简单主效应分析,卖方努力程度对高信息搜索成本有着极其显著的影响[$F(1,106)=10.06, p<0.01$],但是卖方努力程度对低信息搜索成本没有显著影响;然后对卖方努力程度下的信息搜索成本进行简单主效应分析,低信息搜索成本对卖方努力程度高的消费者的渠道穿梭行为有着显著的影响[$F(1,106)=4.83, p<0.01$],但是高信息搜索成本对卖方努力程度低的消费者渠道穿梭行为没有显著影响。也就是说,在卖方努力程度低的情况下,信

息搜索成本较低对渠道穿梭行为影响更大,假设 4-2a 得到了支持。在卖方努力程度较高的情况下,信息搜索成本提高减弱了消费者的渠道穿梭行为。

于是假设 4-2 得到了验证:卖方努力程度在信息搜索影响消费者的渠道穿梭行为中起到了调节作用,即卖方努力程度提高进一步增加了消费者信息搜索的成本,能够阻碍消费者的渠道穿梭行为;而卖方努力程度减弱则降低了信息搜索成本对渠道穿梭行为的影响作用。

第四节　协调渠道穿梭行为和渠道冲突

本章以网络条件下电子渠道的繁荣为背景,分析消费者在购买决策过程中穿梭于线上线下渠道来搜索、查询所需信息时的行为动机,通过三个实验探索了信息搜索成本降低、个人产品知识与卖方努力程度对消费者渠道穿梭行为的影响机制,为企业或销售商协调渠道冲突提供可借鉴的材料。研究发现了以下三个方面的内容。

第一,消费者在感知到信息搜索成本降低的情况下往往会发生渠道穿梭行为。人们在面对不同的渠道作出购买决策时,随着信息技术的飞速发展,互联网的快速普及,人们的购买决策方式已经发生了很大变化。中国的消费者已经从计划经济下的“无可选择”、信息不对称带给人们的“被动选择”,发展到了当今信息经济时代,海量信息的涌现使人们的信息搜索成本大大降低,使消费者可以随心所欲地“随便选择”。互联网所具有的突破时空限制,成本低廉的优势,搜索引擎、比价工具、移动互联、智能终端等应用技术及设备的逐步完成,促使消费者在购买过程中的信息搜索更为便捷,而且成本微不足道。因此,当消费者感知到信息搜索成本降低的状况下,他们在购买决策过程中就偏好渠道穿梭,通过不同的方式搜索所需信息后,再作出购买决策,使自己成为一名“聪明的购物者”,最大化地增加自己的利益。因此,本章得出结论,消费者在购买特产食品时,如果关于产品信息的搜索成本较低的情况下,他们往往会在购买决策过程中产生渠道穿梭行为。由此可以推知,一个理性的消费者,如果他们购买的商品价值量比较大且是耐用消费品,比如服装、电子电器产品、汽车等,他们往往会搜索信息,货比三家后才发生购买行为。

第二,消费者个人产品知识对信息搜索成本与渠道穿梭行为关系具有显著调节作用。如果消费者的个人产品知识丰富,相较于产品知识匮乏的消费者,这能够进一步降低其信息搜索时花费的成本,他们更多地选择渠道穿梭行为。布鲁克斯(Brucks,1985)指出,如果消费者具备较多的产品知识,对于他们所要购买的产品比较熟悉,则他们在进行信息搜索的时候可能更有目的性和针对性,这能够节省他们的时间和精力,搜索成本也会大大降低。金玉芳等(2007)指出,如果消费者的产品知识增多,他们对所需产品的认识就会更加深入,信息搜索过程中的信息吸收和处理能力也能更好地提升,其搜索信息花费的成本则会更低,因此这更有助于他们的渠道穿梭行为。

第三,卖方的努力程度在消费者的信息搜索成本与渠道穿梭行为间的关系中起到显著调节作用。这是因为卖方的努力程度影响着消费者的信息搜索成本,更高的卖方努力程度会增大消费者的信息搜索成本,阻碍其渠道穿梭行为的发生。随着网络时代向纵深发展,消费者每天都面临着大量的信息,也就是人们所称的"信息爆炸时代"的来临,信息由稀缺资源变为信息的泛滥,其边际价值也在急剧地下降。当今的互联网中充斥了太多虚假无用、重复模糊甚至是错误的信息,消费者面对浩瀚的信息海洋,太多的时候会感到无所适从,不知如何选择,他们往往需要花费大量的精力和时间成本对搜索到的信息进行选择、整理和筛选,以便于寻找到能为自己所用的信息。卖方对产品的促销努力程度会对消费者的价值感知产生影响,从而会进一步影响他们的渠道选择。因此,如果卖方的努力程度加大,消费者面对纷繁复杂的产品信息,花费更多的时间和物质成本来分析整合信息,信息搜索的成本便增加了,其渠道穿梭行为就会减少。

本章通过对双渠道环境中的消费者购买特产食品时的渠道穿梭行为进行研究,能够为实施双渠道分销体系的特产食品制造商或销售商提供有益的指导和帮助,使他们更好地协调渠道间的冲突,实现线下和线上渠道的良性协同发展,从而吸引并保留更多的顾客,提升顾客的渠道满意度及忠诚度。

从 20 世纪末网络营销出现开始,作为一种新型的企业营销模式,已经得到越来越多企业的实践和探索,网络渠道的建立和健康发展问题已经得到大多数企业管理者的重视。在本章前面理论和实验实证分析的基础上,本章提出了如下营销建议,以便于特产食品制造商或销售商合理配置渠道建设资源,满足尽可能多消费者的需求,以获取较多的市场份额。

第一,积极开辟线上渠道,实现特产食品销售的全国化。通过分析已经发现,网络背景下,消费者在购买过程中的信息搜索成本大幅度下降,搜索便利性和效率大大提高;网络的普及和信息搜索工具的广泛普及,使得人们在搜索信息时,在线上线下渠道间频繁穿梭。因此,消费者在网络背景下信息获取的来源和方式,获取的数量和类型已经远远超越了传统单一渠道下的情况。因此,原来只在一定区域内具有知名度和美誉度的特产食品企业或销售商,要积极让自己的商品触网,实现销售渠道的多样化,这不仅可以扩大产品的市场范围和容量,而且能够利用网络来推广、传播地方名优特产,树立良好的品牌形象和口碑。在某些地区甚至地方政府要开展政策和资金扶持,帮助特产食品实现网络渠道建设。

第二,协调线上线下冲突,实现渠道整体收益最大化。当特产食品制造商或销售商实现双渠道分销时,两个渠道面临的是相同的需求群体,他们之间可能在价格、服务等方面存在竞争,如果制造商处理不当,可能会有损产品品牌形象和声誉。因此,必须协调双渠道间的冲突,线上渠道和线下渠道协同作用,两种渠道相互配合发挥最大化功效。双渠道消费者的权力意识很强,对产品质量和服务态度要求高,他们喜欢通过不同的方式搜集信息,综合比较权衡后作出购买决策。另外,他们会利用各种方式来了解有关购买产品的价格、质量、服务及品牌声誉、企业形象等信息。因此,企业必须尽可能通过两个渠道的配合,提供完善的信息,降低消费者的搜索成本。并注重产品质量,提供完善的售后保障体系,赢得良好口碑。

第三,利用两种渠道普及消费者产品知识,减少消费者信息搜索成本。企业要研究双渠道体系中消费者产品知识的普及以及广告、促销推广活动的幅度。从网络营销和电子商务实践中我们可以看到,如苏宁电器、银泰百货等零售业巨头已经在逐步开展线上线下双渠道营销模式,但是如何协调好二者的冲突是其良性发展的关键。在消费者个人产品知识的普及上要注重运用网络渠道来发挥信息量大的优势,弥补线下渠道信息普及成本较高的问题。在广告和销售推广活动中,要注重线上和线下渠道的配合,避免消费者面对过多的信息而“无从选择”。

第四,利用数据挖掘技术,跟踪消费者的信息搜索及购买行为,有针对性地为其提供信息,减少消费者的信息搜索成本。信息技术的应用,网络渠道的普及使我们进入了虚拟时代,数据变得更容易获取,大数据时代的到来,使我们可以利用多种方式来收集、挖掘信息。消费者在购物过程中的信息搜索行为,反过来也可以为企业所有,可以通过对消费者行为信息数据的分析,来细分消费群体,针对每一个消费者,为他们提供有针对性的信息,甚至是依据消费者个人消费特征的定制信息,从而使消费者避免面对繁杂庞大的信息资源时无从选择的困境,而且也能够实现差异化营销。

第五,充分掌握双渠道顾客的消费特征,并根据企业自身的状况,因地制宜地进行渠道建设。双渠道中的消费者不是简单地将网络渠道和实体渠道中的消费者进行叠加,他们既具有传统实体渠道消费者理性和保守的性格特征，也具备网络渠道消费者敢于创新，勇于尝试的性格特点，他们的消费理念是超前的，但也能引领未来消费的方向和潮流。这部分人群一般比较年轻，他们熟悉网络，喜欢网络购物消费，能够游刃有余地穿梭于线上线下渠道，获取最大化的购物福利。因此，企业在进行双渠道分销体系建设的时候，一定要深入了解自身产品特性，并分析潜在消费者的特性及购物习惯和行为，有目的地进行渠道建设。

第五章 企业的 O2O 营销模式创新

随着电子商务的发展以及移动互联终端技术的兴起，结合了线下实体门店与线上网络商店的 O2O 商业模式已经成为全球企业发展的共同趋势。但对于大多数企业来讲，线上线下协同效应与冲突效应并存。一方面，以互联网为基础的线上纯电商类企业掌握大量的数据资源；另一方面，传统线下企业拥有趋近成熟的线下渠道。在线上渠道和线下渠道谁都不能被取代的前提下，二者都想率先完成企业的 O2O 闭环，通过商业模式的变革来适应更加复杂多变的竞争环境。本章尝试站在传统制造类企业的角度，选择食品这个具有代表性的传统行业，来研究企业在 O2O 背景下商业模式的创新理论。

第一节 线上线下渠道的共生和协同发展

随着网络消费群体基数的不断增加，网络消费群体构成趋向多样化。中国网络购物市场交易规模也在不断扩大，其中 2017 年交易规模为 5.7 万亿，2018 年交易规模为 6.6 万亿，较上年增长 14.4%，占网民整体比例达 73.6%。手机网络购物用户规模达 5.92 亿，较 2017 年年底增长 17.1%。2019 年交易规模达到 7.5 万亿，较上年增长 13.6%。根据数据显示，网络购物市场近两年的增长幅度有所回落，但其仍保持相对较快的发展速度，且线上渗透率刚刚突破 10%。对于商家而言，线上网络购物市场还存在非常大的发展空间，这是非常具有吸引力的。

早在电子商务发展初期，以阿里巴巴为首的电商巨头们本意是想通过线上电子商务取代线下的实体销售。随着电子商务市场的不断扩大，价格混乱、假货普遍、窜货争抢顾客等现象充斥着线上购物市场，商家们逐渐发现企业发展需求、顾客需求及成本要素共同作用于线下实体渠道与线上网络渠道。由于受到各种因素的影响，线下传统市场与线上网络市场的形态从线上市场探索发展至线上线下渠道共生，再至线上线下渠道协同，并向更高层次的协同形态演进。在这个演进过程中，渠道成员之间的利益分割问题导致了线下传统市场与线上网络市场在协同演进过程中出现的冲突与阻力。业界和学术界考虑的重点也逐步从线上渠道能否取代线下渠道的问题转移到线上线下多渠道如何共生的问题上来。随着网络购物市场交易规模的快速扩大,线上渠道特有的高覆盖面、高互动性等优势被越来越多的传统企业所认同,线上市场成为这类企业扩大市场份额的重要部分,吸引着这类企业开展线上业务,进军电子商务;而单一线上渠道的虚拟性、高竞争性、高危性、物流条件限制等一些反面因素也迫使纯粹的线上企业开始寻求线下延伸。结合了线上购物方式与线下实体门店的多渠道协同发展的商业模式逐渐成为各个领域企业发展的趋势。电子商务领域逐渐在 C2C、B2C 商业模式的基础上衍生出 O2O 商业模式。

随着智能手机的兴起,移动互联网技术的快速发展增加了消费者网络购物的便捷性和安全性,越来越多的消费群体选择移动互联工具进行购物体验。数据显示,从 2013 年的 2679 亿元到 2019 年的 67580 亿元,中国移动电商市场交易额持续增长。疫情影响下,直播电商带货的模式在 2020 年发展势头更加迅猛。直播电商领域的快速发展,使“双 11”各大电商平台均加大力度布局电商直播,品牌商家目光也纷纷投向电商带货。2020 年中国移动电商市场交易额突破八万亿元,较 2019 年增长 19.7%。移动端一直作为电商平台发展重要渠道,随着近年来直播电商市场的爆发,移动电商交易规模继续升级。这一变化进一步加速了 O2O 商业模式的推广以及企业自身 O2O 闭环的建立。

目前现有电商类企业一直以庞大的客户群体为优势,但大量淘宝、天猫以及京东的用户是冲着便宜和优惠才选择追随的。这就导致与其合作的传统制造类企业很有可能陷入“顾客没优惠就不来门店消费,回到网上消费,追随其促销活动”的怪圈。最初,“双 11”“双 12”“三八节”等一系列的网络低价促销并没有为参与活动的传统制造类企业找到、吸引并留住有价值的消费群体,没有从本质上做到线上为线下引流。商家们都明白与顾客面对面交流的重要性,而电商巨头们却希望更多地由自己来完成销售过程中最后一个环节(从几百米到跨越省市的物流配送),从而争取与顾客面对面交流的机会。这种面对面的交流可以为商家们获得更多实际的以及无形的好处。如果消费者被天猫、京东等电商企业不断地培养购物习惯,那么这类企业在完成 O2O 闭环时,会给传统类企业带来非常大的竞争压力。但建立 O2O 闭环不仅仅是电商类企业的“专利”,传统制造类企业发展 O2O 也具有一定优势。首先,传统制造类企业可以利用现有线下渠道为消费者提供高水准、多样化的服务;其次,其原有的品牌效应可以大幅度降低市场推广的成本;除此之外,这类企业现有的忠诚顾客群体可以直接转化为线上市场的潜在消费群体。消费者的购物流程就变成了:先在线上进行查询搜索,再导入线下实体店进行体验,随后完成线下购买或者再次导入线上支付平台购买(期间可能会穿插物流现象),最后进行评价。消费者购物过程中,这种线上线下的无缝对接正是 O2O 商业模式最核心的特点。

对于这些传统类制造型企业,在面对电子商务巨大客户资源的诱惑以及互联网类企业带来的竞争压力时,如何开展线上网络业务也存在很多问题,是选择自建网络渠道还是借助第三方交易平台?如何处理线上渠道与线下渠道之间的利益分割问题等。面对这些问题,很多传统制造行业里的制造商甚至是品牌商选择构建 O2O 商业模式。如何协调双渠道,利用 O2O 进行商业模式的创新成为近两年传统制造类企业探索的重点。而食品类企业又不同于其他传统制造类企业,对产品安全要求极其严格。食品类产品具有易变质、仓储运输难等特点。而企业发展电子商务,主要依靠物流类企业把产品交付到消费者手中。在这个过程中,企业要承担一定的物流成本。而由于食品类产品的特殊性,其大部分传统产品以及产品包装对物流条件要求较高。这很大程度上限制了食品类企业发展电子商务,也是食品类企业急需解决的一个难题。O2O 的发展,为食品类企业开展电子商务带来了新的契机。不少全国知名的食品类企业也开始尝试着把线上渠道和线下渠道连接在一起。这类企业的具体策略的一些共性可能对其他传统类企业发展 O2O 形成一定的正面带动效益。另一方面,考虑到研究中的聚焦性,本章选择传统食品这一类型企业作为研究对象,具有一定的代表性和现实意义。

目前关于 O2O 商业模式的研究主要集中在:第一,通过完善支付系统的安全性或者完善信用评价系统的精准性,来搭建 O2O 商业模式中的第三方平台。第二,通过大数据分析,提升消费者感知价值,从而消除 O2O 商业模式中双渠道之间的冲突。第三,以网络零售商或者消费者的角度研究 O2O 商业模式的特点。现有研究中,很少有基于制造商甚至品牌商的视角,建立自己的电子商务闭环、线上线下利益分配以及在 O2O 背景下企业商业模式创新方面的研究。除此之外,目前对 O2O 商业模式的研究大多比较宏观,鲜少有针对具体传统行业的双渠道的研究分析,以及在 O2O 商业模式下企业创新问题的研究。本书基于制造商的视角,在一定程度上弥补了传统企业线上业务和线下业务协同发展方面的理论欠缺,增加了 O2O 商业模式领域的理论研究。

第二节 营销模式创新的相关研究

一、相关概念介绍

关于商业模式的概念，莫里斯(Morris,2003)等学者在考察众多商业模式定义的基础上，给出了一个整合型的定义：商业模式是一种简单的陈述，旨在说明企业如何对战略方向、运营结构和经济逻辑等方面一系列具有内部关联性的变量进行定位和整合，以便在特定的市场上建立竞争优势。① 通过对众多概念的研究、总结，奥斯特瓦尔德(Osterwalder,2005)等研究者精简了商业模式的概念，指出其是一种以多重构成要素以及要素之间的关系为基础，代表特定企业商业逻辑的概念性工具，它可以用来说明企业通过创造顾客价值、建立内部结构，以及与伙伴形成网络关系来开拓市场、传递价值、创造关系资本、维持现金流并获得动态盈利的方式和方法。②

关于O2O的概念，有的人认为就是“线上体验，线下消费”，有人认为“O2O是第三产业服务类产品的电子商务，而B2C是针对第二产业工业类产品的电子商务。”李明媚、张宝明(2013)将O2O的模式分为三种：Online to Offline、Offline to Online、Online and Offline。第一种模式是我们所熟悉的将线上的顾客引流到线下，这也是目前国内多数团购网站所采用的一种模式。第二种模式，是将线下的顾客引到线上，这种模式常常结合二维码使用，用户通过线下扫描二维码进入企业指定的网站，了解产品或服务的折扣信息。第三种模式，是一个双向引流的闭环，仅仅从线上引流到线下或从线下引流到线上是不够的，要充分发挥线上和线下各自的优势。

二、有关商业模式的相关研究

目前有关商业模式的研究已经相对成熟，许多学者都用文献综述的方

① M.Morris,“Understanding the Business Model of the Entrepreneur”,*Proceedings of the 17th Annual Meeting of the United States Association for Small Business and Entrepreneurship*(*USASBE*), 2003.

② Alexander Osterwalder, Yves Pigneur, Christopher L.Tucci,“Clarifying Business Models: Origins, Present, and Future of the Concept”,*Communications of the Association for Information Systems*, No. 1,2005.

式对已有的研究进行了总结和分类。本章中笔者将参考申海波(2014)提出的商业模式创新的框架,①按照企业价值创造的逻辑,将商业模式分为以下五个方面:营销战略创新、价值创造创新、价值传播创新、价值传递创新以及盈利模式创新。

(一) 营销战略创新

1. 目标市场细分方面

在开展一项商业活动之前你首先要知道你的客户是谁,这是目标市场的问题也是一个战略问题。塔克(Tucker,2001)认为商业模式创新就是以消费者需求为目标,通过各种方法将其实现的一个过程。② 目标市场问题可以说是营销当中的一个常见的问题。奎因等(Quinnetal,2007)则认为市场细分的创新,即通过开发产品和服务来吸引特定顾客,或通过重新设计现有服务来发掘潜在客户。③ 既然是商业模式的创新,那么选择目标市场就与传统思维有所不同,传统的目标市场选择的是拥有某种欲望且自身有能力满足这种欲望的一批人,但是这种方式忽略了另一批人,就是那些有欲望却没有能力满足的人,我们所要考虑的问题是如何将目标市场进一步分类,使整个目标市场更细化。就像太阳马戏团,他所针对的客户群体不再是儿童或者青少年,而是转向成年客户群体,并将自己的马戏打造成符合成年人看的戏剧的形式。

2. 价值主张方面创新

价值主张是一个定位问题,弗里曼(Freeman,2004)在利益相关者理论中,价值是连接管理者与利益相关者的纽带,它告诉管理者该如何行商,以及怎样的价值创造与价值获取过程。价值主张反映了核心企业商业模式的总目标,包括为利益相关者创造价值、满足顾客需求、创造消费者剩余并满足合作商的利润诉求。④ 安德森(Anderson,2006)价值主张确定了顾客的损益,是商业模式与顾客联系最紧密的模块。⑤ 价值主张的创新不再仅仅为顾客创造价值,还包括能给企业自身、供应商等一切利益相关者带来什么

---

① 申海波:《企业商业模式创新的识别与评价》,《光明日报》2014 年 8 月 28 日。

② Robert B. Tucker, "StrategyInnovation Takes Imagination", *The Journal of Business Strategy*, No. 3, 2001.

③ Lee Quinn, Tony Hines, David Bennison, "Making Sense of Market Segmentation: A Fashion Retailing Case", *European Journal of Marketing*, No. 5/6, 2007.

④ R.Edward Freeman, Andrew C.Wicks, Bidhan Parmar, "Stakeholder Theory and 'The Corporate Objective Revisited'", *Organization Science*, No. 3, 2004.

⑤ J.Anderson, J.Narus, W.Van Rossum, "Customer Value Propositions in Business Markets", *Harvard Business Review*, No. 3, 2006.

价值，维尔瓦尔（Verwaal，2009）强调价值主张中资源的权变性。[①] 西蒂和艾伦（Husted & Allen，2007）用企业社会责任的可视度、匹配度与自愿性来考察企业社会责任的价值创造活动，研究企业社会责任是如何被整合进入公司流程，创造资源和能力，以实现高绩效和提高企业竞争优势的。[②] 将企业社会责任纳入价值主张中将价值主张的定义进一步广义化。关于价值主张的创新就是要考虑提供给顾客的价值要与同类产业中其他企业提供的价值不同，这样才能体现出其创新性。

（二）价值创造创新

价值创造活动涉及企业的核心问题，也是企业的运营问题。兰道和博克（Landau & Bock，2013）认为企业可以通过垂直整合商业模式单元创造价值，减少治理机制。[③] 基于价值创造的创新是站在经营系统或组织内部结构视角。

比如让顾客参与生产由此产生的价值，或者加强与顾客之间的互动产生的价值都涉及价值创造。我们最熟悉的例子就是宜家，顾客不是买回去完整的家具，而是买到家具零部件自己回去组装。这种模式打破了传统价值创造的过程，其不同之处就是通过与顾客的互动让顾客参与价值共创。

（三）价值传播创新

价值是一个相对的概念，同样一件商品对有些人来说是有价值的但对于另一些人来说就没有价值，究其原因来看，一方面是看顾客的需求，另一方面就是企业的营销手段是否高明。所以，价值传播过程是一个促销的过程。如今的营销模式越来越多样化，基于传统的“点到面”的品牌营销需要一个多次的沉淀和积累，需要经过时间的考验，现在新兴的自媒体时代，许多商家采用社会化媒体这种“点对面”的营销模式，华为与360共同推出的手机在做宣传的时候就是其董事长在微博中发布产品的信息，这与苹果大张旗鼓召开发布会的形式完全不同。

（四）价值传递创新

价值是通过渠道进行传递的，只不过传统的价值传递是通过实体的渠

---

① Ernst Verwaal，Harry Commandeur，Willem Verbeke，“Value Creation and Value Claiming in Strategic Outsourcing Decisions：A Resource Contingency Perspective”，*Journal of Management*，No，2，2009.

② Bryan W.Husted，David B.Allen，“Strategic Corporate Social Responsibility and Value Creation among Large Firms：Lessons from the Spanish Experience”，*Long Range Planning*，No. 6，2007.

③ Christian Landau，Carolin Bock，“Value Creation through Vertical Intervention of Corporate Centres in Single Business Units of Unrelated Diversified Portfolios-The Case of Private Equity Firms”，*Long Range Planning*，No. 1-2，2013.

道进行传递的,是由生产商、分销商、零售商组成的一条实体渠道。但随着网络经济的发展,这条实体渠道转化成为基于互联网平台的虚拟渠道。

企业在改变销售渠道过程中,可以通过增加或减少渠道的层次和环节,改善或创新渠道模式。创新销售渠道的目的是更有效地创造价值。

(五) 盈利模式创新

企业建立的盈利模式,并不等同于其自身意义上的营销模式。在学界定义中,盈利模式包含了成本控制、盈利预期、收入模式等内容。在成本控制、盈利预期、收入模式等方面的制度安排上,任何创新之处都可以被称为企业商业模式的创新点。有时候企业真正的盈利来源可能不是他的主营业务,这也是一种盈利模式的创新。阿里巴巴刚开始起步时,基本上没有靠网上的交易量赚到多少钱,而是靠着一些微薄的广告费用支撑了下去。

三、有关 O2O 商业模式创新的分类研究

(一) O2O 商业模式的发展背景

经济全球化商业社会的发展对商业信息的共享和快速交流提出了更高的要求。在互联网技术发展的基础上,人类在现实世界里创造出一个虚拟的世界,即互联网。经过互联网虚拟社会多年的发展,人类很多的商业行为都在虚拟社会中被模拟且快速发展。随着互联信息技术以及物流交通技术的发展,互联网经过十多年的发展,更深入地影响人类现实世界的生活。人们在网络虚拟世界和现实社会里的穿梭需求和购买行为导致 O2O 商业模式的出现。在商业领域中,O2O 是建立在网络虚拟世界与现实社会互动基础上的一种新的商业模式。

O2O 是近几年比较火热的一个词,不少传统制造类企业都开始试水"线上",更有不少传统电子商务企业与线下实体店合作或者干脆直接自己开一个实体店。在学术界,更是有不少学者对 O2O 商业模式进行了研究,国内学者对于 O2O 的研究一部分集中在宏观方面,主要分析了这种商业模式的发展前景,发展优势,对企业的影响,发展中存在的问题并提出建议。这部分学者主要根据 O2O 在国内发展的状况作出了总结和预测。杨诚(2014)认为 O2O 发展存在的问题有以下几点:一是诚信难保;二是商家资质存疑;三是创新能力不足。此类文献都是从宏观的视角对 O2O 商业模式进行了评价。

还有一部分学者根据 O2O 商业模式的创新各个角度去分析 O2O,O2O 作为一种新型商业模式肯定与传统电子商务有不同和创新的地方,本章就从商业模式创新的角度总结了现有文献对 O2O 模式分析。

（二）O2O 商业模式创新

1. 营销战略创新

在选择目标市场时，根据产品或服务按顾客细分或定制，蒋侃（2014）在阐述 O2O 商业模式构建时，将 O2O 的目标客户群分为大众市场、利基市场、区隔化市场。其中，利基市场以特定行业信息为主要内容，由于内容差异性较大，可提供的产品或服务差别较大，企业能够在利益局部建立起较高的行业标准，使竞争者无法轻易模仿。① 针对利基市场的特殊性以及建立在其行业特殊性基础上的消费者，企业可以建立专业性的 O2O 商业平台。

从价值主张方面创新，O2O 近一两年都是朝着提供个性化服务的方向发展。李明媚、张宝明（2013）认为开展个性化私人服务，留住重要客源，不能依靠价格战来吸引部分消费者，而是应该往通过个性化、便利性服务以提高消费者购物体验。② 很多企业意识到了 O2O 在价值主张方面的特性，开始通过构建专业化的服务网站来吸引消费群体。2011 年 11 月赶集网推出 O2O 产品“蚂蚁短租业务”，把短租业务从原有网站分离出来，便于为消费者提供标准化、专业化、高质量的服务，以抢占这一利基市场。这种商业模式的创新不同于团购模式的同质化，这种模式主要就是制造差异化。

O2O 发展到今天特点已经十分鲜明，那就是社交化、当地化、移动化模式，如何实现当地化，顾客如何搜索到距离自己最近的服务是 O2O 商业模式的一大特点。撇开社交化和移动化不说，如何为顾客筛选并提供距离最近的服务信息是 O2O 应该解决的重要问题。

2. 价值创造创新

O2O 在价值创新方面主要体现了一些新技术的应用，O2O 正常的运营首先需要一个电子商务的平台，李军等（Li-junetal，2013）对如何设计 O2O 电商平台构建了逻辑结构，运用关系数据库理论，提出了生活服务类 O2O 平台的设计思路。③ LBS 技术并不能对客户直接定位，中间需要一种介质，这个介质就是移动客户终端。移动互联网的发展对 O2O 也有着巨大的影响。移动互联网带来了很多增值服务，移动智能终端是顾客便于携带，并且和上述所提到的 LBS 技术一起为用户提供定位服务。随着二维码、移动云

---

① 蒋侃、徐柳艳、陈铭浩：《社交购物网站用户体验对分享和购买行为的影响研究》，《中国管理信息化》2014 年第 2 期。

② 李明媚、张宝明：《电子商务 O2O 应用模式探析——以红酒电商为例》，《中国集体经济》2013 年第 13 期。

③ Qing Li，Ze-yuan Wang，Wei-hua Li，Jun Li，“Applications Integration in a Hybrid Cloud Computing Environment：Modelling and Platform”，*Enterprise Information Systems*，No. 3，2013.

技术的发展，移动支付也为顾客提供了很大的便利性，不用带现金，仅仅用手机扫扫二维码就能支付。便捷性和定位性是移动互联网给予O2O发展的最大支持。

唐（Tang，2006）认为多渠道服务提供商可以同时为消费者提供这两种利益，但是必须协调线上和线下定价。① 金磊等（2013）对如何解决网络渠道与实体渠道的销售冲突问题进行了实证研究，其结论是共享库存在需求预测、价格调整等方面有比较显著的优势。② 郑文军、徐龙、李博（2014）认为在线上线下同价的背景下自主开辟网络渠道，能使制造商及整条供应链从中收益。③

O2O资源整合不仅仅是交易的整合，更是信息的整合和共享。O2O平台不仅对顾客的信息了如指掌，更要了解门店的产品信息。成功的整合就是把闲置的资源再积极地调动起来，一方面降低线下经营的成本，另一方面也是充分发挥O2O的信息处理能力。O2O发展到今天，线上线下资源整合仍然是一个难题，企业若能将线上线下做成一个流畅的体系，兼顾双渠道之间的利益，O2O商业模式的演化便会减少掉许多冲突和阻力。

3. 价值传播创新

当今的社会是一个信息社会，在信息社会价值的传播靠数据，数据已经成为一种商业资本，一项重要的经济投入，可以创造新的经济利益。颜秋真、许清谢、何志林（Yen-Chiu Chen、Hui-Ching Hsieh、He-Chih Lin，2013）指出O2O商务模式中的数据带来的精准度并不是单向的。④ 一方面商家从O2O平台那里得到有关用户的精确的信息；另一方面用户也能通过推荐挑选出适合自己的商家。O2O不仅是基于移动互联网发展，还依靠着大数据这个背景。O2O平台要处理大量的用户信息、反馈信息等，所以有强大的数据处理能力是不可或缺的。处理这些信息的主要作用就是“引流”，为商家推荐精确的、更加有用的真实世界存储用户的信息，使之获得更多的商业收入。用户可以通过“推荐”选择一个较好的现实世界中的商店，先

---

① Christopher S.Tang，“Perspectives in Supply Chain Risk Management”，*International Journal of Production Economics*，No. 2，2006.

② 金磊、陈伯成、肖勇波：《双渠道下库存与定价策略的研究》，《中国管理科学》2013年第3期。

③ 郑文军、徐龙、李博：《线上线下同价背景下强势零售商开辟网络渠道的效果分析》，《系统工程》2014年第6期。

④ Yen-Chiu Chen，Hui-Ching Hsieh，He-Chih Lin，“Improved Precision Recommendation Scheme by BPNN Algorithm in O2O Commerce”，2013 *IEEE 10th International Conference on E-Business Engineering*，2013.

在网上订购和支付，再到实体店去领取之前购买的产品或者体验服务。这种“引流”既为消费者带来了便利，也为商家带来了机会。由于互联网的应用过程中，沟通和交易的方便性、自由性更多地倾向消费者。这就要求企业需要将控制双方关系的更多权利让渡给消费者，根据消费者的需求来完成交易的过程。客户关系管理就是根据从各个方面收集的用户信息对客户进行更好的管理，通过信息处理可以实施更精确的营销，为顾客提供更精准的服务。任敏等（Min Ren et al.，2013）构建了一种用户签到频率行为模式（Frenquency Pattens of Check-in Behavior），该模式能让商家更加深入地了解消费者的生活习惯和行为；同时，让消费者更了解商家的实力和所提供的产品或服务，让消费者找到更满意的商家，从而形成忠诚客户。①

4. 价值传递创新

O2O 的商业模式是一种实体门店与在线商店的多渠道模式，如何发挥线上线下的协同效应和避免稀释效应成为 O2O 模式发展的重要问题。国内关于多渠道的营销模式有不少学者进行了研究，谢毅（2012）对多渠道的服务管理进行了研究，在多渠道的营销模式下，产品要注意组合搭配，避免在不同渠道呈现出重复性。② 多渠道服务模式的沟通要根据顾客的偏好制定客户细分市场，采取不同的沟通方式。由于各种渠道成本上的差异，不同渠道上的定价存在一定的困难，在这种情况下企业往往采取相同的标价，而通过价格促销或收取运费来区分价格。

汪旭晖、张其林（2013）认为，多渠道模式就是通过线上渠道与线下渠道之间的不同组合满足不同的消费群体的需求。③ 这种渠道可以被灵活地设计成不同的营销组合，从而向不同目标市场提供其所需要的产品和服务。库马尔（V.Kumar，2010）在对多渠道购物行为相关影响因素的研究中，发现多种沟通渠道能对多渠道购物行为产生积极协同作用。因为消费者通过多渠道消费能获得更高的顾客价值，也会因此变得更加积极主动。④ 本多尔（Bendoly，2005）等认为当零售商同时拥有线上和线下渠道时，消费者可以

① Min Re, Guangchun Zhou, Guona Gu, Haiping Wang, “Statistical Analysis Of User Check-In Behavior and Its Application in O2O Marketing”, *Pakistan Journal of Statistics*, No. 6, 2013.

② 谢毅：《多渠道服务管理研究述评》，《外国经济与管理》2012 年第 12 期。

③ 汪旭晖、张其林：《多渠道零售商线上线下营销协同研究——以苏宁为例》，《商业经济与管理》2013 年第 9 期。

④ V.Kumar, “A Customer Lifetime Value-Based Approach to Marketing in the Multichannel, Multimedia Retailing Environment”, *Journal of Interactive Marketing*, No. 2, 2010.

以较低的成本自主转换购买方式。[①] 这种形式提高了消费者对购物过程的控制感，有效降低了消费者在线购物的风险。他们还建议零售商应更多地关注多渠道之间的整合。谢明才（Tse-ming Tsai，2013）研究了用户社会关系的指示板，在该指示板中主要收集三个方面的信息即竞争对手行为的信息、用户行为的信息、事件传播的信息，并将这些数据信息进行分析挖掘让商家更加了解他们的用户。[②] 周军杰等（2012）通过实证研究发现频繁的线上互动会引起社区会员的群体分化，频繁的线下互动会进一步促进社区内部的分化，而群体分化对虚拟社区信息共享具有正向影响。[③]

综上所述，我们不难发现，O2O 线上线下的多渠道模式，只要采用行之有效的营销策略，不仅能避免多渠道的冲突而且能优化 O2O 商业模式。

5. 盈利模式创新

网络团购是基于互联网的一种短期打折促销的手段，也属于 O2O 模式的一种。姜奇平（2011）将 O2O 分成两种模式，一种是交易型销售模式，另外一种是顾问型销售模式。其中交易型销售模式就是利用成本领先战略，利用低成本抓住顾客的眼球。[④] 郭京京等（2014）等人指出，环境动态性对效率型商业模式设计与企业绩效的关系具有正向调节作用，关系嵌入性对新颖型商业模式设计与企业绩效的关系具有正向调节作用。[⑤]

盈利模式创新的途径优势很明显，就是很容易把握住价格敏感型客户，短期内收益好。但是劣势也是显而易见的，如果商家因为价格低而降低了产品和服务质量，这种交易就是一锤子买卖，顾客的黏性不高，可持续性差。企业在盈利模式创新时不能仅仅依靠低成本的手段，还要在定价模式上有所突破，同时还要研究哪些商业模式的要素对企业绩效起了关键性作用。

综合上述国内外文献可见，O2O 已经引起了众多研究者和业内人士的关注，尤其是针对 O2O 的商业模式创新更是成了商业模式创新研究中新的突破口，成为不少研究的方向突破口。但由于 O2O 刚刚起步，国内相关研究成果中对 O2O 商业模式创新的关注还远远不够全面。秦蕾、薛殿中等多

---

① Elliot Bendoly，James D. Blocher，Kurt M. Bretthauer，Shanker Krishnan，M. A. Venkataramanan，"Online/In-Store Integration and Customer Retention"，*Journal of Service Research*，No. 4，2005.

② Tse-Ming Tsai，Ping-Che Yang，Wen-Nan Wang，"Pilot Study toward Realizing Social Effect in O2O Commerce Services"，*International Conference on Social Informatics*，2013.

③ 周军杰：《线上线下互动、群体分化与知识共享的关系研究——基于虚拟社区的实证分析》，《中国管理科学》2012 年第 6 期。

④ 姜奇平：《O2O 商业模式剖析》，《互联网周刊》2011 年第 10 期。

⑤ 郭京京、陈琦：《电子商务商业模式设计对企业绩效的影响机制研究》，《管理工程学报》2014 年第 3 期。

数学者都是基于 O2O 第三方平台的视角进行分析，很少有学者以制造商的角度对 O2O 商业模式创新进行研究，这不得不说是一种缺失。该领域可以补充 O2O 商业背景下制造商相关商业模式创新方面的研究，以望扩展制造类企业的研究视角。

另外，纵观文献，笔者发现已有研究大多数集中在三个领域：

(1)在市场细分创新中利用客户的协调解决线上线下用户争夺。无论是电商还是门店，其最重要的都是自己的客源，传统电子商务与实体门店的主要冲突就是这个问题，电子商务平台凭借自身的优势将门店的客流引到网上，这对于实体店来说是极大的打击。O2O 既然是一种线上渠道与线下渠道的协调，那么就要解决这个问题。一些企业在解决这个问题的时候就十分注重线下渠道商家的顾虑。客户在线上下订单，系统会根据顾客之前的消费情况，老顾客就将该订单安排到之前消费的实体店进行配送，订单归实体店，利润也归实体店，但需要实体店支付的是配送成本。如果是新顾客，就安排最近的实体店进行配送。前文也提到过 O2O 商业模式的收入来源，是收取交易佣金或广告收入或间接收取的会员费用，并不是依靠产品的利润为收入来源的。O2O 不同于传统电子商务企业将线下的客源抢走，与实体店存在一种竞争关系。O2O 商业模式需要客户信息的主要作用应该是将顾客更加细分以便提供更加精确的服务。同时利于实体店铺实施精准营销，更能满足顾客多元化、个性化的需求。所以要想实现线上线下的融合首先要转换一个观念，那就是 O2O 的建立是为线下渠道成员服务的，并不是抢夺客户资源的，O2O 将客户由线上引到线下为实体店带来了资金流，而实体店将客户由线下引到线上是为了让顾客了解更多的产品信息，更能提高客户的黏性。线上线下双渠道之间紧密配合才能打造成功的 O2O 商业模式。

(2)在价值传播中实施线上线下信息资源融合。不少业界人士认为，不论是企业从线上做线下还是从线下开始“触网”做线上，都要面临一个线上线下的融合问题。对于传统线下企业来讲，从线下扩展到线上，它们需要建立一个覆盖面极广的网络销售网络，需要大量的资金投入。而线上企业开展线下业务，实体运作成本较高。二者的盈亏皆不易控制。一般来说，企业发展 O2O 就是为了充分发挥自己的优势，企业发展线下不需要自建实体商铺，可以寻找线下实体商家进行合作；企业没有线上经营的经验也可以找专业网购网站来负责线上业务。企业实施新的商业模式，并不是要求自己做完 O2O 闭环中的每一个环节，而是要集中优势资源，联合有利因素，从而为目标客户群体提供价值。

(3)在盈利模式创新方面实行价格协调。企业在进行 O2O 商业模式变革时,急需解决的就是双渠道价格协调问题。如果线上销售的产品与线下相同,但定价不同,就无法实现线上渠道向线下渠道的引流;如果线上产品与线下产品价格一致,已有网购廉价共识的消费者也不会认同,线上渠道也没有发挥其除了“优惠”以外的优势。在线上线下产品同质的前提下,企业对双渠道价格体系的调控难度是比较大的。苏宁云商成立就宣布线上线下商品同价,但做到这一点很难,实际情况是苏宁并没有完全做到线上线下同价,而是尽量让线上线下价格趋近相同。之前做 O2O 的企业对于线上线下价格问题的协调大多是采用线上线下商品差异化,使消费者对于同一件产品没有可对比的参照物,这样来缓解价格的冲突。在盈利模式方面,很多学者都是基于 O2O 第三方平台的视角进行分析,分析其收入来源、收入构成,很少以制造商的角度进行分析。O2O 商业模式盈利模式的探究主要还是研究商家如何保持持续性的盈利,如何通过附加价值给企业带来利润的源泉,但至今为止,在这方面的研究基本上是空白,这可以作为将来研究的一个重要方向。

四、案例企业选择

本章选取三全食品股份有限公司、好想你枣业股份有限公司以及广州市合生元生物制品有限公司作为主要研究对象。

三全食品股份有限公司是一家于 1992 年成立的股份制企业,其主要以生产速冻食品为主,在全国有 41 个分公司、办事处,销量多年位居国内行业第一。其在线下年销售多年一直具有类目产品领军地位,全国各地大小超市货架都陈列有它的产品。但是与之相比的线上,却一直业绩平平。早在 21 世纪初的时候,网络上就已经开始售卖三全产品。但三全始终处在“被电商化”的尴尬位置。面对“三只松鼠”等一些新兴网络企业的竞争,三全也在尝试反击。2014 年年初,三全打造了一款纯电商渠道的产品——龙舟粽,为今后的渠道战略和布局探路。这款产品的研发、推广、运作不同于三全现有的传统营销体系。随着龙舟粽的成功试水,三全推出了“状元水饺”“私厨水饺”“私厨云吞”“儿童水饺”“台湾粽”“果然爱”系列水果汤圆,通过赞助收视率、话题度较高的综艺节目进行主流媒体的推广,并结合龙舟粽的微博、微信等新媒体的宣传方式进行产品推广和产品销售。当年三全实现年度营业收入 409437.06 万元,同比增长 13.63%。

好想你枣业股份有限公司(以下简称“好想你”),创立于 1992 年,是一家集红枣种植加工、贸易出口、观光旅游为一体的综合型企业,并逐步成为中国红枣领导品牌。好想你枣业公司拥有四个生产加工基地(河北沧州、河南新郑、新疆阿克苏、新疆若羌),8000亩原料基地,1家非控股子公司和11家全资子公司以及遍及全国300多个城市2000多家专卖店的销售网络。2011年,“好想你”在深圳交易所中小板挂牌上市,成为中国红枣行业第一股。

广州市合生元生物制品有限公司(以下简称“合生元”),创立于1999年,是一家以生产母婴类产品为主的企业。其旗下产品涵盖多个领域,除了婴幼儿洗护日用品系列、母婴营养健康食品系列外,合生元还自建母婴消费服务网站,该网站主要面向孕妈妈及0—7岁儿童的妈妈,旨在为他们提供各类健康产品及实用健康资讯。合生元在全国设有11个营销大区,52个办事处。作为一家提供婴幼儿营养品及护理品的公司,合生元借助其独特的会员服务系统,率先打造O2O闭环,实现了虚拟社区咨讯共享、线上下单、线下实体门店送货的独特O2O商业模式。

本章之所以选择三全、“好想你”“合生元”作为研究案例,是因为国内学界和社会业界对这三家公司的关注度较高。作为上市公司,三家企业的数据资料具有较高的获取性,且信息披露比较严谨、可靠。除此之外,三全是省内速冻类食品制造业的领军者,“好想你”是国内红枣领导品牌、“合生元”更是在O2O商业模式的探索道路上有所成绩。三家企业在O2O背景下所做的探索有利于补充相关领域理论知识框架的完整,且三者在变革中的一些具体措施对于同行业企业发展O2O具有一定的现实指导意义。因此,作为研究案例,三全、“好想你”以及“合生元”具有较强的代表性,本章以三者为研究对象开展案例研究具有一定的理论意义和现实意义。

本章主要采取访谈法和二手资料收集归纳法来获取案例资料。首先,笔者通过阅读专著和文献报道以及访问案例企业官方网站、新浪微博、微信公众号等途径,获取企业的基本情况。其次,通过对案例企业每年的企业年报进行深度分析,以获取相关数据资料。最后,笔者对三全、“好想你”进行了实地考察,对相关电商负责人、顾客进行了实地访谈。访谈内容包括:企业对待O2O商业模式的一些看法、规划、具体措施以及已经取得的成绩等。除此之外,笔者也亲自体验了案例企业部分网络产品的购买过程。对于已取得的数据资料,笔者先进行了梳理、归类、分析,最后从中提取本研究所需要的信息,并对其中涉及O2O商业模式创新部分的内容作重点研究。

有关商业模式的研究已经相对成熟,许多学者都用文献综述的方式对已有的研究进行了总结和分类。本章中笔者将参考申海波(2014)提出的商业模式创新的框架①,按照企业价值创造的逻辑,将商业模式分为以下五个维度,即战略创新、价值创造创新、价值传播创新、价值传递创新、盈利模式创新,其中价值创造、价值传播以及价值传递都属于企业具体战术层面的创新。在该理论的基础上,本书主要探究 O2O 快速发展的背景下,企业商业模式的五个维度上的创新以及创新元素之间的关系。

本章假设每个维度的创新程度不同给企业带来的效益增长都是不同的。为了研究企业创新时的路径变化,本章把市场创新和产品创新做交叉对比,建立了市场—产品创新策略矩阵(见表 5-1)。其中 A1 代表传统制造商现有的产品和市场;A2 代表传统制造商向现有市场输入新型产品,以巩固现有市场,即产品创新;A3 代表传统制造商用现有产品进入新型市场,以扩大市场占有率,即市场创新;A4 代表传统制造商开发新型产品,以新产品开发新的市场,即产品—市场双重创新。

表 5-1 市场—产品创新策略矩阵

产品创新 / 市场创新	现有产品	新型产品
现有市场	A1	A2
新型市场	A3	A4

在假定企业生产的某一种产品的基础上,把产品创新分别与传播方式创新、渠道创新进行交叉对比,建立了产品—传播创新策略矩阵(见表5-2)和产品—渠道创新策略矩阵(见表 5-3)。其中在产品—传播创新策略矩阵(见表 5-2)中,B1 代表传统制造商运用传统传播方式推广现有产品;B2 代表传统制造商运用新的传播方式推广现有产品,即传播方式创新;B3 代表传统制造商运用传统传播方式推广新型产品,即产品创新;B4 代表传统制造商运用新的传播方式推广新型产品,即产品—传播双重创新。在产品—渠道创新策略矩阵中(见表 5-3),C1 代表传统制造商通过已有的线下渠道销售现有产品;C2 代表传统制造商通过开发线上渠道销售现有产品,即渠道创新;C3 代表传统制造商通过已有的线下渠道销售新型产品,即产品创新;C4 代表传统制造商通过线上渠道销售新型产品,即产品—渠道双重创新。

① 申海波:《企业商业模式创新的识别与评价》,《光明日报》2014 年 8 月 28 日。

表 5-2 产品—传播创新策略矩阵

传播创新 产品创新	传统传播方式	新型传播方式
现有产品	B1	B2
新型产品	B3	B4

表 5-3 产品—渠道创新策略矩阵

渠道创新 产品创新	线下渠道	线上渠道
现有产品	C1	C2
新型产品	C3	C4

本章通过研究案例在商业模式创新中的策略，试图找出食品制造类企业在进行商业模式创新时创新元素之间的一些规律，并试图指出企业商业模式创新过程中的一些可行性行为。

第三节 企业O2O营销模式创新的三全公司O2O案例分析

一、三全案例介绍

（一）三全现状分析

三全，作为中国速冻食品行业的开创者和全国最大的速冻食品生产企业，其生产能力和装备水平也一直处于国内领先水平。多年来，三全产品在国内行业市场占有率保持稳定增长，其市场占有率接近40%，位居行业第一水平。

三全全系列产品主要分为四大类，即低温冷冻、常温即食、特色出口、军用产品，其主打产品集中在低温冷冻这一大类里。三全在主品牌的影响下，着力培育“三全凌”“三全状元”“面点坊”“龙舟粽”“果然爱”“三全私厨”等副品牌。随着三全产品结构不断向高端产品的发展，高端市场的占比也得到了较大幅度提高。

三全的产品在传统渠道中已经占据了大小货架，部分产品已远销欧洲、美洲、非洲一些国家和地区，市场占有率在国内具有行业第一的位置，但在三全开展线上网络业务时一直处于较为被动的局面。“三只松鼠”“良品铺子”等互联网新生企业给三全这类传统行业巨头带来很大的冲击。三全也一直寻求在电子商务时代的转型之路，但其在互联网上的销售遭遇了不少困难和阻碍。除此之外，三全还面临着南北饮食文化和习惯上的差异所带来的销售问题。作为北方企业，三全想攻占南方消费市场，就要与众多当地老品牌竞争。

在三全推广线上网络业务的过程中，面临的困难主要来自三个方面：

(1)三全产品系列基本分为低温冷冻和常温即食两大类，其中的低温冷冻类产品对仓储物流条件要求较高，通过线上销售需要更加成熟的冷藏物流条件。

(2)三全常温即食类产品分为米饭类和粥类两种，虽然可以成为首发产品先期进入互联网，但是无论是米饭还是粥类都很难做到有鲜明的特色。而且二者都已经成为消费者日常三餐的食品，难以通过产品变化增加其食用价值。

(3)作为速冻类食品行业的领军者，三全的线下渠道是建立得比较完善的。三全在线下渠道成员的开发和维护方面进行了非常大的投资。但已经成型的、庞大的线下网络如何连接线上资源，成为一个难题。其曾经的标准化、流程化、规模化所建立的成本优势反而不适应电子商务灵活、多变的商业环境。

面对以上困难，三全决定把最初的互联网思维的试水产品锁定在粽子上，原因有三点：

(1)粽子虽然属于低温类产品，但其对冷藏物流条件的要求并不高。

(2)南北差异虽然存在，但年轻消费群体对差异适应比较容易。作为南方北方都有的食品，粽子比较容易突破地方壁垒。

(3)虽然粽子有地方性的差别，且是节日型食品，但由于粽子口感好、小巧等特点，一些地方已经把它当成了一种休闲食品食用。粽子可以通过推广宣传突破节日特定食品的概念，甚至可以成为节日礼品、日常休闲食品、食材等。

（二）龙舟粽的推出

三全决定打造一款新产品。这款产品的特点是：适合中国南北方人的口味，超越食品食用的范畴，吸引年轻消费群体，便于用户在享用产品的同时创造话题传播。三全选择参考“三只松鼠”的动漫形象和“江小白”的网络流行语模式，来打造三全新产品的商业模式。

这套全新商业模式的特点主要有以下几点：

1. 增加粽子的食用价值

萌粽变化了以往粽子的口味和重量，一改北方粽子硕大的形象，而采用大小适中的外形，希望能够同时被南方人和北方人接受。同时在粽子价值的多元化上做了尝试，增加了多种口味的粽子，把粽子不再定义为特产节日产品，而是日常休闲产品，甚至是一种健康食材，提供给消费者粽子的多种吃法。

2. 设计粽子的卡通形象

三全以主打粽子产品龙舟粽为原型，加入中国传统元素——“龙”，创作出又呆又萌的“龙粽粽”的卡通形象，为了使该卡通形象更加生动活泼，三全还赋予其性格、命运和故事，为“龙粽粽”设计多种动漫形象。

3. 通过品牌形象的延伸给产品文化注入娱乐元素

龙舟粽的设计团队希望让每一只粽子都拥有生命。三全希望在卖产品的同时，也让企业的文化和诉求在消费者那里进一步传播(如设计卡通角色传达企业文化内容的漫画等)。除此之外，三全还利用新的品牌形象与年轻消费者建立多元沟通和话题，引导年轻消费群体围绕粽子增添了时下的话题和讨论，引发传播。

4. 体验环节

三全在所有龙舟粽礼盒里，都放有装有粽子专用湿巾、复古小布袋以及产品文化手册等物件的百宝盒。湿巾让消费者吃完粽子可以擦手，它解决了顾客吃完粽子手脏的痛点。相关负责人介绍说，他们这么做的原因是，争取把体验环节做到消费者只要接触到这种粽子，便可牢记在心。

5. 推广环节

在推出龙舟粽之前，三全的产品推广途径大多数是基于传统媒体的，如广告赞助、明星代言等。而在龙舟粽的宣传推广上，三全采用了基于互联网的营销方式。如要求社交媒体(微博意见领袖)进行产品体验，并借助其进行传播；坚持运营龙舟粽的官方新浪微博、微信公众号、QQ 空间等，通过发布对年轻消费者有吸引力的话题，介绍龙舟粽；通过奖励，吸引潜在消费群体添加新浪微博、微信公众号；借助节日造势，引导网友转发商城链接；鼓励购买网友晒单，通过用户满意度以自行传播的方式进行宣传；推广国内外粽子文化。

6. 销售环节

龙舟粽上市时，放弃了三全以往产品的线下渠道，避开传统渠道商环节，直接与消费者终端对接。该产品在定价上也避开了市面上常见的散装食品定价方式，而采用套盒定价。

（三）三全全系列的改变

三全主要有以下几个方面的改变：

1. 产品趋向于个性化、多元化

借鉴龙舟粽的热度，三全抓住了消费者尝鲜的心理，迅速推出了三全私厨系列产品、三全状元水饺地方口味、果然爱水果汤圆系列、针对老年人开发的无糖黑芝麻汤圆系列以及针对南方市场开发的台湾粽等高端速冻食品。三全不断加快新品开发周期，仅在龙舟粽之后，推出产品的种类就达到之前产品的两倍之多。

2. 包装的人性化

无论是三全以往的产品还是同类竞争对手的产品，都会在产品外包装上都明确标明净含量（克）。经观察发现，三全后来推出的新产品外包装形式更加简约高端，除此之外也都在净含量的旁边细心地标注了饺子的个数以及适合食用的人数。

3. 新产品的价格变化

三全私厨、状元系列的水饺定价普遍为 40 元/袋，明显高于之前的水饺 20 元/袋左右的定价。

4. 推广采用传统和新型媒体相结合的方式

在推广产品的过程中，三全希望产品的全过程体验都传达企业的文化和态度，包括新产品研发、生产细节、物流配送、购物互动等环节。三全经过龙舟粽对新型媒体的试水，对新型媒体的运用更加娴熟。在之后的产品推广中，一方面，选用传统媒体宣传，采用节目赞助、明星代言等方法进行推广。在节目和代言明显的选择上，皆按照与产品高粘合度的节目。另一方面，借助微博、微信、直播等新型媒体的高开放度进行广告宣传，引起网友们的广泛讨论和关注。

5. 销售环节更加注重体验

三全“龙舟粽”的微博大号在积攒了一定人气之后，正式更名为“三全食品官方旗舰店”，与“三全食品”微博大号配合宣传，与微信微商城配合搭建自主网络销售渠道。在与客户黏度比较高的微信微商城的搭建上，非常注重客户体验，开通了“贴心服务”渠道，主要包括基本的产品咨询、常见问题的回答、查询附近的超市、快速投诉建议渠道。

二、三全商业模式创新研究

三全希望建立强大的品牌社群。品牌社群要求有多元化的产品，还需要有产品的全过程体验。对于传统食品类企业而言，三全在不同渠道采用不同的措施,是非常具有借鉴意义的。本章首先从五个维度分别研究三全在各个维度上的创新,再从所提假设三个方面研究三全在商业模式创新上的探索,以验证研究假设。

(一) 商业模式创新研究

1. 战略方面

一个企业在战略层面的创新主要有目标客户的选取和价值主张的确定两大部分。

选择客户是一个关乎企业市场细分的问题,也是企业商业模式创新的战略性问题。一直以来,三全为自身产品找到的目标市场便是大众市场(A1)。在商业模式创新的道路上,三全按照区隔化市场精准地把以往的大众消费群体分为若干个小市场,再选择其中比较具有开发潜力的细分市场作为目标市场。

根据利基市场的划分,三全精准地选择年轻群体作为目标市场,尤其是日益壮大的热衷互联网交易的消费者。这一细分市场目前并未引起竞争者的广泛重视,但又极具购买能力。年轻人爱热闹、爱新鲜、爱创意,容易接受超越地方特色的食品,只要能引起他们的兴趣,便能触发购买。三全选择以年轻人为切入点,运用蓝海战略,突破特色产品的地方壁垒。在选定新市场后,三全针对这个市场特点推出新的产品。在市场细分的基础上,价值主张反映了核心企业商业模式的总目标。细分市场明确后,三全的一系列创新都是以市场—产品定位为基础的。以龙舟粽来讲,特色的产品设定、卡通形象、让消费者参与其中的体验环节、拟人化的社交推广以及新型媒体的运用等种种做法,都是为了迎合其目标客户(“80”后、“90”后甚至“00”后)多元化、个性化的诉求。

三全以市场为基准打造产品,采用市场—产品双重创新的策略(A4)。网络上龙舟粽的受欢迎程度也证明了三全这一决定的正确性。三全在针对细分市场开发产品的做法上表现得愈加纯熟。而随后三全以小孩以及女性为目标市场,开发出水果味的汤圆;针对中高端市场开发出特殊口味的水饺等。私厨系列和状元系列也越来越把市场精细划分。这种瞄准蓝海的做法也使得三全这一决定的长尾效应逐渐展现出来。按照本章构建的市场—产品策略矩阵,三全没有简单用原有产品开发新的市场,而是采用了针对新的市场开发新型产品的做法(A4)。

2. 价值创造方面

价值创造活动涉及了企业运营的核心问题。在产品创新上,以龙舟粽产品创新为例,它创造了远远超乎节日食品范畴的价值。这是以往三全大众类型的产品不曾有过的。

在食用层面,龙舟粽变化了以往三全粽子的口味和重量,在多元化上下足功夫。不仅推出多口味的粽子,还在粽子价值的多元化上做了尝试,推广把粽子作为一种基本食材的多种烹饪方法。不仅告诉消费者如何创新粽子的吃法,还鼓励消费者们自己创新吃法,让粽子不再只有单一的吃法,使粽子突破了节日产品对特定节日的依赖,成为促销品、礼品、员工福利用品,甚至是配合中西餐的新型混搭食材。

在精神层面,龙舟粽还给这些粽子赋予精神层面的形象,让它们与消费者互动起来。这种将产品个性化、拟人化、社交化的运作方法,正迎合了"80后""90后"甚至"00后"主流网络用户群体的心理特征和需求。

在文化层面,三全借助龙舟粽独特的造型以及独特的互动方式,成功把其文化嵌入产品,给消费者带来远远超出其食用的价值。当企业无法在产品的制造上嵌入企业文化时,那可以在产品的使用环节注入文化元素。文化的力量,远远大于口味。卡通是增强品牌亲切感的最好方式,龙舟粽选择以卡通形象与消费者互动,以产品文化手册介绍粽子的各种吃法和企业文化。

随后三全在不放弃针对中低端大众市场基础产品的同时,不断开发满足中高端市场多元化、个性化需求的新产品。以多元化产品进军新的利基市场,在市场—产品创新策略矩阵中,从巩固现有产品现有市场转向了以新产品开发新的市场,即进行市场—产品的双重创新(A4)。

在产品定价方面,作为试水产品的龙舟粽没有选择以往熟悉的定价策略,而是采用了套盒定价的方式。龙舟粽在附加价值方面的创新,使消费者的购买动机从食用转移到喜欢上,这便降低了消费者对同质商品价格上的敏感。套盒产品定价较高,也为产品带来了比较宽泛的利润空间。

不仅是龙舟粽,三全在果然爱水果汤圆、私厨系列水饺上也在产品独特性上下足功夫,就是想避开与竞争对手的价格之争,利用差异化把消费者的注意力从单纯的食物层面价格转移。三全这种以推出新品的方式重新定位产品价格的做法也是好过直接产品变价的。

3. 价值传播方面

价值是相对的,同样一件商品对不同人来说具有不同的价值,这取决于这件商品能否满足顾客的需求和企业的营销手段是否高明,所以,价值传播过程可以被看作是一个营销的过程。以往很多企业在进行产品创新时,并没有过多地改变传播方法,大多数会选择传统媒体、商业赞助等形式宣传新产品,也就是产品—宣传策略中的B3。

三全在龙舟粽的宣传方面，首先通过微博大号把卡通形象推广曝光，并将其打造成一系列具有丰富性格的人物。通过让形象动起来，龙舟粽不仅从形象上吸引消费者，更从人物性格上影响消费者，为粉丝创造恶搞版提供基本素材，也为品牌的持续传播提供了一个基础。

在后续一些产品的推广上，它不再像过去那样仅仅依赖于传统媒体。在龙舟粽对线上媒体的探索之后，三全把网络媒体也加入了宣传的主力阵营。一方面，利用大企业资金上的优势，赞助高收视率、高话题度、与产品高粘合度的综艺节目；另一方面，利用新浪微博不断发起与年轻人生活、与传统赞助贴合在一起的活动，以保持消费者的紧密互动，搭建虚拟社区。在网络平台的选用上，三全选用微博作为推广平台是看中了微博的高开放性。而在另一重要网络平台微信微商城上，由于微信的高度闭环以及与消费者高黏合度的特性，三全的工作重点则是放在了提高用户体验、完善产品介绍上，增加了“查找超市”服务，便于把消费者从线上导入线下；增加了“投诉、建议”渠道，增加与消费者的沟通，提高消费者的满意度；“新品尝鲜”等渠道完整地介绍了三全新推出的产品系列；“萌粽漫画”系列更是在增加消费者趣味的同时不断地传达着三全的文化和诉求。

在宣传推广上，三全一改过去一味地请明星代言、电视广告等单一的宣传渠道。现如今，根据目标客户的不同、渠道选择不同、平台特质的不同选择不同的推广重点，也是三全宣传推广上的一个特点。在产品—传播策略矩阵中，三全选择用传统宣传方法和新型宣传方法相结合的做法宣传新产品（B3+B4），也是三全在传播上一个重要的创新之举。

4. 价值传递方面

在电子商务的渠道发展上，大多数传统制造类企业选择的方法是，把现有产品放到网上去卖，以一种直接的方法进军网络渠道，也就是产品—渠道策略矩阵中的C2。这种方法给消费者带来了很大的便利，也让制造商企业的销售量和销售额有所增加，但损害了线下渠道成员的利益。因为大多数产品如果在网上销售的话，可以降低很多固定成本，一般线上商家会把这部分成本差价让利给消费者以此来吸引消费者购买，从而抢夺线下商家的利益。也就是说，线下商家在付出了高成本的代价后，却给线上商家带来了销售量。

三全在互联网上的探索，一改以往商家把产品简单放到网络上销售的做法，而选择为互联网渠道专门开发一款新产品，以区分普通线下产品。在龙舟粽试水初期，三全避开传统的渠道商平台，而选用和消费者直接接触的终端销售模式，借助微信支付平台，采用网络渠道销售。消费者通过微信微商城,可以直接购买到龙舟粽套盒。三全选择这种做法,一方面,节省了渠道成本;另一方面,作为试水产品,这种终端销售模式,更好控制,也更容易掌握一手数据,以便后期数据分析和评估。而在众多电商平台中选择微信微商城平台,也正是看中了微信自带支付功能以及微信社交方面消费者高黏性、操作简易的特点,他们可以高效地将价值交付给目标消费者,并推广向最有发展潜力的潜在客户群体。

虽然龙舟粽的网络销售量比较火爆,但其随后推出的水饺、汤圆等高端产品对冷藏物流的要求远远大于龙舟粽。随着龙舟粽的火爆,在"龙舟粽"的大号积累了一定的人气后,三全把其改名为"三全官方旗舰店"。

在考虑到物流条件和成本的基础上,三全在网络销售渠道销售方面还仅仅停留在龙舟粽的销售以及部分套盒产品的预售。它明确地把网络产品—网络渠道与传统产品—传统渠道区分开来。

5. 盈利模式方面

盈利模式并不等同于简单地盈利,价值完成交付也并不意味着企业可以同时收回成本并实现盈利。盈利模式的问题是企业需要解决的终极问题,任何商业模式创新都必须建立在提高企业持续盈利能力上,也就是帮助企业实现所谓的动态盈利。三全也不例外。产品的盈利模式并不是在消费者完成购买时就结束了。三全在产品上一系列的创新,把盈利模式从简单的成本控制转向盈利点创新,从而避免了同行之间的价格竞争。但是,一次盈利不能说明持续的盈利能力。虽然加强虚拟社会的建立和消费者之间高粘性的互动,可以给消费者带来更多地二次购买,但在龙舟粽的案例中,暂时没有明确指出持续盈利的地方。但值得注意的是,三全在中高端市场不断进行的多元化产品创新,也在为企业持续盈利打下良好的基础。

（二）提出假设

笔者通过对三全的商业模式创新的研究,提出以下三个假设:

假设5-1:成功的商业模式创新需要五个维度的协调。

虽然无法量化五个维度上的创新力度,但经过研究发现,三全在这五个维度上的创新力度并不都是一样的。相对而言,三全在价值创造、价值传播以及价值传递三个方面作出的变革比较大。且能看出,无论是龙舟粽的成功试水还是三全随后新产品的推出,商业模式五个维度间的配合是相当紧密的。龙舟粽本身就是三全针对线上渠道以及线上消费群体(A4)设计的一款产品(C4),在客户和渠道特点明确的基础上,开发产品,并根据客户、渠道以及产品的特点来给龙舟粽制定套盒价和基于互联网的宣传策略(B4),最终落脚于盈利。随后三全针对中高端客户群体(A4)以及传统渠道(C3)的特征,设计了私厨水饺、果然爱汤圆等系列产品,并根据客户、渠道以及产品的特点来确定宣传方案(B3+B4)。龙舟粽采用的商业模式是A4+B4+C4;私厨水饺、果然爱汤圆等系列产品采用的商业模式是A4+(B3+B4)+C3。不难看出,渠道—客户—产品—定价—传播方面都是协调变动的,也就是说五个维度之间的变革是相匹配的(如图5-1所示)。三全在进行商业模式创新时,以战略层面的市场细分和价值主张作为创新的基础,以确定创新的方向。其战术层面是创新的重点,价值创造和价值传播以及传递方面的创新是创新的核心。最终落脚于持续盈利层面。

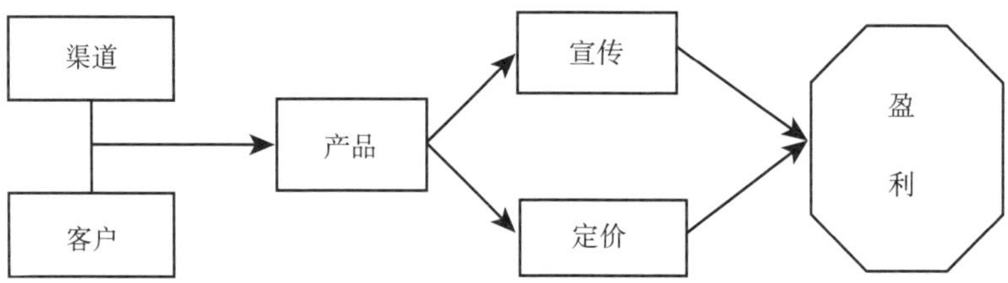

图5-1 五个维度之间的协调变动路径

企业在创新的过程中,五个维度是并行的。企业在创新过程中,无论企业是对五个维度全部创新,还是对某一个维度创新,现有研究,大多是针对企业某一创新改革措施的研究,大多数没有标明某一维度的创新是否带动了其他维度的变革。在O2O的大背景下,针对企业创新类的文献本就少,针对创新元素之间的关系的研究几乎没有。根据有关三全的商业模式创新研究,本章提出假设5-1:成功的企业创新过程中,其商业模式中战略创新、价值创造创新、价值传播创新、价值传递创新、盈利模式创新等五个维度之间存在密切的协调关系。

假设5-2:在O2O背景下,开发线上市场时A4策略效果好过A3策略效果。

在战略层面上,三全新推出的系列都在市场细分和定位方面选取了一个非常精准的细分市场,正如龙舟粽也是以一个蓝海市场作为试水点。企业在创新上可以不再仅仅停留在以新产品巩固原有市场(A2),或者以现有产品开发新市场(A3)的阶段,适当地把产品创新和市场创新(A4)结合在一起也是很可取的。三全在动态创新上,选取单品突出的方法,以一种全新的产品探索全新的商业模式并全面推广的行为,是非常值得肯定的。龙舟粽在产品创新、销售渠道等方面都严格围绕细分市场来设定。但相对而言，在龙舟粽的盈利模式上的创新还仅仅在避开价格战层面上，在动态盈利层面，还未有更多地体现。龙舟粽确实成功开发了网购这一极具潜力的市场，也为后续产品的上市提供了可借鉴性的经验，也使三全官方新浪微博的关注用户达到 35 万之多，远远超过竞争对手(5 万左右)。通过横向、纵向对比，可以看出三全这种做法是非常有利于新市场的拓展的。单从本案例自身来讲，单品突出的形式开发线上新市场，创新力度确实要大于简单的传统产品上线。

企业能够在识别市场的基础上确保产品成功进入市场是非常重要的。早在 21 世纪初，各行各业都已注意到了电子商务这一领域，尤其是在 O2O 火速发展的今天，大家意识到不搞线上渠道是不行的。但如何去搞，一直是一个业界和学术界都在探索的问题。对于具有多元性、个性化的特点的新兴、小、微型企业来讲，不用过多考虑线下已有的布局，只通过网络特点设计产品，相对于传统类企业来讲产品上线是比较容易的。但对于制造商来讲，尤其是大型制造商，其低成本、大规模等曾经的优势可能会变成单一、不灵活等死板，如何在保持曾经优势的基础上让产品上线，如何在不损害传统渠道成员利益的基础上争取网络客户、开发网络市场都是一个难题。本章以开发线上市场为目标市场，提出假设 5-2 针对线上渠道设计新品开发线上市场，要好过简单地把传统产品推广上线，即在 O2O 背景下，A4 策略效果好过 A3 策略。

假设 5-3：在双渠道协同的背景下，以渠道为基础的营销组合好过以产品为基础的营销组合。

在战术层面，三全并没有采用以往根据产品特点选择渠道的做法，而是采用产品渠道化的做法，针对线上渠道开发线上产品龙舟粽、食品套盒等，针对线下渠道开发线下产品—在传统产品的基础上多元化的新产品；以渠道为基准选择适合的潜在消费人群；并以渠道为基础，分别针对性地进行传播推广，以更有效地向目标消费者传递信息。在利用线上协助做好产品推广的同时，利用线上微商城的“查地图”以及微博各种活动奖品的领取，把客户流量导入线下。这种闭环的巧妙性在于既避免了传统产品上线所带来的渠道成员的冲突，又保留了传统渠道高成熟性的优势。整体看来，在面对三全运用的营销组合采用了以渠道为基础的设计方法，明显好过以往制造商以产品为基础设计的营销组合传统(4P 营销组合与以渠道为基础设计的营销组合的设计路径如表 5-4 所示)。

表 5-4　传统 4P 营销组合与以渠道为基础设计的营销组合的路径对比

<table>
<tr><th colspan="3">传统 4P 营销组合</th><th colspan="3">以渠道设计的营销组合</th></tr>
<tr><td rowspan="3">产品</td><td rowspan="3">→</td><td>价格</td><td rowspan="3">渠道</td><td rowspan="3">→</td><td>产品</td></tr>
<tr><td>传播</td><td>定价</td></tr>
<tr><td>渠道</td><td>传播</td></tr>
</table>

4P 营销组合自被提出来,得到学界广泛认同。大多数实体企业也选择以产品为基础来设计营销组合。然而,随着市场竞争日趋激烈,O2O 的快速发展,整体来看线上渠道的选择已毋庸置疑,以传统 4P 理论来指导企业营销实践已经缺乏力度。本章以双渠道协同为前提,提出假设 5-3 企业以渠道为基础设计产品、价格、传播方式的营销组合要好过传统的以产品为基础设计的营销组合,即渠道—产品—价格—传播路径的营销组合要好过产品—价格—传播—渠道路径的营销组合。

第四节　O2O 多案例分析验证渠道冲突协调

一、好想你案例介绍

(一) 好想你案例简介

在国家加强反腐,中共中央狠抓落实改进工作作风、密切联系群众的八项规定的大背景下,国内礼品市场相应发生了质的变化。礼品市场从商务、政务消费为主的消费,逐渐转变成家庭馈赠为主的私人消费。而以高端礼品市场为定位的好想你企业也随之转型。但最初好想你的线上商品并不是由好想你企业做的,企业自身也并没有主动开发电商市场的计划。随着电子商务的发展,好想你产品的网络市场消费额的快速增长,其网络市场出现了两类现象:

1. 窜货

好想你的产品一直做的是中高端市场,其价格一直远高于行业整体水平。由于其产品对物流没有冷藏等高端要求,早期很多加盟商、经销商在网上做好想你的产品,通过网络市场价格优势吸引消费者。随着物流业的逐步成熟,全国范围内出现大量窜货现象,导致产品价格混乱。

2. 假货

好想你产品一直走的都是高端礼品路线,产品价格较高。互联网的兴起,为假货市场提供了可乘之机。

除此之外,还要面临其他食品类电商快速扩张的冲击。好想你产品定位与三只松鼠、良品铺子等新兴电商类企业相似,甚至部分重叠。新兴企业的高度灵活性也是好想你这类企业所不具有的。

好想你最初接触电商是非常被动的。网络的窜货、乱价、假货现象很大程度上减少了企业原有巨大的利差,破坏了其原有的盈利模式。企业不得不通过旗舰店的形式,利用网络平台开店(主要的电子商务平台包括天猫好想你官方旗舰店、京东商城、拍拍网等网络平台),也积极参与"双 11""聚划算"等网络促销活动,希望通过扩大自身电商规模,以保住网络市场。但由于食品类产品的特点,企业在网络平台拿下较高销售额的同时,也出现了发货速度不可控、产品积压甚至变质等物流问题。

(二) 好想你 O2O 商业模式调整要点

好想你在向 O2O 商业模式的转型过程中,其产品结构由高端商务礼品向大众休闲食品转型,销售模式从以专卖店渠道为主向专卖店、商超和电子商务等多渠道并举模式,加强线上与线下的协同。在 O2O 为背景下,这套以产品"上网"为前提的商业模式的改变主要有以下几点:

1. 渠道化区分产品

好想你认为其应该开发的网络消费群是 18 岁到 39 岁之间的互联网人群,而其传统线下渠道主要的消费群体年龄应该在 35 岁以上。好想你认为如果把适合专卖店的较大包装的产品放到线上去卖,一方面,原有产品包装未必适应电商的物流条件;另一方面,线上线下相同产品的不同价格会降低线下消费者的产品满意度,也会给线上渠道产品订上"便宜"的标签。

2. 改变产品定位

好想你以往的产品定位是商务礼品,瞄准的是中国特有的礼品市场。随着政治背景的转变和礼品市场的萎缩,好想你产品的定位改变为健康食品、休闲食品。目标客户也从对高端礼品有需求的消费者,转变为对健康、休闲食品有需求的消费者,尤其是针对女性、年轻人等热衷于零食类食品的消费者进行了产品定位升级。在天猫、京东等主要的电商平台上,通常对红枣产品的类目定位是"养生滋补类",到后来被单列为"枣类",好想你把自家的红枣类产品归类为"零食类"。

3. 设计产品拟人形象

好想你将网络客户人群划分为七个不同的人群,并请专门的团队为其设计卡通形象。如家庭中母亲的角色—枣妈妈、都市白领角色—枣美美、吃货一族—枣吃吃等。并通过对七类消费者的形象的划分和定位,好想你对枣类产品进行了归类。后续好想你推出淘枣帮“枣枣”的卡通形象,从整体设计和概念上更加的生动形象,并生产其形象的公仔等赠与消费者。

4. 完善产品结构

好想你不断对产品品类进行细分,产品结构精简为原枣类、休闲类、木本粮类以及饮品类。好想你单就枣类产品,就推出了针对不同消费群体的单品。比如,针对“枣妈妈”类消费者生产实惠类的健康食材枣类产品、针对“枣美美”类消费者推广养生美容功效枣类产品、针对“枣吃吃”类消费者推广健康零食枣类产品。除此之外,好想你通过拓宽枣类原品的采购广度开发新的枣类产品市场。好想你针对健康零食类市场,开发坚果类、果铺类休闲产品。

5. 注重客户体验

好想你认为线上网络消费是消费者冲动的一种形式。冲动型购买是否能引起二次购买,就要看消费者完成购买的最后一个环节,即考量看网络消费者收货时所获得的产品和服务能否达到他冲动消费时的预期。

为达到甚至超过消费者的预期,好想你的物流包裹里经常放一些有亲笔信、关怀卡、新品的尝鲜品等,还会为会员定制玩偶、卡通形象,在微信公众号上建立专门的“投诉/建议”渠道等。另外,在网络大型购物活动体验方面,以及消费者赔付的方面远远超过消费者预期。

6. 加强数据分析

好想你对平台数据的运用和营销更加娴熟,通过数据做市场分析。它在推出单品时,坚持通过客户人群的数据分析,调查客户喜欢什么样的产品,喜欢多大规格的,能接受的客单价是多少,深入挖掘客户内心的需求,以此来确定产品包装、宣传路径。在大型网购活动之前,通过数据确定哪些客户大概会购买什么样规格的产品、会有多少需求量等,再根据分析结果提前把商品存储在相对应的仓库里,便于发货。

7. 整合线上资源

在互联网的基础上,好想你在为品牌、产品宣传造势时采用的方法也发生了很大转变。通过新浪微博、微信公众号积累的粉丝,好想你建立了一个虚拟社区。通过社区,好想你与关注者互动,希望消费者更加了解企业品牌和产品。同时,它不再仅仅依靠自身力量做网络推广,而是选择品牌联手,借力整合。2013 年开始,好想你开始尝试与一些母婴、美妆、食品类品牌产品做一些跨界的联合,建立“会员互通”的会员体制,也就是说好想你的会员在购买其他品牌的产品依然享有会员特权。2014 年在淘宝旗下的“3.7 闺蜜节”活动促销时期，好想你与其他 16 个相关品牌联合，通过新浪微博发起“寻找闺蜜”的话题，引导消费者通过分享彼此之间的故事，赢取价值几千甚至上万元奖品、礼品。他们希望活动的话题性和互动性，可以带动潜在消费者（尤其是网络受众）积极参与。事实上，这一做法也确实达到了预期的目的。

8. 加强线上线下合作

好想你在做电商的时候，并没有把线上线下完全区隔开来，引导线下实体向“体验店”方向发展。好想你通过选择出符合条件的实体店加入公司的 O2O 项目，对其进行话术、关联营销技能培训。然后，把专卖店里一些滞销品通过网络“特卖”的形式售卖，让顾客以“提货”的形式进入专卖店，进店“体验”所购买的产品。

9. 加速线下门店改造

好想你陆续关闭一部分服务信誉不好的加盟店，对留下的门店加强改造升级，建立以产品展销、客户体验、人性化服务、信息化为一体的“四位一体”服务体系。升级后的店面为消费者提供免费 wifi、养生介绍、试吃等服务，购买产品以后，还提供寄存、送货上门、邮寄等服务。

二、合生元案例介绍

（一）合生元案例简介

在企业成立最初，合生元公司的主打产品都是“合生元益生菌”，销售模式为建立在经销商基础上的传统的终端销售模式，希望这种单一的运营模式可以为企业节省运营成本。2008 年，国内爆发三聚氰胺事件，国产婴幼儿奶粉信誉扫地，中国国产奶粉市场出现一片空白。2008 年 5 月，合生元推出“婴幼儿配方奶粉”，从国外进口奶粉，再在国内进行配方生产。

当新产品的上线使合生元的消费者越来越多时，这种建立在经销商基础上的终端销售模式使企业发展遇到了瓶颈，随着销售规模的扩大，再加上渠道商对资源的保护，企业逐渐显现出对消费者的了解以及掌控力的缺乏。消费者的消费数据存储在渠道商的收银系统里，当渠道商处于强势地位时，合生元想要进行数据整理是非常困难的。

随后合生元建立了一个会员积分兑换系统，消费者使用 POS 机付账时，通过刷卡积分，当积分达到一定程度时，可以兑换部分产品。合生元通过该兑换系统，不仅可以获得消费者的个人基本信息，还可以在消费者刷卡付账时，获取其每一笔的消费记录。通过这些信息，合生元形成了一套高效的客户关系管理系统（CRM），再利用这套管理系统为会员提供产品和服务，也就是后来的会员服务品牌“妈妈 100”。随着会员基数的快速增加，合生元顺势推出了“妈妈 100”APP 和“妈妈 100”微信公众号，将目标客户定为热衷于新媒体的“新妈妈、准妈妈”，尝试布局 O2O。

（二）合生元 O2O 商业模式特点

合生元在抓住历史契机的同时，也建立了一套“统一价、高毛利、高返利、高刺激、小区域、高服务”的渠道模式，合生元的销售额和净利润都大幅增长。这套商业模式有以下特点：

1. 定位与统一定价

合生元一直将产品定位于高端产品。早期合生元上线高端奶粉和超高端奶粉，高端奶粉定价在每 900 克 200 到 300 元，超高端奶粉定价在每 900 克 300 元以上，合生元并不担心定价过高的现象，反而希望迎合消费者“价格贵的，就是安全奶粉”的心理。

合生元在推出奶粉产品时，便将目标客户定为年薪 15 万以上的妇女，随后副品牌“妈妈 100”成熟之后，将目标客户调整为热衷于网络购物、依赖互联网咨询并具有一定购买能力的“新妈妈、准妈妈”们。

2. 加强线下基础

2010 年之前，商超渠道保持着近 60% 销售额的绝对优势，但合生元营销总监朱定平表示“集团对这种较被动的合作顾虑很大”。最终合生元选择了以社区服务为主的母婴店为合作对象，推出合生元 POS 机，能够通过 POS 机帮助母婴店店主完整精准营销，并收集消费者信息。

在进行精准营销的时候，合生元选用了一套分配线上流量的方法：“浇水施肥”和“解冻计划”。合生元把对客户的回访和沟通称之为“浇水施肥”。由于婴幼儿类产品需求的持续性，当一些老客户们在一段时间内没有购买合生元的奶粉时，POS 机会把这些客户名单打印出来给销售者，推荐销售者向这些客户推送一定的促销信息以吸引他们再次购买。合生元把这种促销称为“解冻计划”。

3. 积累线上数据

合生元一方面通过母婴店 POS 机的安装，搭建会员积分兑换系统，收集社区客户的购买信息；另一方面通过“妈妈 100”平台的咨询分享，建立现有客户、潜在客户的虚拟社区。通过会员平台和网站，让消费者获得育儿咨询和服务，另外，合生元可以在此基础上进一步进行会员数据统计和会员系统管理。

4. 加强数据分析

合生元通过 POS 机终端和"妈妈 100"会员系统收集的数据，进行大数据分析。通过分析，合生元发现经常购买 400 元或以上价位产品的客户对价格不敏感，需求更偏向产品质量、高水准的服务以及有用的资讯；而产品购买价位在 200 元左右的客户们往往对产品价格较为敏感，促销活动对于他们更有吸引力。合生元利用分析结果，针对性地向客户推送资讯和促销活动，让不同购买力的消费者得到自己需要的服务。大多数实体店店主看到了隐藏在购买背后的数据价值，对这种精准营销模式纷纷表示认可。

5. 线上向线下引流

通过互联网，合生元将原有的线上的流量都导入线下的实体门店。合生元不再参与具体交易，具体交易交给线下实体店来完成，包括配送、收款和服务。

流量的划分问题涉及利益的分配问题。在引流过程中，合生元通过以下两个方法，解决流量划分问题。首先是保持线上线下同价；其次以"老客到老店，新人就近分派"为原则，协调订单分配问题。当客户选择互联网工具下单时，合生元的客户管理系统会先让用户自己选择之前熟悉的门店进行产品配送，订单自然也归所选门店；如果是新客户，系统就会根据 LBS 技术的定位结果，推荐与客户最近的门店配送，订单归所推荐门店。如果订单 1 小时内没有接到所推荐门店的配送信息，该订单就会被再次推送到商家系统上，可以由附近的门店抢单。

6. 综合推广方式

合生元运营"妈妈 100"的微信公众号和新浪微博大号，希望借助新媒体进一步巩固与消费者的关系。其中微博大号以 Q 宝宝丁丁卡通形象为头像，借助微博的开放性带动网友发动活动"合生元超级宝贝"，以配合与地方电视台联手打造的综艺节目，并经常与明星辣妈们在微博上互动分享。而其微信平台，更是兼具"辣妈必逛""辣妈秘籍"等渠道，为注重经济的客户提供"睡前抢""精明团"等抢购活动。

三、假设验证

由于市场需要，电子商务的发展成为一个必然趋势。在互联网经济发展的近十年，人们购物习惯的改变给大部分传统制造业带来很大的冲击，食品类企业也不例外。在最初 C2C、B2C 的商业模式下，食品类企业发展电子商务的状态如图 5-2 所示。

食品类企业对其线上渠道的把控力是非常弱的，主要体现在三个方面：

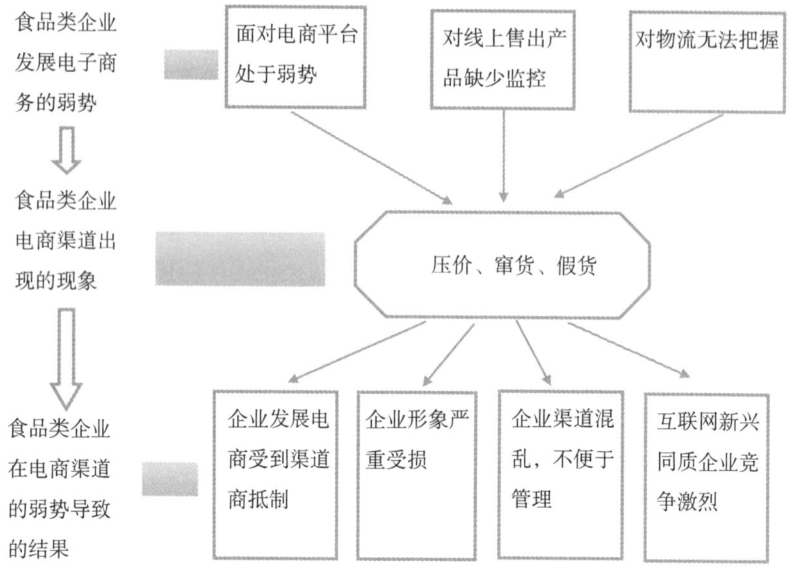

图 5-2 食品类企业电子商务发展初期状况

(1)企业面对纯电子零售平台较为被动;(2)企业对通过线上渠道售出的产品缺少监控力;(3)产品配送方面完全依赖于物流类企业。

食品类企业触网过程中的被动,导致了其在电商渠道商的三种不利现象:(1)加盟商任意压价;(2)渠道商之间窜货;(3)线上假货泛滥。这些不良现象给企业造成以下后果:(1)由于利益的重新划分,传统渠道成员对企业发展电子商务非常抵制;(2)线上产品“低价”“假货”的现象损害企业(品牌、产品)形象;(3)渠道的混乱不便于企业进行渠道管理;(4)基于互联网的新型食品类企业迅速蚕食网络市场等;(5)其他不良影响。

随着移动互联网技术条件的成熟,电子商务便逐渐向全渠道的融合、O2O 商业模式发展。这一转变为不少食品类企业发展电子商务提供了可能性。

通过本章所属案例描述,可以看出好想你以及合生元的 O2O 商业模式创新变革确实扭转了电子商务方面的劣势,带动了企业的发展。在传统类企业受互联网经济冲击比较严重的大经济背景下,二者依然保持企业的快速发展。

(一) 假设 5-1 的验证

假设 5-1:成功的商业模式创新需要五个维度的协调。

本章根据资料,通过对案例企业 O2O 商业模式建立上的具体措施进行分类和汇总,建立了案例企业在五个维度上的具体措施表格,分别为:

表 5-5案例企业 O2O 商业模式在战略维度上的主要具体措施，表 5-6 案例企业 O2O 商业模式在价值创造维度上的主要具体措施，表 5-7 案例企业 O2O 商业模式在价值传播维度上的主要具体措施，表 5-8 案例企业 O2O 商业模式在价值传递维度上的主要具体措施，表 5-9 案例企业 O2O 商业模式在盈利维度上的主要具体措施。

表 5-5　案例企业 O2O 商业模式在战略维度上的主要具体措施

	龙舟粽	三全系列新产品	好想你电商渠道产品	合生元以奶粉为主的系列产品
战略方面	目标客户为热衷于网购、热爱新鲜事物的年轻人	目标客户为具有购买能力、注重口感变化的高消费群体	目标客户为热衷于网购的年轻人、购买喜欢零食的女性、儿童等	目标客户为热衷于网购、乐于吸收网络咨询的新妈妈、准妈妈
	产品定位为吸引目标客户注意力、能通过网络传播、销售、打破地方壁垒的产品	产品定位为口味丰富、包装人性化的高端产品	产品定位为健康休闲零食、便于网络销售的产品	产品定位为附带高服务、顺应互联网思维的婴幼儿产品

表 5-6　案例企业 O2O 商业模式在价值创造维度上的主要具体措施

	龙舟粽	三全系列新产品	好想你电商渠道产品	合生元以奶粉为主的系列产品
价值创造方面	改变现有粽子的口味和重量、推出多口味的粽子	推出多种口味汤圆、水饺	把红枣类产品变为健康、休闲、美容食品	高端婴幼儿产品
	把粽子从节日产品变为促销品、礼品、员工福利、新型混搭食材	产品包装更人性化	产品包装可以适应现有物流条件	产品具有卡通形象“Q 宝宝”等
	使粽子成为可以与消费者互动的一个角色	产品定价提高，普遍高于同行业的大众产品	升级产品结构，加入坚果类健康、休闲食品	产品定价高于行业水平，线上线下价格统一
	设计销售套盒、采用套盒定价		产品具有卡通形象“枣枣”等	
	产品具有卡通形象“龙龙粽”等		产品定价高于行业水平，线上线下价格统一	

表 5-7　案例企业 O2O 商业模式在价值传播维度上的主要具体措施

	龙舟粽	三全系列新产品	好想你电商渠道产品	合生元以奶粉为主的系列产品
价值传播方面	建立官方网站、新浪微博大号、微信公众号	建立官方网站、新浪微博大号、微信公众号	建立官方网站、新浪微博大号、微信公众号	建立官方网站、新浪微博大号、微信公众号
	新浪微博大号推广产品形象(包括卡通形象)	新浪微博大号推广产品形象	新浪微博大号推广产品形象	新浪微博大号推广产品形象
	发起新浪微博话题“龙舟暑期征集令”“三全世界杯”等	发起新浪微博话题“萌动一年级、萌动三全君”“我的料理小时代”等	发起新浪微博话题“枣安中国”“你好枣安”等	发起新浪微博话题“合生元超级宝贝”等
	利用卡通形象传播产品诉求、企业文化,设计产品文化手册、企业文化手册等	利用卡通形象传播产品诉求、企业文化等	利用卡通形象传播产品诉求、企业文化等	利用卡通形象传播产品诉求、企业文化等
	利用卡通形象与广大网友互动	利用卡通形象与广大网友互动	利用卡通形象与广大网友互动	利用卡通形象与广大网友互动
	利用卡通形象设计产品文化手册、企业文化手册等	赞助电视综艺节目		赞助综艺节目
	通过互联网发布产品活动信息、鼓励网友晒图	通过互联网发布产品活动信息、鼓励网友晒图	通过互联网发布产品活动信息、鼓励网友晒图	通过互联网发布产品活动信息、鼓励网友晒图
	微信公众号开通“贴心服务”窗口(产品咨询、常见问题的回答、查询附近的超市、快速投诉建议)	微信公众号开通“贴心服务”窗口(产品咨询、常见问题的回答、查询附近的超市、快速投诉建议)	微信公众还定期推送企业文化、新品信息、优惠活动等资讯	通过“妈妈 100”会员系统构建虚拟社区
	微信公众还定期推送企业文化、产品信息、优惠活动等资讯	微信公众号定期推送企业文化、产品信息、优惠活动等资讯	通过聚划算等平台借势宣传	“妈妈 100”针对性地推送育儿知识、美容知识、产品信息、优惠活动等
	微信公众号连载“龙舟粽”漫画		微信公众号定期推送企业文化、产品信息、优惠活动等资讯	“妈妈 100”商城开通“育儿杂志”“门店查询”等渠道
				微信公众号定期推送企业文化、育儿知识、美容知识、产品信息、优惠活动等资讯
				向母婴店推送用户购买信息

表 5-8　案例企业 O2O 商业模式在价值传递维度上的主要具体措施

	龙舟粽	三全系列新产品	好想你电商渠道产品	合生元以奶粉为主的系列产品
价值传递方面	线上购买渠道:微信微商城以及由原"龙舟粽"微博大号更名的"微博官方旗舰店"	线上购买渠道(仅常温食品):天猫旗舰店、微信微商城、拍拍、微博官方旗舰店	线上购买渠道:天猫旗舰店、京东商城、微信微商城、聚划算等	线上购买渠道:天猫旗舰店、京东商城、微信微商城、"妈妈 100"商城 PC 终端、"妈妈 100"APP 等
		线下购买渠道:传统商超	线下购买渠道:传统商超、专卖店(直营店、加盟店)	线下购买渠道:传统商超、母婴店
		通过微信公众号的"查询超市"功能将部分线上流量导向线下	通过微信公众号的"查地图"功能将部分线上流量导向线下	通过妈妈 100 商城 PC 端、"妈妈 100"APP 将全部线上流量导向线下
			以网络活动的方式向专卖店引流	

表 5-9　案例企业 O2O 商业模式在盈利维度上的主要具体措施

	龙舟粽	三全系列新产品	好想你电商渠道产品	合生元以奶粉为主的系列产品
盈利方面	龙舟粽套盒定价:129 元/盒、69 元/盒	三全私厨、状元系列水饺定价普遍为 40 元/袋;果然爱水果汤圆定价为 20—25 元/袋	全部产品定价皆高于行业水平	高端奶粉每 900 克价格为 200—300 元,超高端奶粉每 900 克价格在 300 元以上
		快速推出多元化的新品,利用消费者的尝鲜心理触发持续购买	参与大型网购活动,触发持续购买	通过"浇水"和"唤醒"机制触发持续购买

在 O2O 发展的背景下,发展线上渠道为必然趋势的前提下,本章按照商业模式五个维度的划分,把三全、好想你、合生元商业模式创新的具体措施划分为五个方面,如表 5-5、表 5-6、表 5-7、表 5-8、表 5-9 所示。其中战略层面,目标客户的共同特点是热衷于互联网的消费者群体,在这一基础上再对这一消费群体进行细分。龙舟粽的目标客户是热爱新鲜事物的年轻人,相对应的产品定位就是吸引目标客户注意力、能通过网络传播、销售、打

破地方壁垒的产品。三全新产品系列的目标客户是追求口感、热衷于尝鲜、有一定购买能力的消费者,相对应的产品定位就是口味丰富、包装人性化的高端产品。好想你电商渠道产品的目标客户是热爱零食、热衷健康、美丽的女性消费者等,相对应的产品定位就是健康、休闲零食。合生元系列产品的目标客户是接受新资讯、有网购习惯的新妈妈、准妈妈,相对应的产品定位就是附带咨询服务、高效的配送流程以及确保产品安全的婴幼儿产品。

在战略的基础上,好想你、合生元战术层面的具体措施(价值创造、价值传播、价值传递)都是围着战略所决定的。在面对新的目标市场时,好想你把礼品的产品的定位逐渐转为日常休闲食品。区别于线下渠道,完全按照线上渠道(C4)特点,并针对网络客户群体的细分,按照客户多元化、个性化的要求打造适合线上渠道的产品(A4)。在宣传上采用基于互联网的宣传策略(B4),打造卡通人物、发起微博话题"你好枣安"等、构建微信话题、借力"聚划算""双11"等,好想你线上产品采用的战术层面的协调组合是A4+B4+C4。而合生元由于早期便把"妈妈100"的互动社区搭建的比较完善(B4),同时在一些传统媒体上的宣传投入一直都在,赞助综艺节目、邀请明星代言等(B3)。随后转向O2O时,便显得水到渠成。合生元并没有完全把线上产品和线下产品区别对待,而是巧妙地解决了放在了线上渠道以及线下渠道之间的利益分配问题。合生元的战术层面的协调组合A4+(B3+B4)+(C3+C4)。

在盈利方面,一方面,二者都选择避开价格战,而选择高利润空间的产品。另一方面,二者都通过一些方法让消费者发生再次购买行为,从而达到持续盈利的目的。好想你是通过定期参与大型网购活动,以及给产品塑造的营养品形象触发持续购买;合生元是通过"浇水"和"唤醒"机制触发持续购买。通过持续购买,企业达到持续盈利的目的。

O2O商业模式各元素之间的作用关系如图5-3所示。

好想你、合生元与三全三个案例通过综合对比,所展示的O2O商业模式各元素之间的作用关系如图5-3所示。基于O2O背景下,三者以战略定位为目标。在战术层面,三者在价值创造方面的共同点是:产品可物流配送、产品可持续消费、产品具有卡通形象、产品定价高于行业水平、产品呈现多元化;在价值传播方面的共同点是:借助网络传播特点,采用新媒体与传统媒体相结合的方法;在价值传递方面的共同点是:为线上渠道生成适合线上销售的产品、为线下渠道生成适合线下销售的产品、产品既适合线上销售也适合线下销售时采用线上线下价格一致的定价方法、注意线上向线下的引流。值得注意的是,战术层面的三个维度都是围绕消费者展开的,客户体

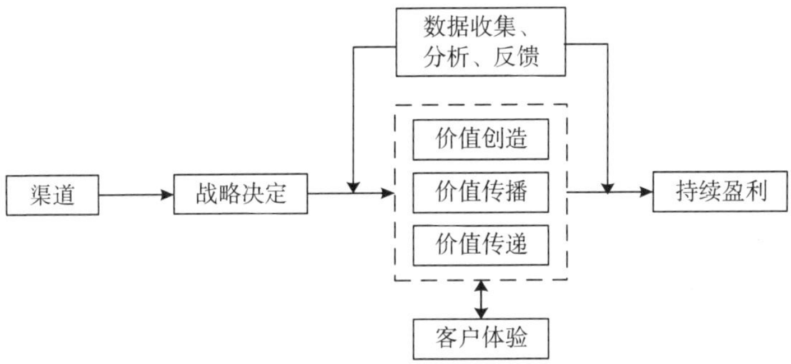

图 5-3　O2O 商业模式各元素之间的作用关系

验是贯穿始终的环节。优质的客户体验可以提高消费者在感受价值创造、传播、传递的过程中的满意度。而互联网的技术水平也便于企业对消费者购买数据的收集，通过对数据的收集、分析和反馈，企业可以不断调整在战术层面的做法，使之与战略层面相互保持一致。企业在战术层面做好的基础上，最终自然导向盈利以及持续盈利。

也就是说企业商业模式创新的五个维度并不是相互独立的，而是有着密切的关系。而企业商业模式创新的过程也不是一个静态的状态，而是一个动态的过程。在这个动态过程中，五个维度之间的协调变动是相匹配的，以达到深度协调的关系。企业在进行商业模式创新时，多以战略层面的市场细分和价值主张作为创新的基础，以确定创新的方向。其战术层面是创新的重点，价值创造和价值传播以及传递方面的创新是创新的核心。最终落脚于持续盈利层面。从而证明了假设 5-1 成功的商业模式创新需要五个维度的协调。

（二）假设 5-2 的验证

假设 5-2：在 O2O 背景下，开发线上市场时 A4 策略效果好过 A3 策略效果。

在战略层面上，案例企业都在市场细分和定位方面选取了一个非常精准的细分市场，也是以一个蓝海市场作为试水点。企业在创新上不再仅仅停留在以新产品巩固原有市场（A2），或者以现有产品开发新市场（A3）的阶段，适当地把产品创新和市场创新（A4）结合在一起也是很可取的。

虽然，三全在动态创新上，选取单品突出的方法，以一种全新产品探索全新的商业模式并全面推广的行为，是非常值得肯定的。好想你由于其产品易被模仿，加之以前战略需要大规模的加盟商，其产品很早便已上网。所以在之后的 O2O 商业模式创新的路上，好想你在探索电子商务领域时，也采用了网络产品和传统产品分割开来的做法，在保持线下市场的基础上，开发适合线上渠道的产品（C4），以进军电子商务市场。

但合生元则不存在这种以新产品开发网络市场的行为。合生元是在数据营销和虚拟社区的基础上，开发移动终端，从而把部分线下流量导向线上，再按照独特的线上流量分配的原则，把流量导向线下，从而在线下原有资源的基础上，加上线上资源，使电子商务融入其商业模式中。

经研究发现，三全、好想你、合生元同为食品类企业，但其产品对市场物流条件和技术的要求并不是完全相同。本章建立了三者系列产品对物流条件的要求对比，见表5-10。

表5-10　案例企业产品物流要求对比

	物流要求	应对措施
三全系列产品	冷藏式食品物流条件	开发能适应现有物流条件的新产品（龙舟粽）作为网络产品
好想你系列产品	保鲜式食品物流条件	针对渠道不同分别设计线上产品包装、线下产品包装
合生元系列产品	现有食品物流条件	保持原有产品设计和包装设计、采用社区短距离配送

通过对比可以看出，三全的产品大多数对物流条件要求极高。而目前冷藏物流的条件并没有达到，所以三全在涉足O2O模式的时候，慎重地选择了一种常温食品专门用作开发网络市场。而好想你原有的产品包装也并不适合现有物流条件，所以好想你选择针对传统专卖店、商超的布局改变，生产适合线下渠道的产品，这类产品不需要考虑现有的物流技术和条件；针对互联网经济特点，生产适合线上渠道的产品，这类产品包装则要重点考虑现有物流技术和条件。而合生元的主打产品是奶粉，相对而言，对储运条件的要求是比较低的。而且合生元的“物流”体系是由其线下专卖店所完成的。所以在进军电子商务市场时，合生元并没有专门为线上市场设计全新的产品、全新的包装等。

通过横向、纵向对比，可以看出三全和好想你这种以新产品进军线上新市场的做法非常有利于线上新市场的拓展。通过新品的形式开发线上新市场，创新力度在一定程度上确实要大于简单的传统产品上线。而一个企业在开发线上市场时，是否选择开发新品，在一定程度上取决于其现有产品是否能适应目前物流现有的技术和条件。当然，这一设想还需要进一步收集信息进行验证。

（三）假设 5-3 的验证

假设 5-3 在双渠道协同的背景下，以渠道为基础的营销组合好过以产品为基础的营销组合，即产品渠道化要好过传统的营销产品化。

在战术层面，跟三全相同的是，合生元以及好想你都没有采用以往根据产品特点选择渠道的做法。

好想你电商没有严格按照“高毛利、高服务、同价格、高传播”的渠道方式，而是采用产品渠道化的做法，针对线上渠道开发线上产品，针对线下渠道开发线下产品，把二者区分对待。

合生元则是在“妈妈 100”的时候，就已经巧妙地避开了双渠道的冲突问题，更把双渠道闭环用在提高客户体验，以及帮助传统渠道商的精准经营上面，从而达到持续盈利的目的。好想你、合生元在搭建 O2O 商业模式时，首先考虑的问题，不是生成什么样的产品，而是选择什么样的渠道。以渠道为基准选择适合的潜在消费人群；并以渠道为基础，分别针对性地进行传播推广，以更有效地向目标消费者传递信息。借助网络信息，把客户流量导入线上，在利用线上协助做好产品推广的同时，利用网络便利把客户流量导入线下。这种闭环的巧妙性在于避免了传统产品上线所带来的渠道成员冲突。

在电商发展已成必然趋势的基础上，O2O 发展已成为传统制造业商业模式创新的背景，从整体看来，在面对企业运用的营销组合采用了以渠道为基础的设计方法，明显好过以往制造商以产品为基础设计的营销组合传统，也验证了假设 5-3。而商业模式的构建也逐渐调整为以“渠道”为基础。

四、企业 O2O 营销模式创新结论与建议

随着网络时代的不断发展，包含电子商务的商业模式逐渐并终将成为未来主导的商业模式。由于网络多变的环境，大型制造类企业在开展线上业务时，对市场的把控力度较传统商业时代逐渐下降。面临网络销售行为带来的地区窜货、市场价格混乱以及新型互联网类企业的冲击，大多数制造商都在探索出路。学界及业界的研究重点也从“搞不搞电子商务”转移到“如何搞电子商务”上来。近两年随着移动互联网技术的成熟，电子商务衍生出一种新的双渠道共生的商业模式——O2O。曾经，在 B2C、C2C 网络时代处于劣势的传统制造商企业，大多数希望通过 O2O 模式的建立来摆脱曾经的网络市场困局。由于食品类企业的产品特殊性，它对 O2O 商业模式的搭建存在更高层次的要求。本章以食品类企业为视角，研究这类企业商业模式创新问题，欲通过典型案例的研究，对 O2O 商业模式创新的理论进行

研究。

本章采用多案例研究法，选用国内典型的食品类制造商企业——三全食品股份有限公司、好想你枣业股份有限公司、合生元生物制品有限公司作为研究案例。本章以三全食品股份有限公司作为主要研究对象，通过对其网络试水产品“龙舟粽”以及后续新系列产品的研究，提出命题假设；并以好想你枣业股份有限公司、合生元生物制品有限公司作为验证案例，以验证假设。

本章通过对案例数据的收集、对比和归纳，分别从战略创新、价值创造创新、价值传播创新、价值传递创新、盈利模式创新五个维度对食品类企业商业模式创新行为进行深入研究，指出食品类企业在进行O2O商业模式创新时，创新元素之间存在着密切的协调关系，并提出以渠道为前提的情况下，产品渠道化更能解决渠道之间的冲突问题。本章从微观创新元素的角度出发，为O2O商业模式创新的理论基础作出以下贡献：第一，本章指出了食品类企业在O2O商业模式创新时五个维度之间的协调关系，在一定程度上指出了创新元素之间的关系；第二，本章提出以渠道为基础的产品营销组合，为4P营销组合的研究提供了新的理论方向，也为食品制造类企业甚至传统制造类企业开展电子商务时解决双渠道的冲突问题，提供了一个可借鉴的策略。

第六章　营销渠道的变革——以海尔集团为例

海尔集团发展史，不仅是一段辉煌的成功史，同时也是营销渠道的演变史。本章梳理了海尔集团自1984年成立之初至今的渠道演变。主要分为三个阶段：传统渠道阶段（1984—2000年）、“线上线下”双渠道阶段（2000—2012年）、“三店合一”（线上店、线下店、微店）的全渠道阶段（2012年至今）。其间经历了专卖店、大卖场、电子商务平台最终到多元化渠道交叉融合的全渠道阶段。海尔集团渠道演变史是我国制造类企业渠道演变的缩影和典范。

海尔集团1984年创立于中国青岛，是世界白色家电第一品牌。2021年，海尔集团全球实现营业额3327亿元，蝉联“中国最有价值品牌”榜首数十年。海尔集团的产品覆盖家用电器几乎所有的领域，其主要产品有冰箱、洗衣机、空调、彩电、热水器及小家电。欧睿国际（Euromonitor）2020年全球大型家用电器品牌零售量数据显示海尔在世界白色家电品牌中排名第一，第12次蝉联全球第一；同时，冰箱、洗衣机、酒柜、冷柜继续蝉联全球第一。此外，海尔集团的产业还涉及房地产、物流、医药等。①

海尔董事局原主席、CEO张瑞敏是全球知名的企业家，在其领导下，营销组织架构也在不断演变，但基本遵循以下结构：

在高速发展的经济时代，家电行业是目前国内诸行业中竞争最激烈、市场化程度最高的行业之一。海尔一路走来，其完善的营销渠道体系功不可没。营销渠道在市场扩张和产品运输方面起到了决定性作用，是海尔集团的血液循环系统。经过30多年的发展，海尔集团已经形成了相对成熟的营销渠道，这也为海尔的高速发展作出了重要贡献。在步入21世纪的今天，传统的渠道模式如专卖店、批发商、商场等已经不能适应当代企业发展的需要。而对这种转变，海尔必须调整和完善自身的渠道，在新型渠道关系中掌握主动。其主要变革为营销渠道构成结构转向扁平化，中心转向终端市场，渠道成员关系从交易型转向关系型。公司将通过为消费者提供最佳体验方案的全球三位一体网络布局，来推进以消费者为中心的全球多品牌协同作

① 欧睿国际（Euromonitor）2020年全球大型家用电器品牌零售数据报告。

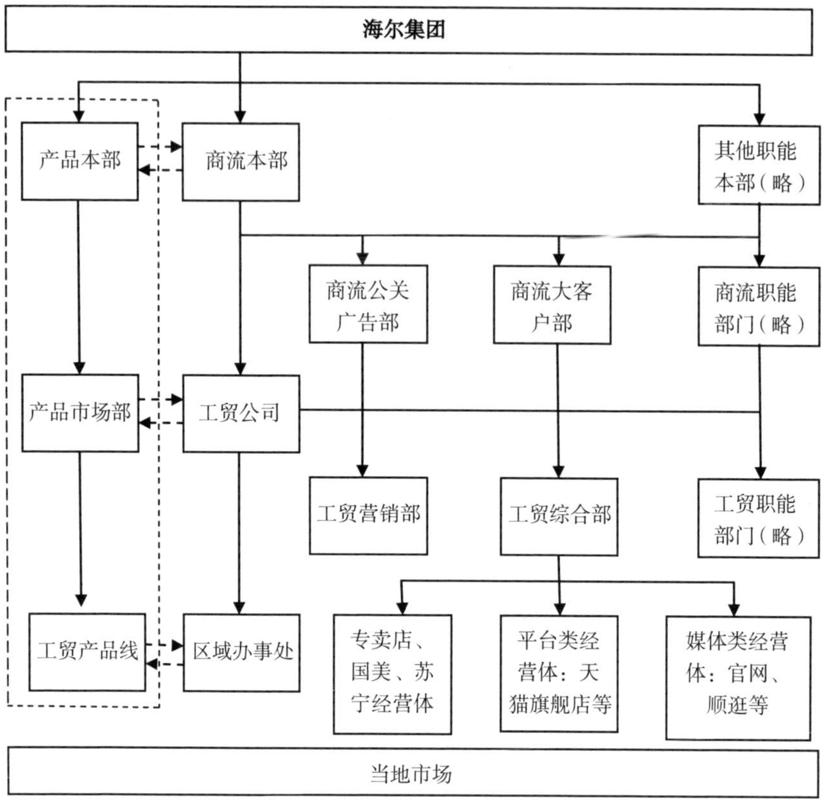

图 6-1　海尔集团营销组织架构

注：纵向箭头为管辖关系；横向箭头为协作关系。

战，提升全球市场份额与运营效率。面对物联网时代的机遇和挑战，按照"物联网时代智慧家庭生态平台"的定位，推进从电器→网器→网站的转型，满足消费者对智慧家庭的需求；通过人单合一模式持续驱动全球转型落地，建立以小微为基本单元的全球保障体系，实现全球的引爆引领。以下分析海尔集团的营销渠道演变过程。

第一节　海尔集团传统渠道（1984—2000 年）

海尔在张瑞敏"决胜在终端"的理念指导下，自成立公司以来就开始自建网络、通路整合，直到 2000 年建立了完善的线下渠道体系。① 传统渠道

① 《青岛海尔股份有限公司 2016 年年报》。

网络建设，总体上经历了一个由区域性网络到全国性网络的发展过程。海尔主要在一级城市设立工贸公司，在二级城市设立海尔营销中心，负责网点的设立、管理、评价、和人员培训，在三级市场按照"一县一点"设立海尔专卖店，另外还深入到四、五级的乡镇、农村地区。海尔在传统渠道阶段主要通过海尔专营店、多级批发商和家电连锁卖场进行产品营销。传统渠道结构图如 6-2 所示：

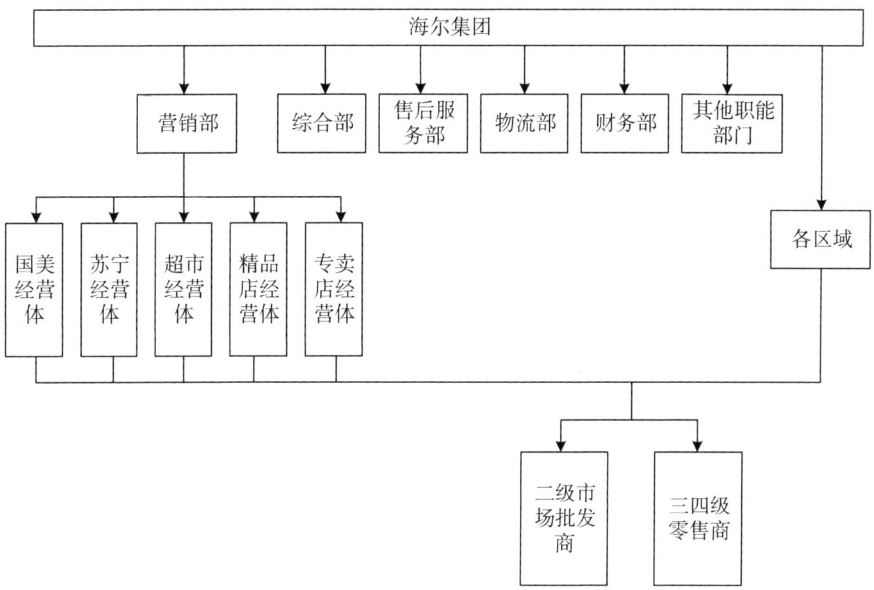

图 6-2　海尔传统分销渠道结构

资料来源：张小翠：《电子商务环境下制造商双渠道策略研究》，东华大学，2012 年。

一、品牌专卖店

品牌专卖店是企业为一类顾客群体建立的一种渠道，这类顾客对品牌有较强的好感和依靠。与其他企业的专卖店相同，海尔专卖店的目标市场也主要集中在二三线城市，在县、镇层面也普及到了一定的程度。而在北上广等一线城市市场，主要是通过与家电连锁卖场合作销售产品。海尔专卖店的建立，并非全部是由海尔集团本身投资建设的，许多店面是由其长期合作的零售商投资建立的。海尔全国专卖店数量众多，专卖店系统不仅能使海尔产品实现有效的市场中心下沉。同时，每年大量的销售额也为提升海尔产品的知名度、美誉度和市场占有率提供了良好的支撑。专卖店在 2006 年归属于日日顺电器名下，依靠电子商务和互联网助攻三四线城市。2012

年,其销售份额占集团市场销售总额的50%以上。① 同时,专卖店不仅直接销售产品给顾客,还把产品投放到了乡镇网络,用乡镇网络的代理网点来销售海尔产品,成为海尔超越竞争对手、发力市场的一大杀手锏。

二、批 发 商

批发渠道在家电市场竞争不是很激烈的情形下,发挥了主导作用。在产品销售初期,批发商能迅速将产品导入市场。并且批发商使用自己建立的网络,能够迅速将海尔产品铺设至各层的批发商和零售点。此外,成本费用较低,批发商与企业是合作伙伴关系,不需要为其盈利负责。生产商只需在区域内派驻几名营业员负责与批发商联络,可以使生产商节约大量的费用。但是,又易受批发商左右,形成网络畸形。当批发商回款、销售额较高时,在与批发商的会商过程中,处于有利的地位。在发动价格战方面,批发商会比平常网点具有更大的冲动性,从而对现存的网络造成冲击。同时,对批发商终端控制力度较弱。因为批发商的素质以及其对部属网点的控制力度等方面存在问题。

三、百货商场家电部

计划经济期间背景下产生的百货商场家电部曾经发挥了不可替代的作用,百货商场可以形成品牌效应。经过几十年的发展,百货商场家电部在消费者心目中已形成"无假货、质量有保证"等方面的形象。此外,资金不受制约。因为百货商场经营产品的种类较多,不同种类产品的淡旺季是不同的,在家电部需要资金时,可以从其他部门进行资金的调拨。但是这种经营机制老化,远没有形成顾客意识。

四、大型家电连锁

以国美、苏宁为首的全国性家电连锁,迅速瓦解了传统的以百货店、批发商等为主的家电渠道。大型家电连锁在一级市场和二级市场的网点分布较多,这部分市场的消费能力强,消费意识前卫,能够接受价位较高和功能较为先进的产品。这部分渠道的模式是:制造商—大型家电连锁—消费者。随着市场竞争的加剧,大型家电连锁也逐渐开始向三四级市场渗透。家电连锁企业的出现,标志着中国家电的商业流通将进入工业化、标准化的大规模、高效、低成本的分销期,是对中国家电"小农分销模式"的一种直接否

① 《青岛海尔股份有限公司2016年年报》。

定。在这样的一个期间,悉数分销成本高于新家电连锁的分销模式都将会退出,行业集中度将进一步加强。由于家电连锁卖场凭借着其强大的营销能力在一二级市场已经形成的垄断地位及考虑到一二级市场消费能力在全国市场中所占的地位,海尔在与国美、苏宁两大巨头进行谈判时处于劣势地位。名目繁多的渠道费用给海尔集团造成了沉重的成本压力,所以即使不存在"格力与国美"之间明显的冲突,海尔和这些家电连锁巨头之间的隐形摩擦依旧存在。

第二节　海尔集团双渠道(2001—2012 年)

互联网出现后,以阿里巴巴为首的线上营销正试图取代传统线下营销渠道,这颠覆了很多传统依靠线下营销的制造商。经营线下多年的海尔迅速转向线上渠道。Dell 自从 1996 年运行电子商务以来,在全球跨国企业电子商务实施的成功,为海尔等其他企业树立了榜样。作为世界白色家电制造商,也是中国电子信息百强之首的海尔集团,从 1999 年 4 月就开始了"三个方向的转移":第一是管理方向的转移(从直线职能性组织结构向业务流程再造的市场链转移);第二是市场方向的转移(从国内市场向国外市场转移);第三是产业的转移(从制造业向服务业转移),这些都为海尔开展电子商务奠定了必要的基础。紧随其后海尔在 2000 年 3 月 10 日投资成立电子商务有限公司,4 月 18 日海尔电子商务平台开始试运行,6 月份正式运营。这也标志着海尔正式启动电子商务工程,包括 B2B 电子商务和 B2C 电子商务两个部分。B2C 电子商务主要是为搭建应用 Internet 技术而开发的,以现代网络经济为核心,以直接消费者为对象的产品分销系统,包括 haier.com 和 ehaier.com 两个网站,从而促进海尔零售业务线上交易额的快速增长,并满足个人消费者的个性化要求。B2B 电子商务主要是完成同供销商的商务活动,同时实现了销售商定制服务。2003 年海尔就建立自己的物流公司,成为国内最早创建物流公司的企业。在 2005 年创业 21 年之际,启动了它的第四个发展战略阶段:全球化品牌战略阶段,本阶段的实施除了在全球建立 30 多个科研生产中心以外,主要依靠实施电子商务战略,为企业建立全球网络信息平台做好了有效的载体。2011 年年底,海尔与第三方网络销售平台——"天猫"进行合作,打造了"海尔天猫旗舰店"。以下为海尔双渠道结构:

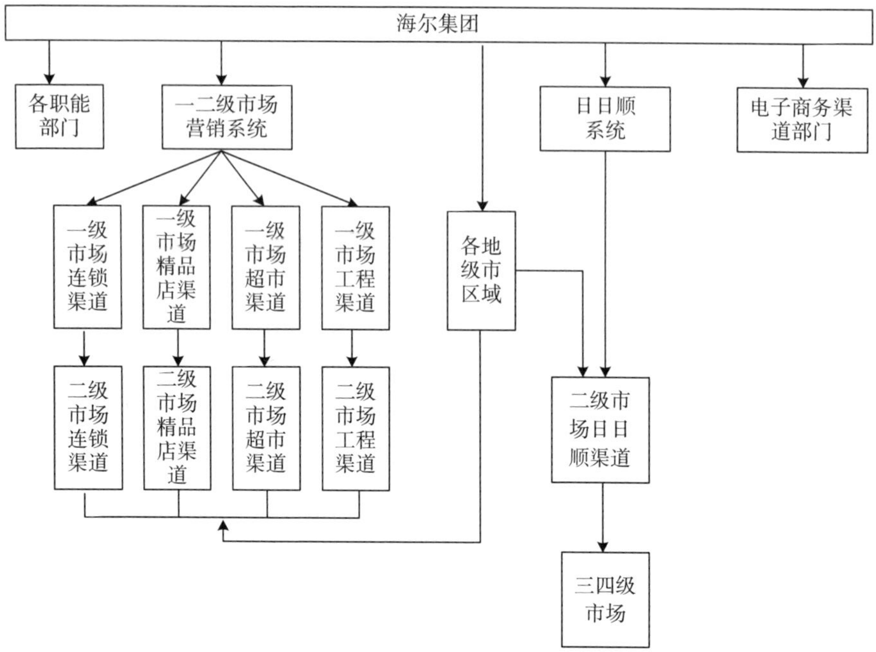

图 6-3　海尔双渠道结构

一、B2B 电子商务

海尔针对供应商和分销商的上下游企业均采用 B2B 电子商务模式。对于经销商，考虑到海尔电子商务营销尚处于初级阶段，顾客流量有限，依然需要结合线下分销商来发掘消费者的需求。由于经销商直接接触顾客，最了解海尔产品的优势和消费者的需求。因此，海尔提出“商家定制”服务，即经销商可以根据自己的顾客群特定的需求，在海尔标准化产品的基础上增加特定功能。加之，直接面向消费者的海尔工厂定制量大价优，并且契合消费者的需求，因此产品库存少、销售快。经销商申请订单、了解订单详情、商品发货等均在线完成，提高了效率，减少了不必要的协商过程。对于供应商来说，通过海尔的 B2B 在线招标采购平台，可以直接接入海尔工厂的生产各个环节。在工厂发出需求时，海尔便在该平台上发出采购信息，供应商根据自己的产品特征和优势快速报价竞价，海尔后台根据实际情况，综合确定产品供应商。另外，海尔多年来，已经形成了多家零配件固定的优质供应商，降低了缺货风险。

二、B2C 电子商务

B2B 电子商务是 B2C 电子商务的支撑，而 B2C 电子商务才是海尔真正的目标所在。面向消费者的电子商务的构建一直是海尔集团的重点，自成立以来以每年百万级的投资建设 B2C 电子商务。目前海尔 B2C 电子商务支撑系统包括海尔官网、海尔顺逛商城和日日顺电器连锁三个。

海尔官网是海尔智慧家电形象的企业整体展示。网站内设智慧生活、个人与家用产品、商业解决方案、用户服务和购买五个菜单栏。网站主页系统展示了海尔产品和服务的 6 大专区，链接苏宁、天猫、国美、京东和海尔净水 5 个嗨购分场。

顺逛官方商城是用于展示海尔产品的专门网站，此网站与海尔官方网站打通，陈列海尔集团各个系列的产品。该网站具有查看商品功能、询价、支付、配送和售后的多项功能，顾客在此网站上即可实现咨询、购买、售后等便捷的多项服务。

日日顺是海尔集团旗下负责综合服务业务的独资品牌，主要承接大件家电物流服务。日日顺致力于解决最后一千米的大件配送问题，以社区为中心、辐射面积大，这极大地助力了海尔家电配送服务的效率，同时也增强了客户体验，提高了顾客满意度。

海尔集团在大力建设电子商务的同时，电子商务也给海尔带来了巨大的红利，海尔也在充分利用电子商务平台所生成的数据。海尔基于平台产生的消费者行为数据，细化消费者信息颗粒，精准分析消费者需求。与此同时，海尔在电子商务平台上设立网络服务中心，及时跟踪消费者行为，随时随地与消费者沟通、解决消费者疑惑。海尔通过此平台建立了与消费者直接接触的渠道，目标顾客可以向海尔表达自己的想法，提出特定的需求和建议甚至投诉。更重要的是，通过直接接触消费者，海尔减少了对经销商的依赖，沉淀了更多消费者的数据。海尔在电子商务运营的过程中始终坚持两个原则：服务和定制化。

海尔一直以来坚守把顾客利益放在首位，坚持把顾客的需要放在企业生存和发展的目标。海尔不仅在电子商务平台上铺设商场同款，也给线上消费者专供福利，包括打折、免邮、延长质保期等。日日顺依托海尔电子商务，助推电子商务的发展和建设，以社区为中心服务顾客，并坚守“只要是您能想到的，我们都能做到”的承诺。

以个性化定制为依托的智慧家庭是海尔最新市场。海尔结合电子商务与顾客一对一沟通，通过图片、视频、二维码、三位立体图形等多种方式增强顾客体验,满足顾客独特的个性化需求,让顾客成为海尔的首席设计师。此外,顾客个性化定制的实现,需要集团强大的研发来支撑。海尔凭借强大的研发团队,为顾客提供智能、便捷的产品,正如海尔的诺言:“您的难题是我们的开发课题”。海尔依托电子商务的个性化定制,不仅提高了产品销量,同时也拉近了与消费者的距离。

海尔电子商务的发展同时也是技术的革命、观念的改变。电子商务依托互联网,接触顾客、产生交易、售后服务来服务顾客。与此同时,也给海尔带来了海量的关于消费者的精准数据。具体表现为:(1)跟踪消费者浏览记录,获取消费者家电购买决策的规律;(2)倾听顾客心声,参考其建议,对顾客不满或疑问之处进行及时、详细的解答;(3)分析消费者行为数据,为后续产品和服务提供改进意见;(4)基于电子商务的便捷性和交互性,引导顾客参与活动,形成顾客黏性,进而鼓励顾客宣传海尔以提升品牌声誉。除此以外,电子商务也给海尔的经销商的选择带来了改变。海尔应用电子商务后,海尔直接与消费者接触生成订单,后续交易的达成只需配送和售后。因此,海尔急需集配送、售后服务、销售为一体的经销商。同时经销商还要满足顾客对家电的体验,尤其是智能家电,消费者需要较好地学习使用和体验。另一个值得注意的问题是,实体店一贯采用统一定价方式,而海尔网上商城的定价与实体店相差无几,只是偶尔有一些线上专享的活动。这虽然平衡了实体店和网络的利益,但是由于电子商务销售红利不足,不利于海尔电子商务的发展。

三、变革线下渠道

海尔集团变革线下渠道的标志是 2007 年与国美签订的战略合作协议。本次合作是制造商与线下经销商的联合,也是海尔改变线下渠道最突出的表现。该协议的主要目的是加深双方各方面的合作,不仅仅从销售方面,双方还在市场调研、研发和物流仓库管理等方面达成一致。该协议自签订起,每年均签订继续深入合作的协定。为了更好地执行协议,国美总部专门设立了国美海尔事业部,由双方人员进行协商海尔家电的采购、研发、营销等重要决策。详细阐述见图 6-4。

同年 7 月,海尔继续线下变革的深度与广度,与苏宁易购(原苏宁电器)签署了 ECR 战略具体合作协议。该协议以 ECR(Efficient Consumer Response,简称 ECR)命名,旨在与经销商一道高效地响应顾客需求,本协议的很多具体规定是我国渠道实践管理的创新,如双方数据库的对接和信息共享,作为制造商海尔直接查询苏宁各门店销售数据,根据即时情况第一时间

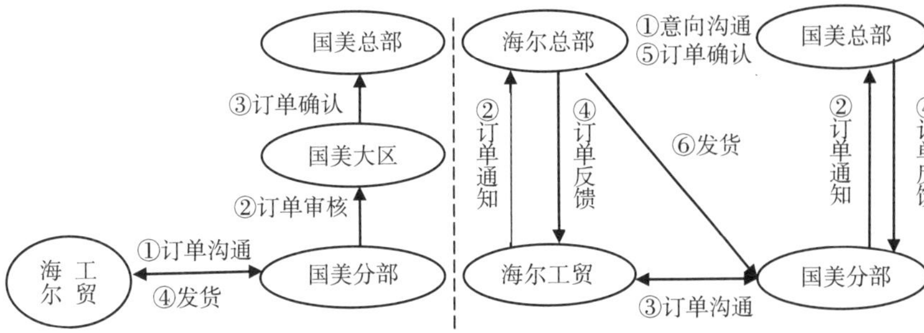

图 6-4　海尔—国美新旧订单流程对比

注:左图为旧订单流程图,右图为新订单流程图。

供货,减少苏宁缺货、压货成本;同时苏宁也可接入海尔的库存系统,及时调整销售策略和力度,为海尔取得最大的利润。另外,双方共同达成市场调研,共享消费者数据。消费者数据不仅仅握在经销商的手中,制造商借助经销商获得消费者数据,并与经销商一同开展研发、市场推广等环节。本协议达成的即销即供模式,对海尔的个性化定制家电是最大的利好。通过苏宁销售的每一件产品,海尔都会及时更新并接入生产环节,当产量达到批量时即发往苏宁仓库,有效降低了海尔的库存成本。详细阐述见图 6-5。

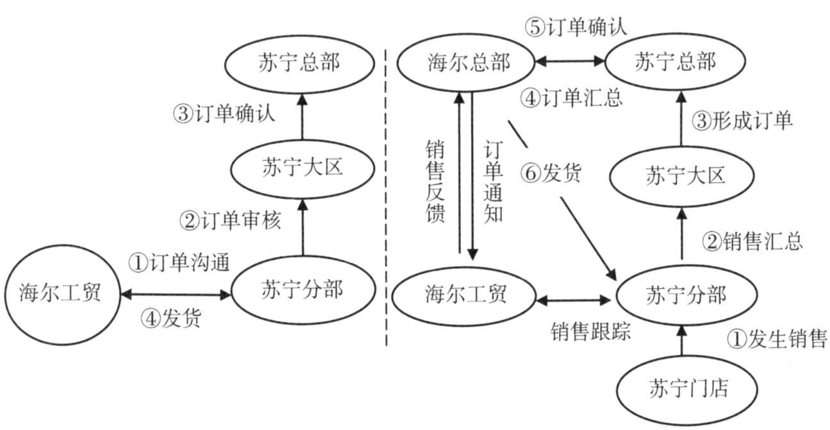

图 6-5　海尔—苏宁新旧订单流程对比

注:左图为旧订单流程图,右图为新订单流程图。

电子商务的出现,给传统线下的营销渠道带来了冲击,制造商也纷纷开始变革线下渠道,而线下渠道的变革正影响着电子商务的发展。海尔与经销商的两个协定是线下渠道变革的开端,同时也以最快的速度推进变革进程。海尔线下渠道的变革不仅仅停留在与国美和苏宁的两个协作上,更会进一步深入到线下渠道的各个领域,以适应电子商务的发展。但是不论线下渠道如何变革,都将服务于海尔的电子商务规划和渠道管理。

第三节 海尔集团全渠道(2013 年至今)

海尔开展电子商务,变革线下渠道,并与经销商深度合作,逐渐朝着全渠道的方向进行渠道管理。全渠道的发展是海尔在经历了互联网的冲击后,逐渐组建线上渠道发展电子商务,调整线下渠道整合经销商的结果。在互联网电子商务的冲击下,海尔之所以没有舍弃线下经销商,是因为线上渠道也存在弊端,而线下渠道正能够解决这些问题。线上渠道最为突出的弊端是消费者体验差,虽然有产品详情的图片、小视频和售后评价展示,但是消费者仍然无法近距离的触摸、使用并感受产品。尤其是海尔的智能家电产品,顾客使用需要充分的体验和学习,加之产品附加值较高,顾客的购买决策最易受到体验的影响。而线下的实体店展列各系列产品,供消费者挑选,消费者可以亲自使用产品,创造了较好的顾客体验。同时,线上渠道和线下渠道存在一些冲突。线上的网络营销由于没有实体店的各种营业成本,产品价格比实体店的低却仍能盈利。这将导致消费者纷纷选择线上购买,实体店的销量和利润便大幅度下降。而线下实体店也会采取打折、买赠等各种营销策略留住顾客,这便引发了价格战。而由此带来的负面影响最终会转嫁到海尔集团身上,使品牌形象遭到破坏。所以,目前海尔共同发展线上和线下渠道,正在不断的尝试中探索多渠道融合的全渠道营销,见图 6-6。

一、多元化的渠道体系

实现国内一二三四市场的全覆盖,提供随时随地购物的便捷体验。互联网电子商务的到来,正是企业多种渠道融合的契机。海尔与国美、苏宁等家电专业连锁,天猫、京东等电商平台保持良好的战略合作关系;全国建设 8000 多家县级专卖店、30000 余家乡镇网络的自有渠道;成立 V58、V140 俱乐部等综合渠道,与区域家电分销龙头企业保持密切合作规划。此外,着力提高产品、渠道、物流、服务各维度竞争能力,加速电商渠道引领全网、拓展县镇村市场、开发家居家装等增量渠道。同时推进互联网营销,建立三店合一(线上店、线下店、微店)互联网创新的社群交互平台。第一,线下渠道加快提升专卖店、综合店竞争力。专卖店渠道围绕“抓消费者需求、抓现场竞

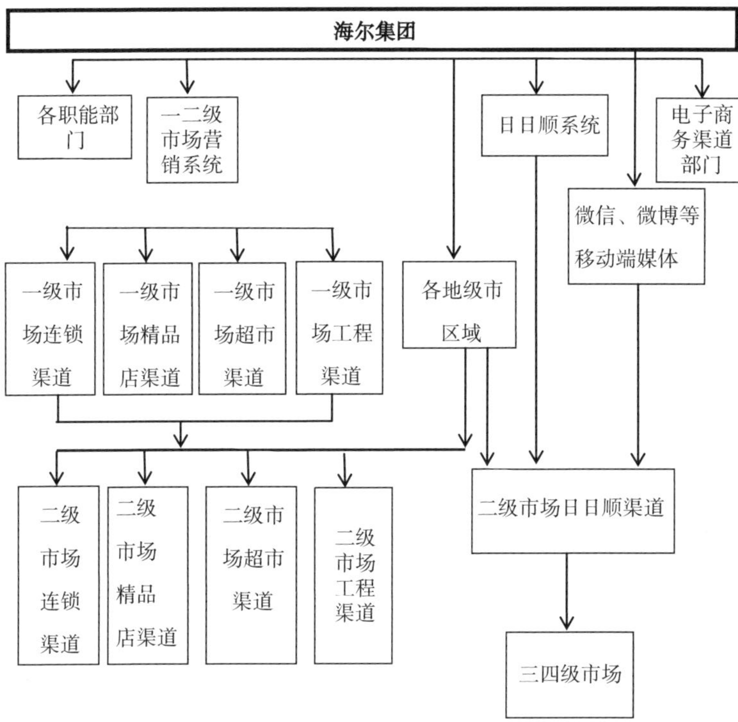

图 6-6　海尔全渠道结构

争力、抓网络、抓产品竞争力”推进海尔领先模式落地，实现乡镇网络数量增长与门店竞争力增加的战略目标。综合店渠道针对重点客户，成立 V58 俱乐部、V140 俱乐部，规划专属权益与专属服务团队，通过产品定制、服务提升等优化客户毛利、周转等指标。第二，快速推进电子商务业务发展。成立电子商务事业部，推进和强化线上渠道特点的专业化操作，构建互联网时代消费者体验引领的开放性平台。海尔主要有四大电子商务平台，分别是海尔商城、海贸云商跨境电商、巨商汇、日日顺商城。据有关资料统计，2021 年全年，海尔通过电商渠道的销售额同比增幅 20.1%。第三，实体店 O2O 转型。海尔实体店 O2O 转型主要借助于日日顺逛微店模式。海尔微店借助社交媒体的流量，突破了实体店的缺点，延伸了营业时间、拓展了营销人员的营销空间。这不仅增加了实体店的曝光度，也有效吸引了顾客前往实体店，增加实体店的销量。不同的渠道均按照“靓现场、重演示、强交互、提结构”的原则推动终端建设，让产品说话。通过直观易懂的方式展现领先技术与模块给产品带来的差异化竞争力，带给消费者良好的体验。如自清洁空调在超过万家门店实机出样，通电展示自清洁过程与优良的产品品质；

洗衣机产业的“立硬币”活动，通过硬币在洗衣机高速运转状态下仍保持直立的场景，展现 FPA 直驱变频电机带来的安静平稳的极致洗护体验。

二、由大规模制造向大规模定制转型

海尔智能制造的核心竞争力是以消费者为中心。2015 年，海尔涉足电视家电，海尔的家电家族又增加一员。这一次，海尔不仅仅是简单意义上的拓展业务，而是与电商巨头阿里合作推出海尔阿里Ⅱ代电视，消费者更换模块即可实现电视的软硬件升级。这宣布家电业定制化营销时代的到来。与此同时，海尔还将不断发展海外业务。次年，海尔即在全球范围内与美国通用电气合作，通用电气的部分家电业务将被整合至海尔板块，以助力海尔全球化电商发展。此外，海尔正在与其他全球巨头合作，整合优化各类营销渠道。

目前，海尔全球已有 16 家技术领先的智能工厂，工厂全流程数据与经销商、电商互联互通。智能工厂已经实现了基本家电的生产，正不断突破定制化生产。海尔是大规模定制在家电行业实践的领导者，家电的个性化定制使消费者直接连接工厂，生产的每一笔订单都已经销售出去，这降低了库存成本，同时产品价值能够保值。此外，海尔于 2005 年创造性地提出“人单合一”模式，“人”就是企业的员工，“单”就是消费者价值，每一个人、员工和他的消费者价值联系起来。海尔尤其注重“人单合一”的发展，将其作为企业重要的利益观，并视其为企业永续经营的保障。该模式是海尔在电商时代构建的开放性企业生态圈，以消费者交互为基础激发员工活力，为自己创造价值，实现企业、员工与消费者的利益共享、价值共增。2017 年，“人单合一”进入全球化应用的元年。在美洲、在欧洲、在亚洲、在大洋洲，“人单合一”模式要遍地开花，在每个创客身上结果。

三、社会化物流提升

海尔社会化物流包括第三方合同物流、家居物流以及电商物流三种。其中电商物流具有优质、高效的服务和良好的口碑，以日日顺为代表。海尔旗下的日日顺物流不断升级仓储、区配、送装、信息化平台服务能力。强大的物流体系，极大地提高了海尔的送货效率，使得凡是购买海尔产品的顾客都可以享受 24 小时全天候送装一体的服务，提高了用户体验。2016 年公司收购完成 GEA，GEA 在美国家电市场份额位居第二。双方在技术研发、市场渠道、产品品类、采购等方面存在极强的互补性，随着协同项目的落地，将推动各方协同价值的实现。海尔在战略合作伙伴天猫平台上以配送多品牌的大件家电为主,2016年配送单量增长80%以上,配送准时率达到98%。海尔还积极拓展非家电品类的电商客户资源:在阿里巴巴平台上的配送范围涵盖健康类、骑行类、家居卫浴类。海尔以日日顺为龙头,为方便顾客建立揽货仓,以社区为中心进行全方位的优质化大件物流配送,不断提高海尔的电商发展高度,助力企业的销售增长和品牌提升。

四、U+智慧家庭

即在U+ home OS操作系统上支持家用电器变成智能家电,电器变网器,并通过不同设备的互联互通,以及通过大数据、云计算与第三方服务资源的打通,实现物物相连、人物相连、服务相连逐渐衍生为完整的生态,从而实现全场景智能生活。2016年海尔创造性提出U+智慧生活2.0战略,率先在家电行业应用人工智能,提高产品竞争力并为顾客创造更加美好的生活方式。U+智慧生活主要表现在以下两个方面:(1)围绕电器产品价值和服务增值,以全场景的互联互通和服务闭环开发为基础,通过改善操作性能、提升场景联动体验,开发新一代全系列成套智能家电(网器)。通过建立网器场景社群与社群运营,激活有价值消费者提升活跃度。(2)发布行业首个智慧家庭操作系统——UHomeOS,发起并主导中国智慧生活产业联盟,构建智慧生活生态。建立生态资源开放平台——海盟网,实现消费者从网器到生态的无缝衔接以及公司内部的生态资源共享。发布行业首个智慧家庭操作系统——UHomeOS,搭载UHomeOS的智能冰箱成功上市。发起并主导中国智慧生活产业联盟,建设以硬件的智能化互联为宗旨的智慧生活生态。海尔U+智慧生活平台取得了显著的成效,仅当年就已有4100万用户注册量,同时累计接入的智能家电设备超过1500万台。

五、品牌多样并针对消费者不同需求

欧睿国际发布数据显示,海尔连续12年位居全球家电第一品牌,多项产品销量居全球首位。海尔在不同的海外市场打造不同的品牌,通过海尔、新西兰Fisher & Paykel、日本AQUA、美国GE Appliances、统帅、卡萨帝六大家电品牌服务全球不同市场。这些品牌主要致力于消费的个性化需求,并不断通过技术创新突破全球家电技术壁垒,促进家电行业良性发展。卡萨帝品牌基于“引领高端生活方式变革”的定位,通过举行“家庭马拉松”“创意生活美学之旅”、赞助浙江卫视“十二道锋味”栏目等的落地,多维度地实现消费者情感的互动联结,构建品牌高溢价能力。2021年年底,已建成800家001号店,打开了新的增长空间。

经过30多年的发展,海尔已成为国内家电第一品牌。在互联网和智能时代海尔渠道也在不断变革,不仅全渠道营销突破了地域和时间的限制,还让海尔实现"少环节"销售,降低了渠道运行费用和交易费用。同时,借助互联网海尔快速了解消费者的需求欲望以及发现潜在消费者,提高渠道对顾客的响应,强调与消费者无缝对接。在如今"渠道为王"的市场环境下,如何通过营销渠道管理取得竞争优势,完成公司战略目标,是每一个企业管理者必须面对的难题。在互联网时代,海尔以终端市场为中心,渠道结构逐渐扁平化,渠道成员关系也发生了变化,由原来单纯的交易型转变为关系型。并且企业将通过为消费者提供最佳体验方案的全球三位一体网络布局,来推进以消费者为中心的全球多品牌协同作战。海尔从传统渠道的专卖店、批发商、百货商场家电部、国内家电连锁店,到线上网站、旗舰店和线下实体店结合的双渠道,再到多元化的渠道体系的全渠道转变不是特例,而是趋势。格力、联想等类似企业都经历了这样的过程,也见证了渠道的转型和演变。因此,海尔的渠道演变案例正印证了本书的"传统渠道—多渠道—全渠道"演变的观点。同时,本章也解释了渠道穿梭、渠道演变等前沿理论和研究,最后为企业的O2O营销模式创新提供了依据。

参 考 文 献

艾兴政、马建华、陈忠等:《服务搭便车的电子渠道与传统渠道协调机制》,《系统工程学报》2011 年第 4 期。

曹二保、郑键哲:《双渠道供应链应对需求扰动的协调机制研究》,《管理学报》2014 年第 2 期。

陈东灵:《茶叶消费行为分析》,《茶叶通讯》2009 年第 3 期。

程华、宝贡敏:《网上购物意向决定因素的实证研究》,《数量经济技术经济研究》2003 年第 11 期。

戴迎春、朱彬、应瑞瑶:《消费者对食品安全的选择意愿——以南京市有机蔬菜消费行为为例》,《南京农业大学学报(社会科学版)》2006 年第 6 期。

丁华:《先做强再做大是休闲食品企业更好的盈利模式》,《中国食品报》2011 年第 5 期。

冯建英:《消费者的购买意愿研究综述》,《现代管理科学》2006 年第 11 期。

郭京京、陈琦:《电子商务商业模式设计对企业绩效的影响机制研究》,《管理工程学报》2014 年第 3 期。

郭亚军、赵礼强:《基于电子市场的双渠道冲突与协调》,《系统工程理论与实践》2008 年第 9 期。

何庆、王敏、唐伟:《中国绿色食品营销渠道建设》,《中国食物与营养》2011 年第 3 期。

胡正明、王亚卓:《基于中国多渠道情境下消费者购买选择研究》,《东岳论丛》2010 年第 4 期。

贾雷、周星、林文晓:《消费者渠道迁徙因素分析——基于 TAM 和 TPB 理论整合视角》,《消费经济》2011 年第 10 期。

姜奇平:《O2O 商业模式剖析》,《互联网周刊》2011 年第 10 期。

蒋侃、徐柳艳、陈铭浩:《社交购物网站用户体验对分享和购买行为的影响研究》,《中国管理信息化》2014 年第 2 期。

蒋侃、张子刚:《电子商务环境下的多渠道消费行为分析》,《华东经济管理》2010 年第 4 期。

金磊、陈伯成、肖勇波:《双渠道下库存与定价策略的研究》,《中国管理科学》2013 年第 3 期。

金玉芳、董大海、张海松:《消费者产品知识对其激活域的影响研究》,《预测》2007 年第 1 期。

靳明:《绿色农产品消费意愿和消费行为分析》,《中国农村经济》2008 年第 5 期。

李崇光、胡华平:《论生鲜农产品垂直渠道关系整合》,《中国流通经济》2009 年第 6 期。

李东进、崔洛焕:《中韩两国消费者搜寻信息努力的比较研究》,《南开管理评论》2003 年第 2 期。

李慧梅、王丽:《计划行为理论(TPB)在消费者行为意向研究中的应用》,《四川教育学院学报》2009 年第 9 期。

李明利:《特产品牌如何在激烈的竞争中永生》,《农产品加工》2012 年第 1 期。

李史沣:《绿色食品营销渠道构建影响因素研究》,《商业经济》2009 年第 12 期。

李勇、任国元、杨万江:《无公害农产品交易特性及其规制》,《中国农村经济》2005 年第 2 期。

李用俊:《消费的搜索成本和信息甄别》,《商业研究》2009 年第 4 期。

李远志:《北京大学生网络消费决策影响因素的实证研究》,硕士学位论文,北京邮电大学企业管理系,2008 年。

黎志成、刘枚莲:《电子商务环境下的消费者行为研究》,《中国管理科学》2002 年第 6 期。

马永刚:《2010.网购休闲食品受到年轻人青睐》,《中国食品报》2010 年第 5 期。

牛志勇、黄沛、高维和:《大型零售商低价与渠道策略对比及选择分析》,《管理科学》2011 年第 1 期。

彭坤:《在线评论对高技术产品消费者采用意愿的影响研究》,硕士学位论文,中南大学企业管理专业,2011 年。

青平、李崇光:《消费者计划行为理论及其在市场营销中的应用》,《中国农村经济》2005 年第 2 期。

申海波:《企业商业模式创新的识别与评价》,《光明日报》2014 年 8 月 28 日。

施圣炜、黄桐城《中介参与下信息搜寻成本三方对策模型研究》,《情报杂志》2005 年第 7 期。

涂红伟、周星:《产品价格与消费者渠道迁徙路径之间的关系研究》,《现代科学管理》2012 年第 12 期。

涂红伟、周星:《消费者渠道迁徙行为的定义及其结构维度》,《现代管理科学》2011 年第 10 期。

汪旭晖、张其林:《多渠道零售商线上线下营销协同研究——以苏宁为例》,《商业经济与管理》2013 年第 9 期。

王兆峰、俞红:《消费者绿色食品消费行为影响因素分析》,《统计与决策》2008 年第 6 期。

吴德胜、李维安:《声誉、搜寻成本与网上交易市场均衡》,《经济学季刊》2008 年第 4 期。

武星星:《基于结构方程模型的网上购买意愿影响因素实证研究》,《电子科技大学学报》2007 年第 9 期。

谢毅:《多渠道服务管理研究述评》,《外国经济与管理》2012 年第 12 期。

薛海波:《80 后消费者购物决策风格与种群类别研究》,《软科学》2008 年第 3 期。

严亚、黄锐:《休闲食品的消费市场调查》,《消费洞察》2009 年第 2 期。

杨水清:《基于消费者视角的渠道扩展与选择行为研究》,博士学位论文,华中科技大学管理科学与工程系,2012 年。

尹世久:《基于消费者行为视角的中国有机食品市场实证研究》,博士学位论文,江南大学食品贸易与文化专业,2010 年。

张涛、庄贵军、腾文波:《电子零售渠道的建立对各方收益的影响研究》,《管理学》2011 年第 1 期。

张赞、凌超:《网络零售商与实体零售商的价格竞争及其对市场绩效的影响研究》,《产业经济研究》2011 年第 6 期。

赵冬:《在线客户评论对消费者购买决策影响的实证研究》,硕士学位论文,重庆工商大学企业管理专业,2012 年。

郑文军、徐龙、李博:《线上线下同价背景下强势零售商开辟网络渠道的效果分析》,《系统工程》2014 年第 6 期。

郑小平:《在线评论对网络消费者购买决策影响的实证研究》,硕士学位论文,中国人民大学技术经济及管理专业,2008 年。

周军杰:《线上线下互动、群体分化与知识共享的关系研究——基于虚拟社区的实证分析》,《中国管理科学》2012 年第 6 期。

周应恒、霍丽:《食品质量安全问题的经济学思考》,《南京农业大学学报》2003 年第 26 卷。

A. Parasuraman, Valarie A. Zeithaml, Arvind Malhotra, "E-S-QUAL: A Multiple-Item Scale for Assessing Electronic Service Quality", *Journal of Service Research*, No. 3, 2000.

A.Parasuraman, Valarie A. Zeithaml, Leonard L. Berry, "Conceptual Model of Service Quality and Its Implications for Future Research", *Journal of Marketing*, No. 4, 1985.

Agnierzka Wolk, "Multi-channel Price Differentiation: An Empirical Investigation of Existence and Causes", *International Journal of Research in Marketing*, No. 2, 2010.

Alexander Osterwalder, Yves Pigneur, Christopher L.Tucci, "Clarifying Business Models: Origins, Present, and Future of the Concept", *Communications of the Association for Information Systems*, No. 1, 2005.

Andrew A. Mitchell, Peter A. Dacin, "The Assessment of Alternative Measures of Consumer Expertise", *Consumer Research*, No. 3, 1996.

Andy A.Tsay, Narendra Agrawal, "Channel Dynamics under Price and Service Competition", *Manufacturing & Service Operations Management*, No. 4, 2001.

Anne T. Coughlan, Erin Anderson, Louis W. Stern, Adel I. EI-Ansary, "Organizing and Managing Channels of Distribution", *Journal of the Academy of Marketing Science*, No. 5, 1999.

Anthony D., Miyazaki, Ana Fernandez, "Consumer Perceptions of Privacy and Security

Risks for Online Shopping" ,*The Journal of Consumer Affairs*,No. 1,2001.

Armitage C.J.,Conner M.,"Efficeacy of the Theory of Planned Nehavior:A Meta-analytic Review" ,*British Journal of Social Psychology*,No.40,2001.

Arun,"Trends in Internet-based Business-to-business Marketing" ,*Industrial Marketing Management*,No. 2,2008.

Arvind Rangaswamy,Gerrit H.Van Bruggen,"Opportunities and Challenges in Multichannel Marketing: An Introduction to the Special Issue", *Journal of Interactive Marketing*, No. 2,2005.

Baal,Dach,"Free Riding and Customer Retention across Retailers' Channels" ,*Journal of Interactive Marketing*,No. 2,2005.

Barbara BickartRobert,M.Schindler,"Internet Forums as Influential Source Consumer Information" ,*Journal of Interactive Marketing*,No. 3,2001.

Barnes & Nobel,"Measuring Prices and Price Competition Online:Amazon and Barnes and Noble" ,*Journal of Comparative Economics*,No. 7,2002.

Bert Rosenbloom,"Multi-channel Strategy in Business-To-Business Markets: Prospects and Problems" ,*Industrial Marketing Management*,No. 1,2007.

Bganaar,"Strategic Management and Marketing in the Service Sector" ,*Research Reports*, No. 8,1982.

Biswas,"The Influence of the Online Decision", *Advances in Consumer Research*, No. 7,2008.

Boonghee Yoo,Naveen Donthu,"Developing a Scale to Measure the Perceived Service Quality of Inter Net Shopping Sites" ,*Quarterly Journal of Electronic Commerce*,No. 1,2001.

Brewer, Marilynn B., Silve, Madelyn, "In Group Bias as a Function of Task Characteristics European" ,*Journal of Social Psychology*,No. 8,1978.

Bruce G. A., *The Psychology of Personal Constructs*, New York Norton Press, New York,1951.

Bryan W.Husted,David B.Allen,"Strategic Corporate Social Responsibility and Value Creation among Large Firms:Lessons from the Spanish Experience" ,*Long Range Planning*, No. 6,2007.

Carsten Hahn,Michael D.Johnson Ph.D,"Capturing Customer Heterogeneity Using a Finite Mixture PLS Approach" ,*Schmalenbach Business Review*,No. 2,2002.

Chiangetal,"An Empirical Study on the Churning Behavior through Bayesian Network Classifier and Business Process Modeling" ,*Knowledge Management Research*,No. 3,2009.

Chongqi Wu,Suman Mallik,"Channel Structure,Cross Sales,and Vertical Integration in a Multi-Channel Distribution System" ,*Journal of Marketing Research*,No. 5,2005.

Chris Forman,Anindya Ghose,Batia Wiesenfeld,"Examining the Relationship between Reviews and Sales:The Role of Reviewer Identity Disclosure in Electronic Markets" ,*Informa-*

tion Systems Research, No. 3, 2008.

Christian Gronroos, "Applied Service Marketing Theory", *European Journal of Marketing*, No. 16, 1982.

Christian Landau, Carolin Bock, "Value Creation through Vertical Intervention of Corporate Centres in Single Business Units of Unrelated Diversified Portfolios-The Case of Private Equity Firms", *Long Range Planning*, No. 1-2, 2013.

Christian Schlereth, Bernd Skiera, Agnieszka Wolk, "Measuring Consumers' Preferences for Metered Pricing of Services", *Journal of Service Research*, No. 4, 2011.

Christopher S. Tang, "Perspectives in Supply Chain Risk Management", *International Journal of Production Economics*, No. 2, 2006.

Chrysanthos Dellarocas, Xiaoquan (Michael) Zhang, Neveen F. Awad, "Exploring the Value of Online Product Reviews in Forecasting Sales: The Case of Motion Pictures", *Journal of Interactive Marketing*, No. 4, 2007.

Chung-Hoon Park, Young-Gui Kim, "Identifying Key Factors Affecting Consumer Purchase Behavior in an Online Shopping Context", *International Journal of Retail & Distribution Management*, No. 1, 2003.

Collier, Bien Stock, "Trust and TAM in Online Shopping: An Integrated Mode", *MTS Quarterly*, 2006, 27(01).

D. Harrison McKnight, Vivek Choudhury, Charles Kacmar, "The Impact of Initial Consumer Trust Intentions to Transact with a Web Site: A Trust Building Model", *Journal of Strategic Information System*, No. 3, 2002.

Dailey, "Consumer Patronage and Perceptions in Internet Shopping", *Journal of Business Research*, 2010.

David Gefen, Detmar Straub, "The Relative Importance of Perceived Ease-of-use in IS Adoption: A Study of E-commerce Adoption", *Journal of the Association for Information Systems*, No. 8, 2000.

Dehua He, Yaobin Lu, Deyi Zhou Churchill et al., "An Investigation into the Determinants of Customer Satistaction", *Journal of Marketing Research*, No.19, 2008.

Dennis L.Rosen, Richard W.Olshavsky, "A Protocol Analysis of Brand Choice Strategies Involving Recommendations", *Journal of Consumer Research*, No. 3, 1987.

Dennis W.Carlton, Judith A.Chevalier, "Free Riding and Sales Strategies for the Internet", *The Journal of Industrial Economics*, No. 4, 2001.

Diana, "Applying the Technology Acceptance Model and Flow Theory to Online Consumer Behavior", *Information Systems Research*, 2008, 13(02).

Dodds B.W., Monroe K.B., Grewal D., "Effect of Price, Buyers' Product Evaluation", *Journal of Marketing Research*, No.3, 2003.

Do-Hyung Park, Jumin Lee, Ingoo Han, "The Effect of On-Line Consumer Reviews on

Consumer Purchasing Intention: The Moderating Role of Involvement", *International Journal of Electronic Commerce*, No. 4, 2007.

Donna L.Hoffman, Thomas P.Novak, "Marketing in Hypermedia Computer-Mediated Environments: Conceptual Foundations", *Journal of Marketing*, No. 3, 1996.

Elliot Bendoly, James D.Blocher, Kurt M.Bretthauer, Shanker Krishnan, M.A.Venkataramanan, "Online/In-Store Integration and Customer Retention", *Journal of Service Research*, No. 4, 2005.

Erik Brynjolfsson, Michael D.Smith, "Frictionless Commerce? A Comparison of Internet and Conventional Retailers", *Management Science*, No. 4, 2000.

Ernst Verwaal, Harry Commandeur, Willem Verbeke, "Value Creation and Value Claiming in Strategic Outsourcing Decisions: A Resource Contingency Perspective", *Journal of Management*, No, 2, 2009.

Francesco, Nicosia, "Toward a Sociology of Consumption", *Journal of Consumer Research*, No. 2, 1976.

Fred D.Davis, Jr, "A Techology Acceptance Model for empirically Testing New End-user Information Systems: Theory and Results", *Massachusetts Institute of Technology*, 13(03), 1985.

Fu, "Quality on the Line", *Harvard Business Review*, 2009.

Greene, R.Catherine, Dimitri, "Emerging Issues in the U.S.Organic Industry", *Economic Information Bulletin*, 2009.

Hans van der Heijden, Tibert Verhagen, Marcel Creemers, "Understanding Online Purchase Intentions: Contributions from Technology and Trust Perspectives", *European Journal of Information Systems*, 12(01), 2003.

Hendrik Schröder, Silvia Zaharia, "Linking Multi-channel Customer Behavior with Shopping Motives: An Empirical Investigation of a German Retailer", *Journal of Retailing and Consumer Services*, No. 6, 2008.

Howard Beales et al., "Consumer Search and Public Policy", *Journal of Consumer Research*, No. 1, 1981.

Howard, Sheth, "The Theory of Buyer Behavior", *National Agricultural Library*, No. 5, 1969.

Icek Ajzen, "The Theory of Planned Behavior Some Unresolved Issues", *Organizational Behavior and Human Decision Processes*, No. 2, 1991.

J.Anderson, J.Narus, W.Van Rossum, "Customer Value Propositions in Business Markets", *Harvard Business Review*, No. 3, 2006.

J.Lee, J-N Lee, "Understanding the Product Information Recommendations and Consumer Reviews on Evaluations of Websites", *Information & Management*, No. 46, 2009.

J.E.Swan, R.L.Oliver, "Post Purchase Communications by Consumers", *Journal of Retailing*, No. 4, 1989.

Jean C.Buzby, Paul D.Frenzen, "Food Safety and Product Liability", *Food Policy*, 1999,

24(06).

Johan Arndt,"Word of Mouth Advertising:A Review of the Literature",*New York:Advertising Research Federation*,No. 71,1967.

John F.Cady,"Reasonable Rules and Rules of Reason:Vertical Restrictions on Distributors",*Journal of Marketing*,No. 3,1982.

Johnson et al.,"The Structure of Marketing Channel Relationships",*Journal of the Academy of Marketing Science*,No. 7,2004.

Joseph Alba, John Lynch, Barton Weitz, "Interactive Home Shopping: Consumer, Retailer,and Manufacturer Incentives to Participate in Electronic Marketplaces", *Journal of Marketing*,No. 3,1997.

Judith A.Chevalier,Dina Mayzlin,"The Effect of Word of Mouth on Sales:Online Book Reviews",*Journal of Marketing Research*,No. 3,2006.

Julie Baker, A. Parasuraman, Dhruv Grewal, "The Influence of Multiple Store Environment Cues on Perceived Merchandise Value and Patronage Intentions", *Journal of Marketing*,No. 2,2002.

Kushwaha,Shankar,"The Moderating Role of Product Category Characteristics",*Journal of Marketing*,No. 3,2007.

Lee Quinn, Tony Hines, David Bennison, "Making Sense of Market Segmentation: A Fashion Retailing Case",*European Journal of Marketing*,No. 5/6,2007.

Lei-da chen,Justin Tan,"Technology Adaptation in E-ecommerce:Key Determinants of Virtual Stores Acceptance",*European Management Journal*,No.1,2004.

Leo R.Vijayasarathe,"Predicting Consumer Intentions to Use On-line Shopping:The Case for an Augmented Technology Acceptance Model",*Information & Management*,No.3,2000.

Lin,"Demographic and Socioeconomic Influence on the Importance of Food Safety in Food Shopping",*European Journal of Clinical Nutrition*,1995,(47).

Lin & Lu,"Towards an Understanding of the Behavioral Intention to Use Website",*International Journal of Information Management*,No.3,2000.

Louis P.Bucklin,Venkatram Ramaswamy,Sumit K.Majumdar,"Analyzing Channel Structures of Business Markets via the Structure-output Paradigm", *International Journal of Research in Marketing*,No. 1,1996.

M.Morris,"Understanding the Business Model of the Entrepreneur",*Proceedings of the 17th Annual Meeting of the United States Association for Small Business and Entrepreneurship* (USASBE),2003.

Man Yee Cheung,Chuan Luo,Choon Ling Sia,Huaping Chen,"Credibility of Electronic Word-of-Mouth:Informational and Normative Determinants of On-Line Consumer Recommendations",*International Journal of Electronic Commerce*,No. 4,2009.

Martin Fishbein,Icek Ajzen,"Belief,Attitude,Intention,and Behavior:An Introduction to

Theory and Research" ,*Philosophy & Rhetoric*,No. 2,1977.

Martin Hingley, Adam Lindgreen, et al., "Using Fourth-party Logistics Management to Improve Horizontal Collaboration among Grocery Retailers", *Supply Chain Management*, No. 5,2011.

Mathieson,"Consumer Perceptions of Privacy and Security Risks for Online Shopping", *The Journal of Consumer Affairs*,No.1,1991.

Matthew K O.Lee,Efraim Turban,"A Trust Model for Consumer Internet Shopping" ,*International Journal of Electronic Commerce*,No. 1,2001.

Mehrabian Albert,Russell James A.,*An Approach to Environmental Psychology*,The MIT Press,1974.

Merrie Brucks,"The Effects of Product Class Knowledge on Information Search Behavior" ,*Journal of Consumer Research*,No. 1,1985.

Min Re,Guangchun Zhou,Guona Gu,Haiping Wang,"Statistical Analysis of User Check-In Behavior and Its Application in O2O Marketing" ,*Pakistan Journal of Statistics*,No. 6,2013.

Nanda Kumar, Ranran Ruan, "On Manufacturers Complementing the Traditional Retail Channel with a Direct Online Channel" ,*Quantitative Marketing and Economics*,No. 4,2006.

Neslin et al.,D.Grewal,R.Leghorn,"Challenges and Opportunities in Multichannel Customer Management" ,*Journal of Service*,No. 7,2006.

Neveen F. Awad, Arik Ragowsky, "Establishing Trust in Electronic Commerce through Online Word of Mouth: An Examination across Genders", *Management Information Systems*, No. 4,2008.

Ohanian, Roobina, "The Impact of Celebrity Spokespersons' Perceived Image on Consumers' Intention to Purchase" ,*Journal of Advertising Research*,No. 1,1991.

P.Chatterjee,"Online Reviews: Do Consumers Use Them?", *Advance of Consumer Research*,2001.

Padmini Patwardhan, Jyotika Ramaprasad, "Towards Resilient Supply Chains: Uncertainty Analysis Using Fuzzy Mathematical Programming" ,*Journal of Interactive Advertising*,No. 2,2005.

Parasuraman,D.Grewal,"The Impact of Technology on the Quality-Value-Loyalty Chain: A Research Agenda" ,*Journal of the Academy of Marketing Science*,2000,(01).

Pascal Jonkheijm Dr,Dirk Weinrich Dipl-Chem,Hendrik Schröder Dr,Christof M.,Niemeyer Prof, "Chemical Strategies for Generating Protein Biochips", *Angewandte Chemie*, No. 2,2006.

Paul A. Pavlou, "Consumer Acceptance of Electronic Commerce: Integrating Trust and Risk with the Technology Acceptance Model", *International Journal of Electronic Commerce*, No. 3,2003.

Paula Fitzgerald Bone, "Word-of-mouth Effects on Short-term and Long-term Product Judgments" ,*Journal of Business Research*,No. 3,1995.

Pavlou, "Consumer Acceptance of Electronic Commerce-Integrating Trust and Risk with the Technology Acceptance Model", *International Journal of Electronic Commerce*, No.3, 2007.

Pavlou, Fygenson, "Understanding and Predicting Electronic Commerce Adoption: An Extension of the Theory of Planned Behavior", *MIS Quarterly*, No. 1, 2006.

P.C.Verhoef, S.Nass, D.Pick, "Customer Engagement Behavior: Theoretical Foundations and Research Directions", *Journal of Service*, No. 7, 2010.

Peter C. Verhoef, Katherine N. Lemon, "Customer Engagement Behavior: Theoretical Foundations and Research Directions", *Journal of Service Research*, No. 8, 2012.

Peter C.Verhoef, Scott A.Neslin, Björn Vroomen, "Multichannel Customer Management: Understanding the Research-shopper Phenomenon", *International Journal of Research in Marketing*, No. 2, 2007.

Pierre Chandon, Brian Wansink, Gilles Laurent, "A Benefit Congruency Framework of Sales Promotion Effectiveness", *Journal of Marketing*, No. 4, 2000.

R.Edward Freeman, Andrew C. Wicks, Bidhan Parmar, "Stakeholder Theory and "the Corporate Objective Revisited", *Organization Science*, No. 3, 2004.

Ravindra K.Ahuja, James B.Orlin, Maria G.Scutellà, "Dynamic Shortest Paths Minimizing Travel Times and Costs", *Network*, No. 7, 2003.

R.J. Lin, R. H. Chen, K. K. S. Chiu, "Customer Relationship Management and Innovation Capability: An Empirical Study", *Industrial Management & Data Systems*, No. 2, 2010.

Robert A.Westbrook, "Product/Consumption-Based Affective Responses and Postpurchase Processes", *Journal of Marketing Research*, No. 4, 1987.

Robert B.Tucker, "Strategy Innovation Takes Imagination", *The Journal of Business Strategy*, No. 3, 2001.

Robert E.Burnkrant, Alain Cousineau, "Informational and Normative Social Influence in Buyer Behavior", *Journal of Consumer Research*, No. 3, 1975.

Robert J.Kauffman, Dongwon Lee, Jung Lee, Byungjoon Yoo, "A Hybrid Firm's Pricing Strategy in Electronic Commerce under Channel Migration", *International Journal of Electronic Commerce*, No. 1, 2009.

Roger C.Mayer, James H.Davis, F.David Schoorman, "An Integrative Model of Organizational Trust", *Academy of Management Review*, No. 3, 1995.

Rohini Ahluwalia, Robert E.Burnkrant, H.Rao Unnava, "Consumer Response to Negative Publicity: The Moderating Role of Commitment", *Research Article*, No. 2, 2000.

Ross A.Fabricant, "Special Retail Services and Resale Price Maintenance: The California Wine Industry", *Journal of Retailing*, No. 1, 1990.

S.Balasubramanian, R.Raghunathan, "Consumers in a Multichannel Environment: Product Utility, Process Utility, and Channel Choice", *Journal of Interactive*, No. 3. 2005.

Schiffman, Kanuk, "Understanding Online Purchase Intentions: Contributions from Technology and Trust Perspectives", *European Journal of Information Systems*, No.12, 2002.

S.Helm, J.Schlei, "Referral Potential-potential Referrals: An Investigation into Customers' Communication in Service Markets", *Marketing Research and Practice*, No. 3, 1998.

S. Umit Kucuk, Robert C. Maddux, "The Role of the Internet on Free-riding: An Exploratory Study of the Wallpaper Industry", *Journal of Retailing and Consumer Services*, No. 4, 2010.

Sangkil Moon, Paul K.Bergey, Dawn Iacobucci, "Dynamic Effects among Movie Ratings, Movie Revenues, and Viewer Satisfaction", *Journal of Marketing*, No. 1, 2010.

Sebastian van Baal, Christian Dach, "Free Riding and Customer Retention across Retailers' Channels", *Journal of Interactive Marketing*, No. 2, 2005.

Senecal Sylvain, Jamel-Edine Gharbi, Jacques Nantel, "The Influence of Flow on Hedonic and Utilitarian Shopping Values", *Advances in Consumer Behavior*, No. 29, 2002.

Seung Youll Shin, James Kliebenstein, Dermot J. Hayes, Jason F. Shogren, "Consumer Willingness to Pay for Safer Food Products", *Journal of Food Safety*, 1992, (13).

Sirkka L. Jarvenpaa, Noam Tractinsky, Michael Vitale, "Customer Trust in an Internet store", *Information Technology and Management*, 2000, (01).

Sondergaard Helle Alsted, Grunert Klaus G., Scholderer Joachim, "Consumer Attitudes to Enzymes in Food Production", *Trends in Food Science & Technology*, No.16, 2005.

Sonja Gensler, Thorsten Hennig-Thurau, "The Impact of New Media on Customer Relationships", *Journal of Service Research*, No. 8, 2010.

Soopramanien, Alastair Robertson, "Adoption and Usage of Online Shopping: An Empirical Analysis of the Characteristics of 'Buyers' 'Browsers' and 'Non-internet' Shoppers", *Journal of Retailing and Consumer Services*, No.77, 2007.

Sridhar Balasubramanian, "Mail Versus Mall: A Strategic Analysis of Competition between Direct Marketers and Conventional Retailers", *Marketing Science*, No. 3, 1998.

Strebel, "Inter-governmental Institutions as Promoters of Energy Policy Diffusion in a Federal Setting", *Energy Policy*, No. 11, 2011.

Sylvain Senecal, Jacques Nantel, "The Influence of Online Product Recommendations on Consumers' Online Choices", *Journal of Retailing*, No. 2, 2004.

Talai Osmonbekov, Daniel C.Bello, David I.Gilliland, "The Impact of E-business Infusion on Channel Coordination, Conflict and Reseller Performance", *Industrial Marketing Management*, No. 7 2009.

Tamer Boyaci, "Competitive Stocking and Coordination in a Multiple-channel Distribution System", *IIE Transactions*, No. 5, 2005.

Thomas Sullivan, "A Customer Relationship Management Roadmap: What is Known, Potential Pitfalls, and Where to Go", *Journal of Marketing*, No. 8, 2005.

Thomas Sullivan, "Consumer Perceptions of Corporate Social Responsibility in Town

Shopping Centres and Their Influence on Shopping Evaluations", *Journal of Retailing and Consume*, *No*. 5, 2005.

Thompson, Kidwell, "Explaining the Choice of Organic Produce: Cosmetic Defects Price and Consumer Preference", *American Journal of Agricultrual Economics*, No.2, 1998.

Thorsten Hennig-Thurau, Gianfranco Walsh, "Electronic Word-of-mouth: Motives for a Consequence of Reading Customer Articulations on the Internet International", *Journal of Electronic Commerce*, No. 2, 2003.

Tim Christiansen, Stephen S.Tax, "Measuring Word of Mouth: The Questions of Who and When?", *Journal of Marketing Communications*, No. 3, 2000.

Tom M.Y.Lin, Yun Kuei Huang, Wen I.Yang, "An Experimental Design Approach to Investigating the Relationship between Internet Book Reviews and Purchase Intention", *Library & Information Science Research*, No. 3, 2007.

Tompson, Yeong, "In Vitro Iron Bioavailability and Antioxidant Activity of Raisins", March, No. 2, 2003.

Torben, "Predicting Online Grocery Buying Intentions: A Comparison of the Theory of Reasoned Action and the Theory of Planned Behavior International", *Journal of Information Management*, No.1, 2002.

Torben Hansen, Jan Moller Jensen, Hans Stubbe Solgaard, "Predicting Online Grocery Buying Intentions: A Comparison of the Theory of Reasoned Action and the Theory of Planned Behavior International", *International Journal of Information Management*, 24(01), 2004.

Torben Hansen, Mary Jo, "Building Service Relationships: It's All about Promises", *Journal of the Academy of Marketion Science*, No.23, 2004.

Tse-Ming Tsai, Ping-Che Yang, Wen-Nan Wang, "Pilot Study toward Realizing Social Effect in O2O Commerce Services", *International Conference on Social Informatics*, 2013.

V. Kumar, "A Customer Lifetime Value-Based Approach to Marketing in the Multichannel, Multimedia Retailing Environment", *Journal of Interactive Marketing*, No. 2, 2010.

Webb, "Multi-layer Dialogue Annotation for Automated Multilingual Customer Service", *Industrial Management & Data Systems*, No. 4, 2002.

Wenjing Duan, Bin Gu, Andrew B.Whinston, "The Dynamics of Online Ward-of-Mouth and Product Sales-An Empirical Investigation of the Movie Industry", *Journal of Retailing*, No. 2, 2008.

Yen-Chiu Chen, Hui-Ching Hsieh, He-Chih Lin, "Improved Precision Recommendation Scheme by BPNN Algorithm in O2O Commerce", *2013 IEEE 10th International Conference on E-Business Engineering*, 2013.

Yong Liu, "Word of Mouth for Movies: Its Dynamics and Impact on Box Office Revenue", *Journal of Marketing*, No. 3, 2006.

后　　记

本书发端于十多年前的国家社科基金申报。当时,互联网的飞速发展已经显现,互联网对营销理论的影响初见端倪。作为一个营销学者,认为需要关注这一大趋势,并应投身于研究之中。俗话说,十年磨一剑。其间笔者一直在跟踪研究互联网发展所出现的新现象,书中相关数据收集与案例筛选经过了笔者反复多次的论证完善,对书中的理论框架及每一个细节都力争做到了不断优化,对书稿的文字内容进行了多次的校对,力求为读者奉献一本还算不错的作品,至少对读者有所启发、启示。本书是由以牛全保为核心的团队集体研究的成果。全书由牛全保提出主要思想并拟定大纲。参加研讨和撰写的还有:寇晓宇副教授、郭红兵讲师、范艳文讲师等。参与初稿撰写者有王燕霞、申媛婷、杨俊鑫、杜飞川、赵静和陈少星。参与整理校对者有石帅、宋青、吕倩兰、张岩、王伟、杨龙茄等。全书由牛全保统纂定稿。

在浮躁的社会,各种短期考核压力,加之研究对象互联网飞速发展所带来的变化,坚持坐冷板凳十年写书是件吃力不讨好的事情,回想起来五味杂陈,既需要浓厚的兴趣,又需要排除外界干扰的强大定力,更需要克服困难的强大勇气和毅力。幸好我们走过来了。为此,在这里要感谢研究团队成员的不离不弃,感谢家人的理解和支持,特别感谢国家社科基金后期资助项目的资助。此外,感谢人民出版社在本书国家社科基金后期资助项目申报、出版中提供的大力支持,特别感谢吴炤东编辑的指导支持!

科技仍在飞速发展,营销不断有新课题出现。本书的出版既是十多年来的研究总结,更是我们研究的新起点,我们将在新时代继续奋斗,企望社会各界朋友继续给予指导支持。再次感谢支持帮助过我们的所有朋友!

牛全保于郑州

2022 年 2 月 22 日

责任编辑:吴炤东
封面设计:毛　淳　王欢欢

图书在版编目(CIP)数据

互联网背景下营销渠道演变中的行为研究/牛全保 著. —北京:人民出版社,
2022.12
(国家社科基金后期资助项目)
ISBN 978-7-01-024892-9

Ⅰ.①互…　Ⅱ.①牛…　Ⅲ.①网络营销-营销管理-研究　Ⅳ.①F713.365.2

中国版本图书馆 CIP 数据核字(2022)第 214357 号

互联网背景下营销渠道演变中的行为研究
HULIANWANG BEIJING XIA YINGXIAO QUDAO
YANBIAN ZHONG DE XINGWEI YANJIU

牛全保　著

人民出版社 出版发行
(100706　北京市东城区隆福寺街 99 号)

中煤(北京)印务有限公司印刷　新华书店经销

2022 年 12 月第 1 版　2022 年 12 月北京第 1 次印刷
开本:710 毫米×1000 毫米 1/16　印张:13
字数:230 千字

ISBN 978-7-01-024892-9　定价:58.00 元

邮购地址 100706　北京市东城区隆福寺街 99 号
人民东方图书销售中心　电话 (010)65250042　65289539